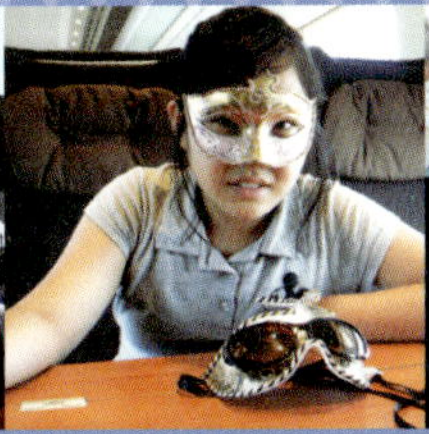

자녀의 창의성을 살리는

창조투어

과학과 인문, 두 마리 토끼를 잡는다

초판 1쇄 펴낸 날 2011년 11월 29일

저자 손선우, 손준열, 곽미영, 손동원

발행처 다인아트

편집 및 기획 다인아트

디자인 전정민

일러스트 박선영, 김하연

인쇄 신우 DPK

제본 세종 바인텍

ISBN 978-89-89014-96-6

가격 20,000원

※ 잘못된 책은 바꾸어 드립니다.

자녀의 창의성을 살리는

창조투어

과학과 인문, 두 마리 토끼를 잡는다

저자 손선우 • 손준열 • 곽미영 • 손동원

도서출판 다인아트

CONTENTS

Prologue 창조투어를 통해 미래를 준비한다 7

런던, 과학과 인문 융합의 본산지 18

1. 런던에서의 인문 학습 28
2. 박물관의 천국에서 인문과 과학 학습 56
3. 명문대학과 과학실험실 72
4. 그리니치 천문대 88

파리, 돌로 만든 거대한 심포니 98

1. 파리의 인문 정신 108
2. 루브르와 오르세에서의 창조 학습 138
3. 파리에서의 과학 학습 148

암스테르담, 창조의 도시 166

1. 네덜란드의 적극적 인문 정신 176
2. 반 고흐와 렘브란트의 예술혼 188

독일, 장인정신과 철학의 나라 196

1. 프랑크푸르트, 전통과 금융의 조화 204
2. 하이델베르그, 철학과 장인정신의 원산지 218
3. 뮌헨, 희망과 아픔이 공존하는 도시 226

스위스, 자연조건을 창조적으로 극복한 국가 236

1. 루체른, 호수와 산을 이용한 상상력 242
2. 융프라우, 산악열차에 담긴 과학 정신 250

이탈리아, 역사와 창조의 박물관 262

1. 밀라노, '최후의 만찬' 272
2. 베네치아, 상업 정신 284
3. 피렌체와 피사, 과학과 예술의 자연 학습장 292
4. 로마, 도시 전체가 역사박물관 / 바티칸, 천재들의 예술성 302
5. 나폴리와 폼페이, 역사적 교훈과 상처 332

Epilogue 창조투어의 성공 10계명 344

OXFORD
UNIVERSITY
22
The Whole & One
Maru Jeans

PROLOGUE

창조투어를 통해 미래를 준비한다

'길 위의 학교' 나는 여행이란 길 위의 학교라고 굳게 믿는다.
그 학교에서는 다른 과목들도 그렇지만 단순하게 사는 삶, 돈이 없어도
주눅 들지 않고 당당하게 사는 삶에 대한 과목을 최고로 잘 가르친다.
한번 배우면 평생 쓸 수 있는 매우 유익한 수업이니 필히 수강하시길 바란다.

– 한비야의 〈그건, 사랑이었네〉 중에서

1. '창조투어'란 무엇인가

이글은 '창조'라는 주제를 품고 두 자녀와 부모가 같이 유럽이라는 '길 위의 학교'에서 학습한 기록이다. 우리가족은 초등학생 3학년과 6학년 두 자녀를 위해 25일 동안 영국 런던에서 시작해서 이탈리아 로마까지 총 6개국을 누비며 학습테마여행을 했다. 그리고 그 여행에 "창조투어"라는 이름을 주었다. "창조투어"라는 표현은 자녀들의 창조 능력을 키우자는 의지를 담은 표현이다. 17–18세기 유럽명문가에서는 자녀들에게 가정교사를 동반해서 유럽여행을 보내는 "그랜드 투어(Grand Tour)"가 유행이었다고 한다. 창조투어는 이 그랜드 투어의 21세기 현대판이다. 다른 점은 여행 주제를 '창조'로 설정했다는 점, 그리고 가정교사 대신 부모가 여행에 동반한다는 것이 차이이다. 창조투어의 묘미는 창조정신을 주는 곳은 어디든 찾아가는 것이다. 넓게는 유럽의 길거리 모두에서, 작게는 박물관, 명문대학, 과학체험관, 도심 광장에서 고유의 창조정신을 학습하는 테마여행인 것이다.

자녀들의 미래를 생각하면 '창조'가 미래인재의 키워드라는 것을 동의하게 될 것이다. 세상은 창조 인재를 원하는데 일상 교육에서는 주입식 교육이 여전히 강세이다. 그래서 자녀들에게 창조 잠재력을 키우는 기회를 마련해주는 것이 부모의 임무라고 생각하게 된 것이다. 우리는 그 방법으로서 유럽을 같이 여행하기로 했다. 아이들이 창조 능력이 커지려면 흥미로운 것들을 많이 보고 경험해야 하는데, 이를 위해 유럽이라는 '길 위의 학교'에서 창조투어라는 학습테마여행을 기획했던 것이다. 이 글은 바로 그 학습기록이다.

그 기록을 이렇게 책으로 출간하려고 마음먹으면서 염려가 많았다. 여행전문가들이라면 더 좋은 여행경로와 의미를 담을 수 있을 것이다. 그에 비하면 부족하지만 우리가족의 경험이 미래의 창조학습여행자들에게 실질적인 공감을 줄 수 있을 것이라는 점에서 용기를 내게 되었다. 실제로 유럽여행을 소망하거나 계획하는 부모들은 늘고 있으나, 자녀와 떠나는 교육여행에 대한 서적은 없는 편이다. 실제 경험 스토리를 전해준다면 설령 거친 표현일지언정 도움이 될 것으로 믿고 용기를 내게 되었다.

교실에서 말로만 듣던 현장을 직접 확인시키고, 미래의 창조여행자들에게 시행착오를 줄여주는 것에도 초점을 두었다. 이 책은 학습주제인 '창조'에 초점을 맞추어 어디서 어떤 창조학습을 했는지를 설명했고 여행과정의 느낌을 담았다.

2. 왜 유럽인가

우리가족은 창조투어의 무대로서 유럽을 선택했다. 무엇보다도 유럽에는 세계적인 박물관이 많아서 인문적 상상력을 키울 수 있다는 점을 고려했다. 런던의 대영박물관, 파리의 루브르박물관, 오르세 미술관, 로마의 바티칸 박물관 등 유럽은 박물관과 미술관의 천국이다. 또한 유럽은 역사적 유적지가 풍부해서 부모가 지도하는 살아있는 세계사 수업으로서도 좋은 장소이다. 유럽을 돌다보면 역사와 문화, 전통과 경험, 과학기술과 산업을 학습할 수 있는 기회가 많은데, 그 기회의 시작은 과학박물관과 자연사박물관 등의 생생한 체험과학에서 비롯된다.

또한 유럽이 주는 귀중한 매력은 여러 국가를 한꺼번에 여행할 수 있다는 것이다. 기차를 타고 국경을 넘나드는 묘미도 짜릿하다. 한국과 같이 국경을 넘어보기 어려운 조건에서 유럽에서 국경을 기차로 넘어본다는 것은 흥미로운 경험이다. 국경을 넘어보는 경험을 얻는 현장으로 유럽이 가장 좋다. 미국은 국토가 너무 넓어 국경 넘는데 오랜 시간이 걸리고, 위로 캐나다와 아래쪽으로는 멕시코 밖에 없다. 그러나 유럽은 다양한 경로를 선택해서 국경 넘기를 경험할 수 있다. 섬나라인 영국에서 유럽대륙으로 들어오는 것조차 해저열차를 타면 프랑스 파리로 들어간다.

유럽은 특히 철도가 잘 발달되어 있어 이동경로에 대한 계획을 잘 세울 수 있다. 또한 도시에 도착하면 버스와 지하철과 같은 대중교통수단을 이용하는 것도 편리하다. 유럽도시들이 대체로 버스와 지하철을 잘 구축하고 있다. 물론 국가와 도시마다의 특징도 즐길 수 있다. 영국의 명물인 빨강버스도 경험할 수 있으며, 런던 지하철과 파리 지하철의 출입문이 열리는 방식의 차이도 즐겨볼 만하다.

유럽에서는 도시의 전통을 배울 수 있다는 것도 중요하다. 로마에 가보면 '로마가 하루아침에 이루어지지 않았다'는 것을 쉽게 알 수 있다. 로마의 거리마다 관록이 깊게 자리잡고 있기 때문이다. 로마만 이런 것이 아니다. 런던과 파리 등도 저마다의 전통과 역사를 표현하고 있다. 각 도시마다 지난 세월 속에서 쌓은 저력을 읽게 되는 것도 좋다. 방문도시의 특징을 구체적으로 학습하려는 창조투어에의 목적에서 볼 때, 다양한 역사와 영웅, 그리고 스토리가 풍성한 유럽은 적합한 장소였다.

창조투어는 여행일정을 빽빽하게 짤 필요는 없다. 창조라는 주제에 충실한 것이 최우선이다. 여행일정에 쫓기다 보면 막상 중요한 학습기회를 놓칠 수 있다. 사전에 일정을 설계한다면, 창조정신의 두 축인 과학과 인문에 대한 비중을 균형적으로 배치하는 것이 좋을 것이다. 만약 과학에 대한 비중을 높이고자 한다면 과학체험관과 과학자의 실험실 방문시간을 더 늘리면 될 것이다. 인문의 비중을 높이려면 미술관과 박물관의 비중을 늘리면 될 것이다. 일반 여행객이 반드시 들르는 곳이더라도 창조투어에서는 과감히 생략되어야 한다.

3. 창조투어의 원리

창조학습 효과를 극대화하기 위해 우리가족이 선정한 창조투어 원리를 소개하고자 한다. 언젠가 떠날 독자들의 미래 계획에 우리 가족의 원리가 도움이 되기를 희망한다.

창조투어 원리 (1) : 과학과 인문의 융합

창조 역량은 과학과 인문이 모두 채워질 때 달성되는 결과물이다. 즉, 따뜻한 인문과 차가운 과학을 모두 갖추었을 때 진정한 창조 인재가 완성된다. 일부에서는 인문적 상상력만을 높이면 창조 역량이 키워질 것으로 말하는 사람들이 있다. 그러나 인문적 소양만으로는 부족하다. 많은 창조 콘텐츠는 과학적 지식이 있을 때 깊이를 갖는 편이다. 또한 과학적 지식만으로 창조가 완성될 것이라는 생각도 잘못된 생각이다. 과학은 중요하지만 창조를 위한 골격일 뿐이다. 이 골격에 인문이라는 살이 붙지 않으면 완성된 모습을 갖출 수 없다. 이런 점에서 창조투어는 '인문'과 '과학', 두 영역을 모두 경험할 수 있는 프로그램이어야 한다. 즉, 인문과 과학 중 어느 한쪽에만 치우치지 않고, 과학이 주는 치밀함과 인문적 상상력이 균형적으로 조합되는 일정을 만들어야 한다. 방문지 선정에서부터 이런 균형을 생각해야 한다.

과학적 소양은 유럽이 자랑하는 과학박물관과 체험관에서 학습하면 된다. 유럽의 대표도시인 런던, 파리, 로마 등에는 직접 과학을 체험할 수 있는 과학체험관들이 많다. 과학체험관의 실습 도구들이 너무 훌륭해서 과학을 체험한다는 것의 진정한 가치를 알게 한다. 각 체험관에서는 생각보다 시간을 많이 보내게 된다. 사람마다 다르기는 하지만, 체험학습을 즐기다보면 대부분 당초 계획했던 시간을 훌쩍 넘기는 경우가 많다. 미리 계획을 짤 때부터 체험시간이 길어질 수 있다는 점을 충분히 고려할 필요가 있다. 이것은 과학적 의미를 담은 유럽의 유적지 중에도 마찬가지로 적용된다. 대표적으로, 초등학생들이 열광하는 피사의 '사탑' 같은 유물들은 자체가 생생한 과학학습의 현장이므로 충분한 시간을 할당할 필요가 있다.

많은 분들이 동의하듯이, 미래 사회에서 과학적 소양은 무시할 수 없는 자산이다. 어떻게 보면 과학을 모르고는 지식시대의 리더가 되기 어려워 보인다. 모든 지식이 과학적 뿌리에서 나올 것으로 예상되기 때문이다. 비즈니스 세계에서 "과학 비즈니스"라는 단어가 등장했음에 주목하기 바란다. "과학 비즈니스"는 과학이 비즈니스에 간접적으로 활용되는 선을 넘어 비즈니스의 직접적인 재료가 된다는 의미이다. 이는 과거에 과학지식을 활용해서 사업을 전개하던 것과는 다른 위상으로서, 바이오산업과 같이 과학지식 자체로서 비즈니스가 성립되는 것이 더욱 확대될 것이라는 예상이 가능하다.

우리자녀들이 과학을 교과서 문장으로만 익히는 것을 항상 염려했다. 과학은 경험을 통해 몸으로 익히는 것이 핵심이다. 유럽은 과학강국답게 체험을 통한 과학 학습을 일찍부터 보편화시켰던 모양이다. 부럽게도 도시마다 청소년들이 직접 참여하며 놀면서 체험하는 과학 학습장들이 풍성하다. 체험과학학습장에서 아이들이 얼마나 몰입하는지를 직접 보게 되면 역시 과학체험 학습에 대한 중요성을 실감할 수밖에 없다. 하지만 우리나라 과학 교육은 입시 위주 때문인지 이러한 원리를 실행에 옮기지 못하고 있다. 오직 입시점수 올리기와 같은 편협한 틀을 주입하고 있는 셈인데, 유럽을 돌다보면 우리나라도 보다 많은 과학 체험학습현장이 많아지길 고대하는 마음이 간절해진다.

유럽에서는 과학체험관과 별도로 세계적인 과학자들의 실험공간을 경험할 수 있다. 영국만 보아도 뉴턴과 다윈 등 이름만 들어도 놀랄만한 과학자들의 흔적이 담긴 실험실이 존재한다. 사실 저명한 과학자들이 사망할 때까지 사용했던 실험실을 본 것만으로도 아이들은 큰 감동을 받는다. 그 감동은 그들의 미래에 큰 자부심으로 작용할 것이 분명하다. 특히 옥스퍼드와 캠브리지에 들르면 저명 과학자들의 흔적을 놓치지 말아야 한다. 프랑스도 과학강국답게 상당한 수준의 과학박물관 시설을 갖추고 있을 뿐만 아니라, 퀴리부인과 파스퇴르 등과 같이 아이들에게 친숙한 이름의 연구소들이 있다. 이런 곳에서 과학자들의 흔적을 느끼다 보면 아이들의 과학적 호기심은 한층 높아진다.

둘째, 인문적 소양은 상상력을 촉발하는 멋진 예술품들을 보면서 시작된다. 유럽은 예술품들의 보고(寶庫)이다. 도시마다 세계적 수준의 박물관과 미술관이 풍성하다. 특히 유럽은 박물관의 천국이라고 불릴 정도로 박물관의 수가 많다. 이 때문에 여행일정에 포함시킬 박물관과 미술관 선정에 신경을 기울여야 한다. 우리가족이 선택했던 곳은 대영박물관(런던), 루브르박물관(파리), 바티칸 박물관(로마), 아카데미 미술관(피렌체), 오르세 미술관(파리), 반고흐 미술관(암스테르담) 등이다.

실제로 인문학습의 기회는 과학보다 다양한 편이다. 어떤 의미에서는 도시의 길거리 자체가 인문적 상상력의 학습장이다. 예를 들면, 파리의 돌기둥, 런던의 이층버스, 독일의 공원, 로마의 골목길, 스위스의 산장, 이들이 모두 고유의 의미를 담고 있다. 한편 콜로세움, 개선문, 베르사유 궁전 등 역사의 흔적을 담은 유적지들에서 인문적 상상력을 키울 수 있다. 또한 특이하게도 르네상스를 완성시킨 피렌체와 같은 도시에서는 길거리 자체가 인문 학습의 전시장인 곳도 있다.

인문적 감성은 길거리 학습의 결과물이기도 하다. 실제로 로마의 길모퉁이 돌멩이 하나에서 로마제국의 역사를 느끼는 것이 바로 인문적 감성이다. 같은 사물도 어떤 눈으로 보는가에 의해 의미가 완전히 달라지는데, 다양한 감성을 경험할수록 자신만의 시각을 얻을 수 있다. 특히 유럽 도시마다 중요 인문적 가치를 대표할만한 특별한 장소들이 있다. 예를 들어 '자유'라는 가치는 런던 피카딜리 서커스에서, '용서'는 파리 노틀담 대성당에서, '화려'는 베네치아 산마르코 광장에서, '웅장'은 로마 콜로세움에서, '영웅'은 런던 트라팔가 광장과 파리 개선문에서 느낄 수 있다. 각 공간에 담긴 특징적 가치를 생각해보고 그 의미를 되새김질 하는 것도 의미가 클 것이다.

창조투어 원리 (2) : 경험 학습의 극대화

창조투어에서 몸으로 익히는 체험이 많을 때 창조정신의 학습효과가 높아진다. 체험한 지식만큼 활용 범위가 높은 지식도 없다. 실제로 머리로 아는 것과 몸으로 아는 것의 차이는 크다. 자신의 몸으로 깨닫게 되는 것을 체득(體得)이라고 하는데, 직접 몸으로 체득했을 때 가장 깨달음이 크다. 암묵적 지식이라는 것이 바로 몸으로 얻은 지식이다. 이렇게 몸으로 익힌 창조정신은 누구에게도 빼앗기지 않는 실력이 된다.

다른 국가를 여행하면서 가급적 현지인의 생활방식을 따라해 보는 것이 좋다. 이를 '현지인과 동질화'라고 표현하고자 한다. 여기에서는 과학과 인문을 체험하는 것과 달리 일상적인 부분에서 오는 학습효과가 있다. 우리가족이 얻은 현지인과의 동질화를 위한 몇가지 행동강령을 전해주고 싶다.

첫째, 걸어서 둘러보기를 권장한다. 걷는 것만큼 좋은 체험비결은 없다. 유럽을 걷는다는 것은 호기심을 만들고 또 그에 대한 답을 얻는 흥미로운 과정이다. 그런데 막상 유럽을 걷는 것은 쉬운 일이 아니다. 여름철 유럽은 꽤 더운 편이여서 더욱 집중력과 체력이 필요하다. 창조투어 준비에 체력 훈련만큼 중요한 것도 없다. 체력을 갖추고 걷다보면 '걷기예찬'의 마음에 쉽게 동의하게 될 것이다.

둘째, 도심 광장에 조용히 앉아보기를 권한다. 유럽은 광장을 중심으로 도시가 형성되어 있다. 도심 한복판인 광장에 앉아서 각자의 느낌을 만들어 볼 필요가 있다. 물론 광장뿐만 아니라 조그만 벤치나 계단이든 앉아서 여유를 누리는 것도 좋다.

셋째, 길거리 카페에서 차 마시기를 권장한다. 유럽은 카페의 천국이다. 유럽이 주는 특별한 경험에는 길거리 카페를 경험하는 것을 빼놓을 수 없다. 길거리의 작은 의자에 앉아 현지 생활을 느끼는 즐거움이 크다. 우리가족은 점심식사를 위해 거의 매일 길거리 작은 카페에 앉아 샌드위치나 피자를 먹게 되었는데, 저렴한 가격 때문이기도 했지만 길거리 정서를 공감하는 기쁨이 여간 큰 것이 아니었다.

넷째, 공원 잔디밭에 누워 보기를 권한다. 거리를 걷다보면 푸른 공원을 만나게 된다. 그 공원의 잔디밭에 드러누워서 여유를 즐기라고 권하고 싶다. 우리 가족의 경우, 잔디밭에서 책을 읽거나 노래연습을 하기도 했고, 어떤 때에는 바이올린 연습을 하기도 했다. 이런 평안함을 찾을 때마다 정신적인 풍요로움이 더욱 커짐을 느끼게 된다.

다섯째, 가끔은 파격(破格)을 즐기기를 권장한다. 여행을 하다보면 계획된 곳은 아니지만 멋진 곳을 만나게 된다. 이럴 때에는 여행 일정을 조금 늦추더라도 즐기라고 권하고 싶다. 예를 들자면 한 박물관에서 놀라운 감동을 발견했다면 예정보다 더 오래 머물 수 있어야 한다. 사전에 짜놓은 여행일정을 준수하는 것 못지않게 일생일대의 학습기회를 놓치지 않는 것도 중요하기 때문이다.

유럽이라는 '길 위의 학교'는 다양한 상상거리를 체험하는 기회가 많다. 유럽의 길거리를 걷다보면 그들만의 특이한 문화도 체험할 수도 있다. 우연히 마주치는 각종 이벤트와 마술쇼 같은 행사도 그들의 문화를 알려주는 상징물들이다. 암스테르담의 비보이쇼라든가 런던 '코벤트 가든'의 마술쇼가 그런 것들이었다. 우연하게 얻은 경험이지만, 아이들에게는 신선한 경험이고 유럽을 이해하는 실마리가 되는 것이다. 실제로 일상생활 곳곳에서 문화학습 자료가 많다. 그들에게는 일상이지만 우리에게는 새로운 풍습이기 때문에 신선한 경험을 주는 것이다. 예를 들면 택시타기 같은 것이다. 우리가족은 택시를 탈 기회가 많지 않았지만, 파리와 피렌체 등에서 택시미터기 올라가는 것이 큰 흥밋거리였다. 초등학생들에게는 도시마다의 기본요금 자체뿐만 아니라 빠르게 올라가는 택시요금도 호기심의 대상이 되는 것이다.

창조투어 원리 (3) : 부모와 자녀 사이의 공감

창조투어는 부모와 자녀가 동행하는 학습여행이다. 학습주제에 대해서도 대화를 나누어야 하고, 다음 목적지에 대해서 또 이동수단과 숙박 장소에 대해서 대화와 교류가 있어야 한다. 실제로 여행지 길 위에서 펼쳐지는 부모와 자식의 대화만큼 학습에 큰 도움이 되는 것은 없을 것이다. 부모와 자식간 공감이 넓어지다 보면 양자가 모두 학습하는 성장여행이 된다. 분명 자녀들만 배우는 것이 아니다. 부모도 창조투어를 통해 크게 성장할 수 있다.

본래 창조투어에서는 부모가 가정교사 역할을 맡아야 한다. 부모가 가정교사인 만큼, 가정교사로서의 준비가 필요하다. 유럽에 대한 공부가 필요하고, 방문 장소와 유적지에 대한 사전 정보가 철저해야 한다. 지식적 우위가 있어야 일단 가정교사로서 인정받을 수 있다. 물론 일방적으로 훈계하려는 가정교사를 원하는 것은 아니다. 여행과정에서 자녀들이 갖는 의문을 같이 생각하고 사려 깊게 응대해주는 것이 중요할 것이다.

특히 기차로 이동하는 시간은 아이들과 대화를 하기 좋은 기회이다. 도시 안에서는 주로 걷게 되므로 여유가 그리 많은 것은 아니다. 하지만 도시간(혹은 국가간) 이동을 하는 기차 안에서 많은 대화를 나눌 수 있다. 유럽에서는 국경을 넘어서 이동하는 기차여행이 많은데, 이 때 기차를 타면 최소한 4시간 정도 타게 된다. 이 때 시간 활용을 잘 하면 정말 많은 대화를 나눌 수 있다. 자연스러운 대화를 위해 아이들과 카드게임을 같이 할 수도 있다. 단순히 대화를 하자면 분위기가 어색할 수도 있다. 자연스럽게 대화를 유도하는 것이 좋을 것이다. 대화에만 집착할 필요만은 없다. 대화나누기가 지치면 일기도 쓰고, 잠도 자고, 컴퓨터 게임도 하고, 여행일정정리와 사진정리도 하면 모두 유용한 시간활용이 되는 것이다.

4. 유럽에 대한 기초 정보

유럽의 도시들은 광장을 중심으로 발달되어 있다. 보통 도심 한복판에 광장이 있고, 그 광장에 사람들이 몰려든다. 유럽의 유명 광장들인 바티칸의 성 베드로 광장, 로마의 나보나, 스페인, 베네치아, 포폴로 광장, 런던의 트라팔가 광장, 파리의 에투알 광장, 베네치아의 산마르코 광장, 밀라노의 두오모 광장 등이 매년 엄청난 관광객을 끌어들이는 광장들이다. 광장을 이해하는 것은 사실상 유럽 이해의 시작이다. 주요 광장들은 놓치지 말고 반드시 들려볼 것을 권장한다.

광장마다 독특한 분위기를 풍기고, 말없는 자신만의 기백이 충만하다.

유럽대륙은 석회석 성분이 많아서 식수(食水) 사정이 나쁘다. 프랑스에서 수돗물을 사용해보면 잘 알게 된다. 파리의 수돗물은 그릇에 하얀 석회석이 남을 정도로 물 사정이 좋지 않다. 이렇다 보니 일찍부터 생수사업이 발달했다. '에비앙(Evian)'과 같은 유명 생수회사들이 유럽에서 시작한 이유가 바로 자연조건에서 시작했을 것이다. 그런데 현지인들이야 정수 장치를 이용하면 되겠지만, 여행객에게는 정수를 생각할 수도 없다. 그래서 여행객에게 유럽의 식수 문제는 바로 돈 문제가 된다. 생수 값이 상당히 비싼 편이기 때문이다. 유로화의 고환율 덕택에 우리에게는 더 비싸게 다가온다. 생수통 250ml에 1.5유로 정도 하니, 한국돈으로 2천원이 훨씬 넘는다. 가뜩이나 더위 때문에 갈증이 많은데 생수비용이 부담이 되는 것이다. 예산계획에 생수 비용도 넉넉히 반영해 놓는 것이 좋다.

유럽에서 길거리 화장실은 모두 유료이다. 무료로 화장실을 사용할 수 있을 때 반드시 해결하는 습관을 들여야 한다. 비상시를 대비해서 동전을 준비하는 것도 좋다. 유럽의 패스트푸드점에서는 캐찹과 머스타드 하나도 따로 돈을 내야한다. 가격은 국가마다 차이가 있어서 일률적으로 말할 수는 없지만, 대략 평균적으로 캐찹 하나에 약 0.4유로 정도의 추가요금이 필요하다. 미국에서는 한주머니씩 주어도 공짜인 그것들에 돈을 받으니, 주머니 사정이 넉넉치 못한 여행객에게 야속한 상황이다.

우리 가족이 선택한 방문국인 영국, 프랑스, 네덜란드, 독일, 스위스, 이탈리아 등 서유럽 6개국은 저마다 특징이 있는 국가들이다. 방문국가 선정은 독자들의 몫이지만, 동일국가를 여행할 독자들을 위해 각국의 특징을 간략히 정리해 본다.

영국은 산업혁명의 진원지이며 의회민주주의이 발상지이다. 또한 자본주의도 영국에서 시작했다. 한 때 대영제국을 건설하며 많은 식민지를 거느린 적이 있다.

프랑스는 서유럽의 중심이며 프랑스 대혁명 등 역사적 사건의 중심지이다. 중세와 절대왕정 등에 대한 역사적 스토리가 풍부하다. 또한 예술과 문화의 진원지이기도 하다. 또한 잘 찾아보면 자연사박물관 등 훌륭한 과학학습 공간이 풍부하다.

네덜란드는 해수면보다 국토가 낮다는 국가적 약점을 극복한 도전정신을 배울 수 있고, 또한 일찍부터 높은 창의성을 가꿔온 전통을 학습할 수 있다.

독일은 장인정신을 대표하는 국가여서 과학적 치밀성을 느낄 수 있다. 또한 수많은 철학자들을 배출한 국가로서 철학적 사색의 흔적을 공감할 수 있다. 많은 도시들이 작고 분권화되어 있다는 것이 흥밋거리이다. 동유럽과 서유럽을 연결하던 국가로서 자신만의 장점을 설계하는 능력을 갖고 있다. 또한 6개국 중 물가가 가장 저렴하다.

스위스는 알프스라는 험준한 산으로 둘러싸인 자연환경을 극복한 도전정신을 배울 수 있는 국가이다. 그들의 도전정신이 낳은 산업적 성과물인 산악열차와 시계정밀공업의 집중력을 배울 수 있다.

이탈리아는 유럽문명의 모태이자 로마제국의 진원지이다. 또한 근대 문명의 시작인 르네상스의 고향이다. 로마시내의 언덕에서 로마제국을 호령했던 영웅 율리어스 카이사르의 숨결을 느낀다면 그보다 소중한 경험은 없다. 르네상스를 완성했던 피렌체의 작은 골목길에서 미켈란젤로의 예술성을 느끼는 것도 귀중한 가치를 갖는다.

자, 이제부터 창조투어의 구체적인 내용으로 들어가보자. 자녀들을 창조적인 미래인재로 만드는 한가지 방법인 창조투어를 공감하고 실행하는 지침을 발견하게 될 것이다.

JULY 31

런던

과학과 인문 융합의 본산지

LONDON

런던에서의 인문 학습 • 박물관의 천국에서 인문과 과학 학습 •
명문대학과 과학실험실 • 그리니치 천문대

Information

런던 영국의 수도 **한국과의 시차** GMT (UTC0) **위치** 잉글랜드 남동부 템스강(江) 하구에서부터 약 60km 상류 **면적** 1578㎢ **인구** 약 800만명 **홈페이지** www.london.gov.uk

연평균기온 약 10.5℃ **1월 평균기온** 4.2℃ **7월 평균기온** 17.6℃ **강수량** 약 750mm (서울의 50%) **강수일수** 평균 168일 (런던은 안개가 유명함. 11월~2월에 걸쳐 짙은 안개가 발생한다.)

LONDON

런던

과학과 인문 융합의 본산지

런던(London). 우리가족이 선택한 첫 번째 '학교'이다. 런던은 영국의 수도로서 역사적 의미가 풍성한 도시이다. 정치적으로 의회민주주의의 발상지이며, 경제적으로는 산업혁명의 발원지이다. 런던의 인구는 약800만명, 런던시내에 약 150개의 극장과 3백개의 갤러리, 4백개의 박물관이 있다. 런던사람의 절반은 유색인으로서, 270개국의 국적을 가진 사람들이 모여 산다. 특히 인도와 아프리카에 뿌리를 둔 사람이 약25%에 달할 정도로 문화적 다양성이 높다. 산업혁명의 발원지이지만, 제조업의 강세는 이어지지 못했고 오히려 현재는 금융 분야가 강하다.

영국은 산업혁명의 진원지, 의회 민주주의 발원지, 자본주의를 태동시킨 국가이다. 한때 해가지지 않는다는 대영제국을 건설했고 많은

우리 가족이 겪은 런던 날씨

8월달에도 아주 덥지는 않은 편이다. 물론 한창 대낮에는 덥지만 못살 것 같은 무더위는 아니다. 아침과 저녁에는 온도가 적당하다. 일교차가 조금 있는 편이다. 영국은 비가 많은 국가로 유명하지만 여름철에는 비가 거의 없다. 또한 낮이 길어 저녁 9시까지 밝다. 우리가족의 경험으로는 영국 체류기간 6일에 한번 정도 가느다란 소나기를 맞은 것이 전부였다.

산업혁명 Industrial Revolution

18세기 중반부터 일어난 대규모 생산구조의 산업상 대변혁을 말한다. 영국에서 시작되어 유럽, 미국 등 각지로 확대되었으며 공장식 기계공업의 대량생산이 이루어지게 되면서 세계는 자본주의 시대로 들어서게 되었다.
당시 영국의 주요산업인 섬유공업으로 인해 방직기계가 발명되었고 그로 인해 영국의 산업혁명은 시작되었다. 대량생산된 제품을 운반할 운송 수단과 관련된 산업도 함께 발달하게 되었으며 증기기관의 발명은 석탄, 제철의 부문에도 대변혁을 초래하였다. 이러한 운수 산업에서의 발달은 자본을 위한 국내외의 시장 형성을 유리하게 만든 원인이 되었으며 이러한 산업혁명을 거쳐 세계는 거대한 자본주의 경제 체제를 확립하게 된다.

식민지를 두었다. 그들의 힘을 되돌아보는 것은 자녀들에게 큰 의미가 있을 것이다.

영국인 중에는 창조 능력이 남다른 인물들이 유독 많다. 영국이 낳은 과학자로서 뉴턴, 다윈, 왓슨 등 이루 셀 수없이 많으며, 세익스피어와 찰스 디킨스와 같은 대문호, 음악가, 시인, 철학자들이 정말 많다. 최근의 작가로는 해리포터

영국이 낳은 세계 최초의 교통수단들

| 증기기관차 Steam locomotive |

1807년 영국인 스티븐슨이 세계 최초로 증기기관차를 발명했는데, 이 증기기관차는 영국의 산업화를 가속시키는 도구로 쓰여졌다.

| 지하철 the Underground (the tube) |

1863년 영국에서 처음 만들어졌다. 서울에 지하철이 생긴 때가 1974년이니, 영국은 우리보다 111년이나 앞섰다. 오늘날 지하철은 전기를 이용한 전동차이지만, 그 당시에는 전동차가 없었기 때문에 증기기관차로 운행하였다고 한다. 그래서 지하철이 다니는 길을 모두 덮지 않고 사이사이에 구멍을 뚫어 증기기관차에서 나오는 연기를 빼내야만 했다. 하지만 터널 속은 쉽게 연기로 가득 찼기 때문에 승객들의 옷이 검게 변하곤 했다고 한다.

런던의 지하철은 〈U〉자로 표시되는데, 이는 정식 명칭인 'Underground'의 첫 글자에서 온 것이다.

| 버스 Bus |

1825년 영국에서 최초로 만들어졌다. 런던의 명물로 손꼽히는 빨간색의 이층버스가 바로 세계 최초의 버스이다. 영국 사람들이 이층버스를 고안했던 이유는 생각보다 단순하다. 그 이유는 많은 사람을 태우기 위해서였다고 한다. 과거의 영국 도로는 아주 좁고 구불구불해서 기다란 버스가 다닐 수가 없었다고 한다. 그래서 이층에 사람을 태우는 이층버스가 만들어졌는데, 마차(馬車)에 많은 사람을 태우기 위해 지붕에 사람을 태웠던 것에서 착안했다고 한다.

빨강색의 이층버스는 명물이다. 런던에서 반드시 경험해야 하는 필수과목이라고 말하고 싶다. 이층버스의 위층에 앉으면 시야가 좋아서 런던 시가지를 한눈에 볼 수 있다. 한편 곡선도로를 돌 때마다 차가 넘어질 것 같은 기분도 특이하다. 이는 커브 길에서 원심력이 작동하기 때문인데, 일반버스보다 무게중심이 1.5배가량 높아서 심하게 기울여지는 느낌을 받는 것이다. 이 때문에 이층버스는 시속 60킬로미터 이하로만 운전해야 한다고 한다. 여기에 흥미로운 과학도 숨어있는 것이다.

를 탄생시킨 작가 로앤 롤링도 있다. 이름만 들어도 대단한 천재들을 배출한 국가임을 알 수 있다. 이런 정도의 창조 천재들을 배출한다면 무언가 남다른 특징이 있음에 틀림없다.

영국은 '세계 최초'라는 수식어가 유독 많은 국가이다. 우선 근대적 의미의 과학을 처음 탄생시킨 나라이다. 그 전통이 바로 뉴턴과 다윈과 같은 천재 과학자들을 낳았다. 또한 영국은 최초로 산업혁명을 성공시킨 나라이다. 영국은 남보다 앞서 산업혁명을 일으키면서 강국으로 성장한 국가다. 한창 시절에는 식민지를 여러 곳에 거느리면서 "해가 지지 않는 나라"라는 별칭을 얻기도 했었다. 당시 유럽의 라이벌인 프랑스와 함께 식민지 점령경쟁을 벌이면서 패권주의를 확대시키기도 했다.

버스 또한 영국에서 최초로 만들었다. 런던의 빨강색 이층버스는 명물 중 명물이다. 빨강버스의 인기 비결은 '빨강색' 때문이기도 하다. 런던은 빨강색과 특히 잘 어울리는 도시이다. 런던은 일년 중 잿빛 하늘을 가진 우중충한 날씨가 대부분인데, 이런 기후 조건에서 빨강색은 특별하게 인상적이다. 잿빛 하늘과 회색 빌딩 사

이에서 빨강색은 신선한 활력을 준다. 런던 사람들은 이래서 빨강색을 좋아했을 것이다. 이층버스만이 아니고, 공중전화 박스와 우체통의 색깔도 빨강색이어서 도시 분위기가 살아난다. 버스 색깔을 정할 때 이런 것까지 생각했을까.

MAP

피카딜리 서커스
1891년 완공
원형광장으로 런던
최고의 번화가
하이드 공원
1637년 완공
여름에는 울창한 숲
겨울에는놀이공원
버킹엄 궁전
1703년 완공
영국의 국왕인
엘리자베스 2세의
거주지
과학박물관
체험 중심의
과학전시관
빅토리아앨버트 미술관
1851년 런던박람회의
이익금으로 건립
해롯(Harrods) 백화점
1849년 완공
유럽의 최대 백화점
세인트 제임스 공원
14C 초엽 조성
런던에서 가장
오래된 공원
자연사 박물관
1880년 개관
공룡의 화석, 곤충 및 새의 표본 등 생물학 관련 자료 풍부

대영박물관
1759년 완공
세계 3대 박물관
소장품 약 7백만점
런던경제대학(LSE)
1895년 완공
런던경제대학(LSE)은
경제학과 사회과학에
특화된 대학
코벤트 가든
'코벤트 가든' 입구의
작은 광장의 상설 공연
트라팔가 광장
1845년 완공
런던인들에게 '도시의
오아시스'라 불림
런던 탑
14C경 완공
정치범의 처형장소로
유명한 곳
런던아이
1999년 완공
초등학생들이 런던에서
가장 좋아할만한 곳
타워 브릿지
1894년 완공
다리 밑으로 대형선이
지나가면 90초동안
팔(八)자 모양으로 열림
빅벤
1859년 완공
대형 탑시계
국회의사당
1860년경 완공
거대한 규모의
고딕 양식 건축물
웨스트민스터 사원
1298년경 완공
역대 영국 왕들의 대관식장,
장례식장, 혹은 무덤

런던 타워브릿지 위에서

NO.1

런던(London)에서의 인문 학습

런던은 풍부한 인문학습재료를 갖고 있다. 영국이 낳은 대문호, 예술가, 과학자들의 무덤이 모여있는 웨스트민스터 사원을 비롯해서 의회민주주의 탄생의 상징물인 버킹엄궁전, '자유' 정신이 담긴 트라팔가 광장 등이 대표적이다. 또한 인문학습과 동시에 아이들의 흥미를 끄는 곳도 많다. 빅벤, 국회의사당, 런던아이들이 모여있는 템즈강변과 뮤지컬극장이 즐비한 피카딜리 서커스 일대도 학습과 즐거움의 공간이다. 아이들의 관심을 극대화 시키려면 '런던아이'에서부터 시작하는 방법도 좋다.

런던 아이
London Eye

영국 템즈강변에 있는 관람차

ADDRESS EDF Energy London Eye, Riverside Building, County Hall, Westminster Bridge Road, London SE1 7PB

TELEPHONE +44 (0)871 781 3000

www.londoneye.com

초등학생들이 런던에서 가장 좋아할만한 곳은 국회의사당 쪽 템즈 강변의 "런던아이"이다. 초등학생들과 런던을 방문했다면 피할 수 없는 곳이기도 하다. 런던아이는 디즈니랜드 놀이기구 모양이어서 언뜻 보기에는 런던의 회색빛 고딕 건물들과 어울리지 않는다. 그런데 이것이 런던의 명물이 된 이유는 템즈 강변에서 국회의사당을 비롯한 런던 핵심을 조망할 수 있다는 점이 아닐까싶다.

런던아이에서 바라본 빅벤과 국회의사당 야경

런던아이 입장권 가격이 만만치 않다. 성인은 10파운드가 넘으며, 초등학생들도 8파운드에 달한다. 가족 여행객에게는 부담이 적지 않다. 어느 시인(詩人)은 런던에서 박물관을 무료로 입장한 사람들이 그 감사함을 런던아이 입장권으로 보답한다는 표현을 썼다. 비용만을 생각한다면 꼭 들를 필요는 없는 곳이지만, '런던을 한눈에 보기'를 놓치기 싫다면 한 번은 투자할 만하다. 다른 사람들의 마음도 비슷한지, 런던아이 매표소에는 언제나 표를 사려는 관광객으로 장사진을 이룬다. 성수기에는 표를 구입하는 자체도 그리 쉬운 일이 아니다.

이왕 탄다면 어둠이 짙은 밤 시간에 런던아이를 탈 것을 권장한다. 런던아이에서 내려다보는 야경(夜景)이 정말 백미이기 때문이다. 런던아이에서 바라보는 밤 조명과 함께 들어오는 은은한 모습의 국회의사당과 빅벤은 가히 장관이다. 이런 멋진 경관을 많이 접한다면, 아마도 시심(詩心)이 절로 나오지 않을까 싶다.

웨스트민스터 사원 Westminster Abbey

왕실의 주요 행사가 거행되는 고딕 양식의 건축물

ADDRESS The Chapter Office Westminster Abbey 20 Deans Yard London SW1P 3PA UK

TELEPHONE +44 (0)20 7222 5152

www.westminster-abbey.org

런던 국회의사당의 맞은편에 첨탑으로 장식된 고딕 양식의 건물이 바로 '웨스트민스터 애비(대성당)' 건물이다. 역대 영국 왕들의 대관식장, 장례식장, 혹은 무덤으로 사용되는 곳이며, 매주 실제 예배가 열리는 곳이다. 이 건물은 1065년 12월 28일 참회의 왕으로 알려진 에드워드(1003~1066) 왕에 의해 건립되었는데, 교황의 후원으로 왕위에 오른 에드워드는 그 답례로 이 대성당을 교황에게 바쳤다고 한다. 건립 이듬해에 윌리엄 왕이 왕위 대관식을 이곳에서 가졌는데, 그 이후 웨스트민스터 대성당은 역대 왕들의 대관식을 거행하는 장소가 되었다. 이곳에서는 왕실의 결혼식과 장례식도 열리는데, 윈스턴 처칠 수상의 장례식과 다이애나 전 황태자비의 장례식이 열린 곳으로도 유명하다. 2011년에는 세기의 결혼식이었던 영국 윌리엄 왕자의 결혼식이 열리기도 했다. 지금의 건물은 1388년에 증축된 것이라고 한다.

정문을 통해 내부에 들어서면 가장 먼저 역대 영국 왕들의 무덤을 만난다. 안내서에 적힌 경로의 초반에는 영국 왕들의 무덤이 계속되기 때문에 우리에게 그리 재미있는 부분은 아니다. 그러나 이 무덤을 지나 안쪽으로 들어서면, 우리에게 잘 알려진 대문호, 예술가, 시인, 음악가, 과학자들의 무덤이 나온다. 음악가 헨델, 리빙스턴(탐험가), 영국의 보물이자 대문호인 세익스피어, 〈오만과 편견〉의 제인 오스틴, 〈제인 에어〉의 샬럿 브론테, 〈폭풍의 언덕〉의 에밀리 브론테, 〈크리스마스 캐럴〉의 찰스 디킨스, 〈이상한 나라의 앨리스〉의 루이스 캐럴, 〈채털리 부인의 연인〉의 로렌스, 바이런, 키트와 같은 시인, 〈실락원〉의 밀턴, 〈라셀라스〉의 사무엘 존슨의 무덤이 연속된다. 시간을 상당히 써도 아깝지 않은 말없는 감동이 밀려드는 공간이다.

출구 쪽의 끝 방에 가면 유명한 과학자인 아이작 뉴턴과 찰스 다윈의 무덤이 나온다. 천재 과학자 아이작 뉴턴은 1727년 3월 28일 이 대성당에 묻혔다. 뉴턴은 무덤과 함께 기념비를 갖고 있는 많지 않은 인사의 한명이다. 뉴턴 정도 되면 이정도 대접을 받는가 보다. 무덤에는 라틴어로 "여기에 뉴턴이 묻혀있다"라고 적혀있으며, 기념비에는 그의 업적이 새겨져 있다. 한편 찰스 다윈의 무덤은 뉴턴 보다는 조용하다. 기념비는 없고 홀 한쪽의 바닥에만 다윈이 묻혀있음을 알리는 비명이 있다. 무덤도 그리 크지 않다. 언뜻 보아도 뉴턴과는 차이가 크다. 그러나 다윈의 묘비를 확인하는 순간 묘비에 적힌 그의 업적들은 무덤의 크기와 무관하게 깊은 감동으로 다가온다.

밤에 본 웨스트민스터 사원

빅벤
Big Ben

런던의 상징인 시계탑

ADDRESS London SW1A 0AA

TELEPHONE +44 (0)20 7219 4272

www.parliament.uk/bigben

런던의 국회의사당에는 두 개의 큰 탑이 있는데, 북쪽에 있는 시계탑이 유명한 '빅벤(Big Ben)'이다. '빅벤'이라는 이름은 이 시계탑의 공사 담당자였던 벤자민 홀(Benjamin Hall)의 애칭에서 유래한 것이라고 한다. 원래는 탑 안의 13.5톤에 달하는 종(鐘)에 붙여졌던 이름이었는데 현재는 탑 이름이 되었다. 높이 96m, 시계 문자판의 지름이 7m로, 15분 간격으로 울리는 종소리는 런던 거리 곳곳으로 퍼진다. 빅벤의 종소리는 영국 BBC방송의 시보(時報)로도 사용되고 있다고 한다.

빅벤의 포스는 보는 사람들을 한눈에 반하게 만든다. 왠지 이 세상 모든 시계탑의 원형(原型)이 아닐까하는 포스를 갖고 있다. 화려하지 않은 시계탑이 어떻게 이런 포스를 갖는지, 장엄한 모습을 띄고 있다. 빅벤 시계탑을 처음 본 순간, 우리 아이들은 〈벤자민 버튼의 시간은 거꾸로 돌아간다〉라는 영화를 떠올렸다. 그 영화에 등장하는 시계탑이 생각이 났던 모양이다. 우리 부모는 톰 행크스 주연의 "캐스트 어웨이(Cast Away)"라는 영화로 응답했다. 이 영화의 앞부분에는 '빨리빨리'를 외치는 한 택배업체 관리자의 생활이 묘사되며, 시간의 노예가 되어가는 모습이 생생히 그려진다. 그 주인공인 톰 행크스가 택배의 경쟁력은 '시간'이라는 것을 강조하며 지목하는 시계가 있다. 런던의 빅벤을 보면서 영화 속 시계가 떠오르는 이유는 무엇일까. 주인공 톰 행크스는 시간에 사로잡혀 살다가 대가를 톡톡히 치른다. 우연한 사고로 무인도에 홀로 떨어져 살아야 하는 신세가 된 것이다. 시간에 사로잡힌 노예, 그것을 알면서도 시간에 쫓기는 현대인의 삶을 빅벤 시계가 떠오르게 하는 듯 싶다. 낭만적인 마음으로 보면 은은한 야경으로 들어오는 빅벤의 시침과 분침은 황홀하기까지 하다. 이렇게 보면 내가 가진 시간은 정말로 황홀한 것이다.

빅벤

타워 브릿지 & 런던 탑
Tower Bridge & The Tower of London

템즈강을 가로지르는 다리

ADDRESS Tower Bridge Exhibition, Tower Bridge Road, London, SE1 2UP, United Kingdom.

TELEPHONE +44 (0)20 7403 3761

www.towerbridge.org.uk

런던의 고성

ADDRESS London, EC3N 4AB

TELEPHONE +44 (0)844 482 7777

www.hrp.org.uk/TowerOfLondon

여행객들에게 런던의 명물 하나를 꼽으라면 타워브릿지를 지목하는 경우가 많다. 아마도 다른 국가에는 없는 영국풍의 모습과 장엄함 때문일 것이다. 타워브릿지는 1894년에 완공된 다리로서, 영국인들의 정교한 솜씨를 느끼게 하는 예술품이다. 타워브릿지가 특히 영국인들의 자존심을 높이는 점은 완공이후 한번도 고장이 없었다는 자랑 때문이다.

대영제국이 절정기를 구사하던 1894년에 완성된 타워브릿지는 다리 밑으로 대형선이 지나가면 90초동안 팔(八)자 모양으로 열린다. 전성기 때는 한달에 700여회 열리고 닫혔던 적도 있었다고 한다. 교통수단이 발달한 요즘은 1주일에 서너 차례 정도만 연다.

타워브릿지 위를 한적하게 걸어볼 것을 권한다. 여름의 뜨거운 태양을 염려한다면 저녁 7시 이후에 걸어도 좋

타워브릿지

다. 해지기 전 평안한 오후의 분위기를 잘 느낄 수 있다. 타워브릿지는 총 길이가 270미터인데 이를 꼭 다 걸을 필요는 없다. 각자 원하는 만큼 걸으면 될 것이다. 고딕 양식의 양쪽 두 탑 사이에 인도(人道)가 나 있는데 여기서 보는 런던도 새로운 맛이다. 여행객으로서 피로가 씻어지는 기분을 느낄 수 있다. 다리 아래의 템즈 강도 꼭 내려다보시길. 흐르는 강물은 누런 황토빛이지만 그 흐르는 모양새만은 타워브릿지의 자존심을 말해주듯 도도하다.

타워브릿지 인근의 런던탑도 역사적 상징성이 높은 볼거리이다. 이 탑은 1078년 노르만의 정복왕 윌리엄 공이 세운 화이트 탑을 모방한 것인데, 역대 왕들이 증축과 개축을 거듭하여 오늘날과 같은 견고한 이중 성벽으로 만들어졌다고 한다. 런던탑은 증·개축 과정에서 감옥, 천문대, 병기고 등이 만들어졌으며, 이 과정에서 원래 왕실의 성(城)에서 목적이 변하여 현재는 정치범의 투옥, 고문, 처형 장소라는 비극의 무대로 더 알려져 있다.

버킹엄 궁전
Buckingham Palace

영국 왕실이 거처하는 곳

ADDRESS Buckingham Palace, London SW1A 1AA

TELEPHONE +44 (0)20 7930 4832

www.royalcollection.org.uk
www.royal.gov.uk

버킹엄 궁전은 영국의 국왕인 엘리자베스 2세가 거주하는 곳이다. 엘리자베스 2세는 50년이상 국왕이라는 자리를 맡고 있는 여왕이다. 국가적으로 큰 행사는 런던 서쪽의 윈저 궁(Winsor Castle)에서 열리기도 하지만, 평소에는 버킹엄 궁전에서 거주하며 집무를 본다. 유럽의 대형 궁전들인 프랑스 베르사유 궁전이나 오스트리아의 쇤브루 궁전과 비교한다면 버킹엄 궁전은 수수하다고 평가할 수 있다. 영국식 단순함이라고 받아들여야할까, 외형은 상대적으로 단조롭고 화려함이 없다. 버킹엄 궁전은 내부를 일체 공개하지 않기 때문에 내부의 모습은 확인할 수는 없다.

버킹엄 궁전 앞에는 빨간 상의를 입은 근위병들이 당당하게 움직이면서 긴장감을 준다. 이 분위기는 관광객들에게 그곳이 단순한 관광지가 아님을 알려준다. 이 궁전 관광의 백미(白眉)는 근위병들의 교대식이다. 실제로 많은 관광객들이 근위병들의 교대식을 좋은 자리에서 보려고 일찍부터 자리 경쟁을 하곤 한다.

버킹엄 궁전 앞에서 다시 생각해본다. 영국은 의회민주주의를 꽃피운 국가이다. 다른 나라에 앞서 의회민주주의를 꽃피운 나라에서 어떻게 국왕과 궁전이 존재하는 것일까? 의회민주주의를 선도하는 국민들에게 국왕의 역할은 어떻게 자리 잡고 있을까? 왕정이 의회민주주의와 같이 공존하기까지는 빅토리아 여왕의 공이 크다. 그녀는 치열한 현실인식을 통해 민주주의에서 왕정의 길을 도출했다. 빅토리아 여왕 이전까지 왕실은 방탕한 생활과 사치로 점철되었고, 그래서 국민들로부터 지지를 받지 못한 상태였다. 특히 빅토리아 여왕 즉위 직전의 영국 왕정을 지배했던 독일계 하노버 왕가는 영국이라는 나라에 애정이 없었고 의회주의의 전통을 이해하지도 못했다. 이런 실정이다 보니 국민은 왕실에 대한 불신이 더욱 커졌고, 왕실은 더욱 국민과 단절되어 가고 있었다.

그러나 1837년 18세의 나이로 즉위한 빅토리아 여왕은 대처방법이 달랐다. 그녀는 신중하고 조심스럽게 국민 속으로 파고들었고, 의회주의의 전통을 회복하려는 노력을 기울였다. 빅토리아 여왕은 재임 64년 동안 국민의 뜻을 섬기는 통치를 실천했다. 이러한 노력 덕분에 군주제는 다시 국민들과 교감하게 된 것이다. 이것이 오늘날의 영국군주제가 민주주의와 공존하는 터전이 된 것이다. 근본적으로 국왕의 뜻은 민주주의의 뜻을 넘어서지 못한다. 만약 국왕이 민중을 압도하고자 했다면 의회민주주의와 왕실은 절대 공존하지 못했을 것이다. 빅토리아 여왕의 치밀한 현실인식이 돋보이는 부분이다.

버킹엄 궁전 앞에는 빅토리아 여왕의 동상이 서있다. 그 동상은 영국왕실의 전통을 확립한 빅토리아 여왕에 대한 국민들의 사랑의 징표이다. 빅토리아 여왕 동상을 버킹엄 궁전 앞에 세운 이유는 아마도 버킹엄 궁전안의 왕들에게 "국민의 뜻을 거스르지 않았던 여왕의 현명함을 본받으라"는 메시지로 풀이된다. 오늘도 버킹엄 궁전 앞의 따뜻한 햇살은 빅토리아 여왕 동상을 소리 없이 비추고 있다.

세인트 제임스 공원 & 하이드 공원
St. James' Park & Hyde Park

영국 3대 공원 중 하나

ADDRESS St James' Park, Newcastle-upon-Tyne, NE1 4ST

TELEPHONE +44 (0)300 123 1212

www.royalparks.gov.uk/St-Jamess-Park.aspx

왕가의 소유였던 공원

TELEPHONE +44 (0)20 7262 5484

www.royalparks.gov.uk/Hyde-Park.aspx

여행객이 현지인들과 동일한 정서를 느낄 수 있는 경험을 하면 즐겁다. 대개의 경우 바쁜 일정 때문에 주요 관광지만을 "찍고 떠나는" 여행이 대부분이다. 그런데 현지인의 삶을 느끼고자 한다면, 도시 속 공원을 즐기라고 권하고 싶다. 런던에는 들러볼 만한 공원이 특히 많다.

런던의 많은 공원 중, 트라팔가 광장에서 버킹엄 궁전으로 가는 도중의 세인트 제임스(St. James) 공원은 조용하고 평화로운 공원이다. 이 공원을 보면 공원을 도시의 숨통이라고 부르는 이유를 쉽게 알 수 있다. 우리 가족은 실제로 그 세인트 제임스 공원에서 잠시 망중한(忙中閑)을 즐겼다. 그 공원은 런던에서 가장 오래된 공원인데, 공원 중앙의 인공호수에서 한가하게 노닐고 있는 펠리컨과 같은 야생 조류를 보다보면 절로 마음이 한가해지면서 바쁜 여행일정의 피로를 씻게 된다.

세인트 제임스 공원은 워낙 넓기 때문에 공원 전체를 둘러보려면 시간이 많이 필요하다. 꼭 다 둘러볼 필요도 없다. 푸른색 잔디에 앉아서 그저 호흡을 편안하게 하면 된다. 공원 잔디에 앉자마자 노래를 하나 불러도 좋다. 런던 한복판의 공원에서 한국 동요가 우렁차게 울려 퍼지는 것도 이상한 일이 아니다. 우리 녀석들은 바이올린 연주를 했었는데, 같은 곡을 반복적으로 연주하는 미숙련 상태였지만, 주변에 있던 런던시민들로부터 큰 박수를 받았다. 런던 여행 중의 의미 있는 쉼표였다.

세인트 제임스 공원

하이드 공원은 헨리8세 왕가의 사냥터로 시작한 공원으로서, 1851년 만국박람회가 열려서 유명해진 곳이다. 공원 한쪽에 빅토리아 여왕의 남편인 앨버트 공의 기념탑이 있다. 하이드 공원은 원래 웨스트민스터 장원(莊園)이었다가 헨리 8세가 개인사냥터로 사용한 후 1637년 일반에게 공개됐다. 전체 140만m^2의 면적을 가진 런던시민의 휴식 공간으로서, 옆에 있는 켄싱턴 가든과 합치면 약250m^2의 면적이나 된다. 로마의 콘스탄티누스 개선문을 본 떠 만든 마블 아치(Marble Arch)가 하이드 공원의 정문이다. 마블 아치 남쪽에는 유명한 '스피커스 코너(Speaker's Corner)'가 있다. 1872년 이래 지금까지 이곳에서는 연설이 계속되고 있으며 특히 일요일 11:00~16:00 동안 가장 연설이 활발하다. 켄싱턴 가든과 경계를 이루는 공원 중앙의 서펜타인(Serpentine) 호수에서는 보트놀이와 낚시 등을 즐기는 사람들을 보게 된다.

하이드 공원은 여름에는 울창한 숲이지만, 겨울에는 〈Winter Wonderland〉라는 이름으로 놀이공원이 된다. 공원 한쪽에 스케이트장이 만들어지면 여러 상업시설들이 들어선다. 이처럼 하이드 공원은 여름과 겨울에 전혀 다른 옷을 입는다.

트라팔가 광장
Trafalgar Square

넬슨 동상과 분수로 유명한 광장

ADDRESS City of Westminster, London

www.london.gov.uk/trafalgarsquare

런던에서 잘 배울 수 있는 인문 정신은 '용기'와 '자유'이다. 트라팔가 광장은 영국을 구한 영웅 넬슨 제독의 '용기'가 담긴 곳이며, 피카딜리 서커스는 영국의 '자유' 정신을 집약한 공간이다. 이곳들은 일반 관광객들에게도 중요한 관광지이지만, 인문 정신을 배우고자 하는 학생들에게도 중요한 곳이다.

런던인들은 트라팔가 광장을 '도시의 오아시스'라고 부른다. 빡빡한 도시 생활 속에서 청량감을 주는 곳이기 때문이다. 실제로 광장이 준 첫 느낌은 '시원함'이었다. 이렇게 속 시원한 기분을 주는 광장도 드물 것이다. 탁 트인 시야에 넓은 공간이 펼쳐져 있으며, 큰 분수대가 굵은 물줄기를 뿜어내고 있었다. 트라팔가 광장에는 언제나 약동하는 힘과 열정의 기운이 넘쳐 흐른다.

트라팔가 광장은 넬슨 제독이라는 영웅의 공간이다. 그런데 막상 트라팔가 광장에 도착하면 비슷한 모양의 동상들이 많기 때문에 그 중 어느 것이 넬슨 제독의 동상인지 구분하기 쉽지 않다. 결정적인 힌트를 준다면 그 동상들 중 넬슨 제독의 것은 한복판의 동상이다. 동상들을 하나하나 직접 둘러보는 것도 좋다. 동상에 적힌 작은 글씨들을 보면서 누구의 동상인지 확인하다보면 광장 전체를 어느새 다 둘러보게 되는 것이다.

호레이쇼 넬슨(Horatio Nelson) 제독은 영국 역사를 바꾸어 놓은 영웅이다. 넬슨은 해군 장교의 꿈을 키우며 10대 초반부터 배를 타기 시작했다. 집념이 강했던 넬슨은 청년시절부터 해군 장교로 적합한 자질을 갖추는데 철저히 노력했던 것으로 알려진다. 10대 후반에 해군 소위로 임관한 이후 조국이 부여한 임무를 달성하기 위해 준비된 인물이었다. 당시 유럽의 상황은 프랑스혁명이후 나폴레옹의 패권주의가 지배하던 시대였다. 프랑스는 구체제를 무너뜨린 후 전쟁에 돌입하게 되는데, 당시의 왕정국가들인 오스트리아, 러시아, 프로이센 등은 왕정에 반감을 가진 프랑스와 일전을 벌일 수밖에 없었다. 이때 영국은 반(反) 프

랑스 동맹에 합류했다. 영국이 반 프랑스 편에 선 명분은 의회민주주의가 무너지는 것을 막기 위해서였으며, 숨겨진 속사정은 프랑스가 대륙을 지배하는 것을 막기 위해서였다.

프랑스는 나폴레옹이라는 천재 전략가가 있었으며, 농민과 부르조아를 포함한 절대다수의 지지를 받아 세력을 확대하고 있었다. 육지 전쟁에 약한 섬나라 영국은 바다를 지배하는 것 이상의 전략이 없었다. 영국으로서는 자신들에게 유리한 전투에 집중할 수밖에 없는 상황이었다. 이때 프랑스는 영국과 직접 맞붙기보다는 인도를 점령할 계획을 세우게 된다. 인도는 영국 경제의 핵심부였기 때문에 인도가 무너지면 영국 경제가 무너질 것이라는 것에 착안한 전략이었다. 나폴레옹은 이집트를 성공적으로 점령한 후 인도 공략을 시작한다. 영국은 이에 대항하여 넬슨을 이집트 연안으로 파견한다. 넬슨은 1798년 나일강 하구의 알렉산드리아 앞바다에서 프랑스 함대와 맞서게 된다. 이 전투에서 넬슨은 프랑스를 물리치게 된다. 넬슨의 위력이 제대로 나타났던 첫 번째 전승이었다.

바다에서 영국에 패배를 거듭했던 프랑스는 일단 해전을 유보하고, 육지 전투에 주력하면서 세력을 다시 확대했다. 프랑스는 육로에서 승승장구하면서 결국 유럽 전체를 손아귀에 넣게 된다. 나폴레옹은 유럽대륙을 정복한 후 끝내 영국을 정복하고자 결심한다. 넬슨이 지휘하는 영국 함대와 프랑스 해군은 역사에 남는 결전을 벌이게 된다. 그 결전은 1805년 10월 새벽 스페인 남부 트라팔가 해협에서 시작된 전투이다. 그 결전의 장소였던 트라팔가 해협의 이름을 따서 현재의 트라팔가 광장이 된 것이다. 이 트라팔가 전투에서 넬슨 부대는 프랑스를 물리치게 된다. 해전의 영웅은 조국에 승리를 주었지만, 정작 넬슨 자신은 죽음을 맞게 된다. 승리한 전쟁 중에 총탄에 맞게 된 것이다. 우리나라의 이순신 장군을 연상시키는 스토리이다.

트라팔가에서 넬슨의 승리는 일개 전투에서의 승리를 의미하는 것만이 아니었다. 프랑스 나폴레옹 부대의 패전을 알리는 서곡이었다. 다시 말해서, 나폴레옹 부대는 이 트라팔가 전투에서의 패배로 시작하여 몰락의 길을 걷게 된다. 이런 점에서 넬슨 장군은 유럽 역사를 결정했던 중요한 전투를 승리로 이끈 장군이며, 트라팔가는 프랑스군에 짓밟히던 유럽에서 영국의 자존심을 지켜준 전투였다. 넬슨이라는 한 영웅이 영국을 구하며 역사를 만들었던 정신을 담은 곳이 바로 트라팔가 광장인 것이다.

넬슨 동상

피카딜리 서커스
Piccadilly Circus

에로스 동상으로 유명한 광장

ADDRESS City of Westminster, London

에로스 동상

런던의 피카딜리 서커스를 서울의 명동으로 비유할 수 있을지 모르겠다. 피카딜리 서커스는 원형광장이라는 뜻의 'circus'라는 단어가 말해주듯 원형모양을 형성한 런던 최고의 번화가이다. 주요 도로의 교차점이기 때문에 언제나 많은 차량과 사람들이 분주하게 움직이며 상권과 식당 그리고 영화관이 인접해 있다. 유명한 쇼핑거리들인 저민 스트리트, 레전드 스트리트, 소호, 차이나타운 등을 연결시키는 브릿지이기도 하다.

'피카딜리'라는 말은 17세기 무렵 한 양복점에서 고안한 '피카딜(piccadil)'이라는 주름 장식 칼라에서 유래되었다고 한다. 그 양복점 주인이 지금의 광장 북쪽에 집을 지었는데 사람들이 그 집을 '피카딜리 하우스'라고 부르면서 이 광장을 피카딜리라고 부르게 되었다고 한다.

피카딜리 서커스 한 가운데에는 '에로스 동상'이 있

다. 1892년 자선 사업가였던 샤프츠베리 경을 기념해서 세운 동상으로서 런던의 마스코트이다. 런던시민들의 약속장소로 많이 사용되는 상징물인데, 많은 사람들이 사랑의 마음을 되새기면서 한편으로는 피로를 잠시 식힐 겸 에로스 동상 앞에 앉아서 쉬게 된다. '에로스'라는 단어대로 마음이 잠시 나른해지기도 한다. 꼭 에로스 동상 앞 계단에 앉아 런던 모습을 감상해보시기 바란다.

에로스 동상에서 주변을 둘러보면, 자랑스럽게도 우리 기업들인 삼성전자와 엘지전자의 광고판이 눈에 들어온다. 런던의 중심부인 피카딜리 서커스에 우리 기업들의 광고판을 만나는 것도 신선한 경험이다. 피카딜리 서커스의 많은 광고판은 고풍스러운 건물들과 대비를 이루며 런던이 상업도시임을 일깨워주는데, 한국기업의 광고판이 한복판에 위치하고 있다는 것이 정말 자랑스럽다.

피카딜리 서커스는 원형 로터리로서 여러 도로가 연결되지만, 그중 특히 저민 스트리트(Jermyn street)가 인상적이다. 저민 스트리트는 피카딜리 서커스 남쪽의 동서로 뻗은 거리로서, '영국 신사를 만드는 곳'이라는 명성을 가진 거리이다. 주로 양복, 모자, 와이셔츠, 향수 등 신사용품 상점들이 집결되어 있다. 저민스트리트는 세계최고가 되겠다는 장인정신으로 무장한 고급 점포와 브랜드로 채워져 있다. 저민 스트리트는 건물이 곡선길을 따라 설계되었다는 것이 특징이기도 하다.

피카딜리 서커스의 광고판

저민 스트리트

코벤트 가든 Covent Garden

다양한 거리 퍼포먼스가 있는 광장

www.coventgardenlondonuk.com

런던사람들을 끌어 모으는 매력적인 공간이 바로 코벤트 가든이다. 이곳은 중세 때 웨스트민스터 사원 수도승의 채소밭으로 사용했던 곳인데, 17세기 이후 청과시장으로 변모했었다. 현재는 거대한 쇼핑센터로서 런던사람들을 사로잡는다. 특히 중심인 "더마켓(The Market)"에는 50여개 이상의 부티크와 레스토랑들이 줄지어 있다.

토요일 지하철역 '코벤트 가든'에서부터 몰려드는 인파의 규모가 엄청나다. 지하철 밖으로 나오는데 인파의 물결에 떠밀려 나올 지경이다. '코벤트 가든' 입구의 작은 광장에는 여러가지 쇼가 공연되고 있었다. 우리가족이 본 쇼는 마술사 공연이었다. 우리집 두 녀석들은 마술사의 공연에 빠른 속도로 흠뻑 빠져들었다. 특히 둘째 녀석은 마술사의 현란한 움직임에 사로잡혀 열렬히 호응하더니, 마술의 클라이막스 부분에서 보조원으로 선정되어

코벤트 가든의 '더 마켓'

빨강 스카프를 벗겨내는 역할을 맡기도 했다. 녀석은 자기가 선택되어서 마술을 완성하게 되었다는 것에 크게 고무된 듯이 보였다. '코벤트 가든'을 오래 기억하게 될 큰 추억거리를 하나 얻은 것이다.

뮤지컬
Musical

런던은 뮤지컬의 고향이자 천국이다. 100여개의 뮤지컬 극장은 일년 내내 공연 일정이 잡혀있다. 뮤지컬 극장들이 특히 집중된 지역은 런던중심부인 피카딜리 서커스에서 코벤트 가든과 이어지는 일대이다. 뮤지컬 티켓 판매장소도 그 지역에 널려져 있다. 피카딜리 서커스에서부터 길거리를 지나다보면 쉽게 만나는 것이 뮤지컬 티켓 박스이다.

런던의 극장들은 뮤지컬 하나를 몇 년 동안 공연한다. 각 극장마다 같은 뮤지컬을 여러 연도 동안 공연한다는 것이 우리로서는 놀랍다. 심지어는 10년동안 같은 뮤지컬을 공연하는 극장도 있다. 그 정도로 장기 공연을 해도 들어오는 관객이 있다는 얘기니까 런던의 뮤지컬 시장 규모가 엄청나다는 것을 알 수 있다. 우리나라와 같이 작은 뮤지컬 시장 규모로서는 꿈에도 생각할 수 없는 일이다. 이런 수준의 시장이 하루아침에 만들어지지는 않았을 것

뮤지컬 극장 빅토리아 팰리스

이다. 런던 뮤지컬 업계가 들인 노력과 정성이 느껴졌다.

우리 가족이 본 뮤지컬은 〈빌리 엘리어트(Billy Elliot)〉였다. 우리는 빅토리아驛 인근의 빅토리아 팰리스 씨어터(Victoria Palace Theater)에서 관람했는데, 이 뮤지컬은 한 소년의 성장 드라마이다. 작은 탄광촌에서 사는 빌리라는 이름의 한 소년이 발레 분야에서 재능을 발견하고 꿈을 이루어가는 과정을 그린 뮤지컬이다. 빌리의 아버지와 형은 탄광의 광부로서 거친 인생을 살아왔기 때문에 빌리가 찾은 발레의 꿈을 비웃었다. 그러나 그의 재능과 열정에 탄복하고 결국 같이 기쁨과 슬픔을 나누게 된다는 휴먼 드라마이다. 성장기의 한 소년이 자신의 재능을 발견하고 자신의 인생을 개척한다는 교훈은 아이들과 공유하기에 충분히 따뜻하고 유익했다. 영국에서 "원조"를 본다는 의미 때문이었을까. 배우들의 연기와 노래가 꽤 깊이 있게 전달되었다. 밤 10시 30분이 지나서야 끝나는 것이 조금 피로했지만 아이들도 만족해하는 눈치였다.

Diary IN LONDON

8월 4일 선우 일기

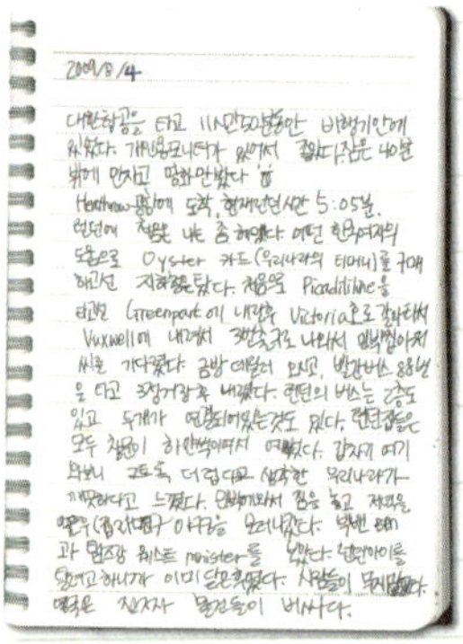

대한항공을 타고 11시간 50분 동안 비행기 안에 있었다. 개인용 모니터가 있어서 좋았다. 잠은 40분밖에 안자고 영화만 봤다. Heathrow공항에 도착, 현재 런던시간 5:05분. 런던에 처음 온 나는 좀 헤맸다. 어떤 한국여자의 도움으로 Oyster카드(우리나라의 티머니)를 구매 하고선 지하철을 탔다.

처음으로 Picadililine을 타고선 Greenpark에 내린 후 Victoria로로 갈아타서 Vauxhall에 내려서 3번 출구로 나와서 민박집 아저씨를 기다렸다. 금방 데릴러 오셨고, 빨간버스 88번을 타고 3정거장 후 내렸다.

런던의 버스는 2층도 있고 두개가 연결되어 있는 것도 있다.

런던 집들은 모두 창문이 하얀색이여서 예뻤다. 갑자기 여기 와보니 그토록 더럽다고 생각한 우리나라가 깨끗하다고 느꼈다.

민박집에 와서 짐을 놓고 저녁을 먹은 후 (컵라면) 야경을 보러 나갔다.

빅벤 (Big Ben)과 템즈강, 웨스트민스터사원를 보았다. 런던아이를 타려고 하니까 이미 닫은 후 였다. 사람들이 무지 많았다…

영국은 진짜 물건들이 비싸다.

SUN MON TUE WED THU FRI SAT

8월 4일 준열 일기 (영국에 도착한 날)

I was scared when I was riding the airplane because I could fall in the ocean, but it was not scary, it was exciting, It was exciting because I saw 4 movies I wanted to watch and I played games in the airplane, At pm 4:55 the airplane landed at London, My family and I rode the subway, The London subway is more better than the Korean subway, At night I saw the cool tower Big Ben, I took pictures of Big Ben, and I took pictures of the cool towers and London Eye, I wanted to ride the London Eye, but it was only to 9 o'clock, but I can ride tomorrow.
It was an exciting day.

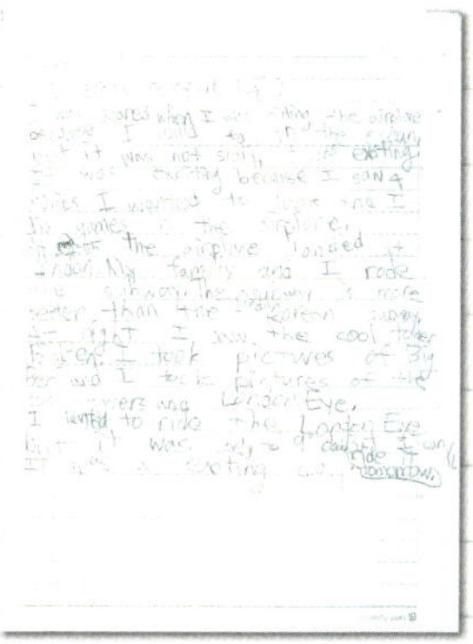

DATE PAGE

8월 5일 선우 일기

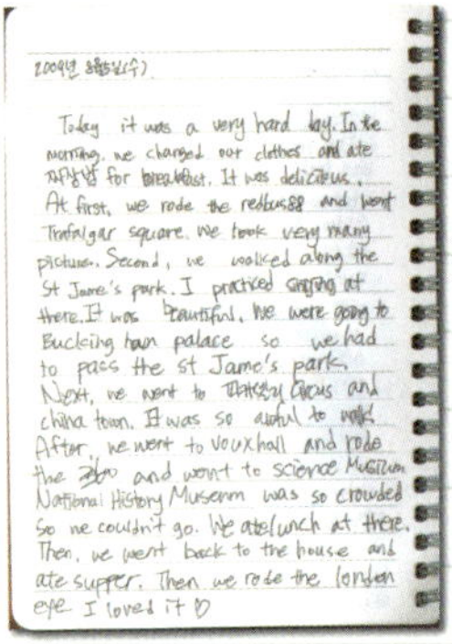

2009년 8월5일(수)

Today it was a very hard day. In the morning, we changed our clothes and ate 짜장밥 for breakfast. It was delicious. At first, we rode the redbus88 and went Trafalgar square. We took very many picture. Second, we walked along the St Jame's park. I practiced singing at there. It was beautiful. We were going to Buckinghum palace so we had to pass the st Jame's park. Next, we went to 피카딜리 Circus and china town. It was so awful to walk! After, we went to vouxhall and rode the 360 and went to science Museum. National History Museum was so crowded so we couldn't go. We ate lunch at there. Then, we went back to the house and ate supper. Then we rode the london eye. I loved it ♡

Today it was a very hard day.

In the morning, we changed our clothes and ate rice of Zajang for breakfast. It was delicious.

At first, we rode the red bus88 and went Trafalgar square, we took very many pictures.

Second, we walked along the st Jame's Park.

I practiced singing at there.

It was beautiful.

We were going to Buckingham palace so we had to pass the st Jame's Park.

Next, we went to Piccadilly circus and china town.

It was so awful to walk!

After, we went to vouxhall and rode the bus360 and went to science Museum.

National History Museum was so crowded so we couldn't go in.

We ate lunch at there.

Then, we went back to the house and ate supper.

Then, we rode the London eye.

I loved it.

○SUN ○MON ○TUE ○WED ○THU ○FRI ○SAT

8월 5일 준열 일기 (London Eye를 탄 날)

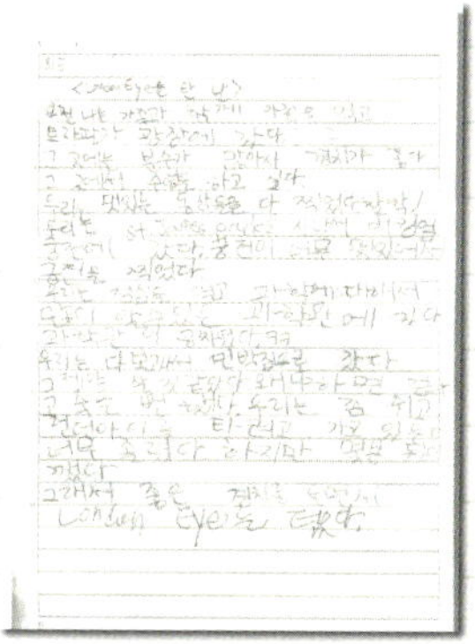

오전, 나는 가족과 함께 아침을 먹고 트라팔가 광장에 갔다.

그곳에는 분수가 많아서 경치가 좋다. 그 곳에서 수영을 하고 싶다.

우리는 멋있는 동상들을 다 찍었다. 찰칵!

우리는 St. James Park을 지나서 버킹엄 궁전에 갔다.

궁전이 너무 멋있어서 궁전을 찍었다.

우리는 점심을 먹고 과학에 대해서 많이 알 수 있는 과학관에 갔다. 과학관이 공짜였다.

우리는 다 보고나서 민박집으로 갔다. 그제야 살 것 같았다.

왜냐하면 걷느라고 죽을 뻔 했다.

우리는 좀 쉬고 런던아이를 타려고 가고 있는데 너무 졸렸다.

하지만 몇 분 뒤에 깼다.

그래서 좋은 경치를 보면서 London Eye를 탔다.

런던 자연사박물관에서

NO.2

박물관의 천국에서 인문과 과학 학습

런던은 박물관의 천국이다. 박물관만 줄잡아 4백개이고, 갤러리도 약 3백개 있다. 세계 3대박물관의 하나인 대영박물관이 있고, 빅토리아 앨버타 미술관도 세계적 수준이다. 특히 초등학생들의 과학 체험의 공간인 '자연사박물관'과 '과학박물관'이 런던의 중서부 지역인 사우스켄싱턴 지역에 모여 있다. 이들은 단순 관람용 박물관이 아니고 학생들이 직접 참여하는 체험박물관이기 때문에 다른 곳에서 얻을 수 없는 소중한 경험을 얻을 수 있다. 감사하게도 모든 런던 박물관이 무료이다.

대영박물관
The British Museum

세계 최고 규모의 국립박물관

ADDRESS 96 Euston Road, City of London NW1 2DB,

TELEPHONE +44 (0)20 7323 8299

www.britishmuseum.org

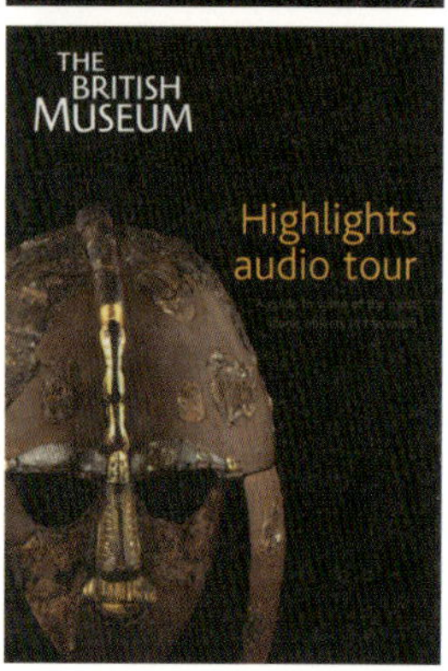

대영박물관은 인류의 기억을 간직한 공간이다. 세계적 수준의 소장품이 약 7백만점에 달하며, 매년 관람객이 650만을 넘어선다. 소장 유물의 내용들을 보면 세계 3대 박물관에 꼽히는 이유를 알 수 있다. 희귀하고 다양한 유물들이 소장되어 있다.

대영박물관의 정면은 마치 그리스 신전(神殿) 모습과 같다. 정문을 통해 건물 내부로 들어서면 웅장한 분위기가 시작된다. 주제별로 구분된 공간들이 이어지는데 각 공간마다 감탄스러운 유물들을 보다보면 대영박물관의 깊이에 다시 놀라게 된다. 대영박물관의 내부는 미로(迷路)와 같아서 안내서에 정해진 경로를 따라가지 않는다면 일행을 놓치기 쉽다.

이집트 유물

박물관에 들어서면서 바로 만나게 되는 이집트관은 정작 이집트에는 없는 유물들을 전시하고 있다. 유명한 로제타스톤, 스핑크스, 파르테논 신전의 조각 등이 바로 이곳에 있다. 모두 이집트와 그리스에서 영국으로 넘어온 진품들이다. "대영박물관에서 진짜 영국제는 수위뿐"이라는 농담이 있다고 한다. 제국주의 시절에 빼앗거나 손목을 비틀어서 가져온 유물이 그만큼 많은 것이다. 특히 이집트 코너를 보면 대영박물관의 많은 물건들이 약탈문화재라는 표현에 동

대영박물관 입구

읽어보기

이집트 유물들이 대영박물관으로 넘어올 때 외형상 공식 거래가 성립했던 듯싶다. 단순 약탈로 기록될 수는 없었을 것이다. 그 공식거래는 현재 이집트의 입장에서 보면 매우 억울한 거래였겠지만, 당시 공식적 거래의 결과라고 주장하는 것이 강자의 입장이다. 빼앗긴 입장인 이집트와 중국과 같은 나라들은 최근 자신의 유물들을 돌려받으려는 주장을 밝히지만, 대영박물관과 같은 세계적인 박물관들은 여전히 거부하고 있다. 2002년 10월 대영박물관을 비롯한 세계 5대 박물관은 〈인류 보편 박물관의 중요성과 가치〉라는 선언문을 낸다. 그 내용은 다음과 같다.

"우리가 소장한 해외 문화재는 오늘날과는 전혀 다른 상황에서 입수해 국가 유산의 일부가 됐으며, 우리는 인류 보편 박물관으로서 고대 문화재를 통해 인류에 봉사하고 있다."

한마디로 문화재를 원래 국가에 반환하지는 않겠다는 것이 요지이다.

의하게 된다. 이집트에 없는 진품을 대영박물관에서 보며, 오히려 이집트 카이로와 룩소르에서 모조품을 본다는 것을 어떻게 설명해야 할까. 어떤 의미에서는 침략과 약탈의 역사가 그대로 남아있는 박물관이기도 하지만, 세계의 유물들을 한 곳에서 볼 수 있는 매력적인 박물관이기도 하다.

특히 인기 높은 것은 미이라이다. 어린 시절 왕이 되었다는 투탕카멘에서부터 이름 모를 왕족까지 다양한 미이라가 전시되어 있다. 죽은 뒤의 육신을 유지해야만 다시 살아날 것으로 생각해서인지 많은 생필품들이 미이라 옆에서 발견된다. 미이라는 우리에게 묻는다. "나는 이런 모습인데, 너의 삶은 어떠냐?"

미이라의 인기 절정기에 유럽에서는 미이라 사기꾼이 많았다고 한다. 그들이 찾는 먹잇감은 런던과 파리에 나온 외교관들이었다. 심지어 미이라를 갈아서 그 분말을 약(藥)으로 만들기도 했다고 한다. 아마도 미이라가 건강식품이 된다고 거짓말을 했던 모양이다. 심지어 프랑스의 영웅 나폴레옹은 나일 강 전투에서 패하고 도망치는 와중에, 미이라 두 구를 챙겨서 아내와 나누었을 정도로 애착을 보였다고 한다. 미이라가 이토록 인간의 집착을 끌어들이는 매력이 무엇인지 한번 생각해보기 바란다.

대영박물관에서 세계적인 사상 서적이 탄생했다는 것을 아는 사람들은 많지 않다. 대영박물관 중앙에 작은 도서관이 하나 있는데, 바로 이곳에서 공산주의의 바이블인 〈자본론〉이 탄생했다. 공산주의 사상가인 칼 마르크스가 이곳에서 〈자본론〉을 탈고했던 것이다. 대영박물관에서는 작은 공간에 불과하지만 깊은 사상의 원산지인 이 도서관에 들러 칼 마르크스의 흔적을 찾아보기 바란다.

빅토리아 앨버타 미술관
Victoria and Alberta Museum

영국 왕립박물관 중 하나

ADDRESS Cromwell Road, London SW7 2RL

TELEPHONE +44 (0)20 7942 2000

www.vam.ac.uk

박물관 지역인 런던 사우스켄싱턴 지역에 또 하나의 명소가 있다. 그것은 빅토리아·앨버타 미술관이다. 세계 최대의 공예미술관으로 유명하다. 미술관 이름에 영국의 전성기를 이끈 빅토리아 여왕과 그의 남편 앨버타의 이름을 붙인 것도 흥미롭다.

1851년 런던박람회의 이익금으로 건립된 이 미술관은 본래 '제조업 박물관'이라는 이름으로 시작했다. 그런데 빅토리아 여왕이 남편이었던 앨버타 공의 죽음이후 그를 기념하여 현재의 이름으로 개명했다고 한다. 수차례의 증축과 개축과정을 거치면서 소장 유물을 확대해서 현재 5백만점 이상의 전시물이 소장되어 있다. 미술관치고는 방대한 소장품을 갖고 있고, 언제나 관람객으로 문전성시를 이룬다.

이 미술관은 4개 건물로 구성되어 있는데, 하늘에서 보면 이 건물들이 우물 정(井)자 모양을 만든다. 이 우물 정(井)자의 사각형 내부에 정원과 분수대를 가진 휴식공간이 있다. 미술작품관람 뿐만 아니라 일상의 휴식을 위해 이곳을 찾은 런던시민들의 여유로운 모습이 곳곳에 보인다. 가만히 살펴보면 관광객뿐만 아니라 런던 시민들의 휴식공간인 듯하다. 많은 시민들이 커피, 차, 맥주 등과 함께 미술관을 즐기고 있다. 초등학생들이 미술관에서 집중할 수 있는 시간이 그리 길지 않다는 점을 생각하면 이 휴식장소가 정말 고맙다. 아이들과 함께 미술관에 대해 잠시 대화를 나눌 수 있는 공간이다.

그곳에서 푸른 정원과 분수대, 그리고 적당한 그늘 등을 즐기면 된다. 여행피로에 지친 관광객들에게는 마치 오아시스와 같다. 입장료 없는 무료 관람에 이렇게 좋은 휴식처를 제공해주니 여행객들에게는 황공할 따름이다. 땡큐!

자연사 박물관 & 과학박물관
Natural History Museum & Science Museum

과학학습을 위한 명소

ADDRESS Natural History Museum, Cromwell Road, London, SW7 5BD
TELEPHONE +44 (0)20 7942 5000
www.nhm.ac.uk

ADDRESS The Science Museum, Exhibition Rd, South Kensington, SW7 2DD
TELEPHONE +44 (0)20 7942 4000
www.sciencemuseum.org.uk

찰스 다윈 동상

1880년 개관한 런던 자연사박물관은 과학 학습을 위한 명소이다. 본래 대영박물관의 분관으로 시작했지만, 현재는 독자적인 프로그램을 통해 운영된다. 다양한 과학 자료를 소장하고 있는데, 특히 공룡의 화석, 곤충 및 새의 표본 등 생물학에 관한 자료들이 풍성하다.

단순한 전시 공간이 아니라 아이들이 스스로 체험하게 하는 공간이어서 더욱 마음에 든다. 런던 자연사박물관의 규모는 초등학생들의 집중력을 넘어서는 큰 규모이기 때문에 아이들의 집중력 관리를 잘 해주어야 한다. 작은 과학실험 단위로 체험할 수 있도록 유인하는 방법이 있다.

자연사박물관에는 다음 3개의 건물이 있다. 첫째, 인간관(館)은 가장 인기가 높은 구역이다. 정확히 설명하기 어렵기는 하지만, 인간에 대한 다양한 이해를 돕는 장치들이 있다. 반드시 둘러보기 바란다. 둘째, 공룡관에는 수많은 공룡 화석과 입체물이 있다. 영화 쥬라기 공원의 설치무대를 위한 원형이라고 알려질 정도다. 공룡들의 화석을 보고 있노라면 생명체에 대한 경이감을 느끼게 된다.

자연사박물관 입구의 홍보물

셋째, 보석관에는 다양한 보석의 원석들을 보존하고 있다. 희귀한 원석들을 한꺼번에 구경할 수 있는 좋은 기회이다.

자연사박물관은 과학자 찰스 다윈(Charles Darwin)과 특별히 관련이 깊다. 찰스 다윈은 비글호를 타고 갈라파고스 섬에 다녀온 이후 5년의 집필기간을 거쳐, 그의 대표작인 〈종의 기원〉을 출간했다. 찰스 다윈은 대학을 졸업한 이후 대부분의 시간을 런던에서 보냈다고 한다. 이 정도면 다윈이 런던을 좋아했다고 생각해도 되지 않을까 싶다. 그는 런던 외곽에 자그마한 실험 공간을 갖고 있었다고 하는데, 실제로 찰스 다윈에게 특히 큰 영향을 미친 곳은 런던의 자연사 박물관이라고 한다. 다윈은 박물관에 전시되어 있는 동식물을 보기위해서 이곳을 자주 찾았고, 많은 사색과 관찰을 했다고 한다.

자연사 박물관이 〈다윈 센터〉를 2009년 초에 재단장한 것도 이와 무관하지 않을 것이다. 다윈 센터는 총 비용이 1억2천만 달러에 달할 정도의 대규모 자금이 투입되었으며, 그 건물외관은 특이하게도 8층의 누에고치 모습을 띄고 있다.

곤충과 식물을 아우르며 이천만종을 보관하고 있고, 단순 표본전시관에 그치는 것을 넘어서 과학자들의 토론장으로 사용되고 있다.

자연사 박물관에서 연결되는 과학박물관은 체험 중심의 과학전시관이다. 체험학습을 따라가다 보면 아이들도 상당한 집중력을 쏟는 것을 확인 할 수 있다.

플레밍 박물관 페니실린이 탄생한 곳
Fleming Museum

페니실린이 탄생한 곳

ADDRESS St Mary's Hospital, Praed Street, London W2 1NY

TELEPHONE +44 (0)20 3312 6528

www.imperial.nhs.uk/aboutus/museumsandarchives

런던 시내에 페니실린이 탄생한 곳이 있다. 페니실린이란 상처의 감염을 막는 물질로서 항생제의 대표물질이다. 지난 인류역사 속에서 큰 전쟁에서 군인들의 상처를 치료해주는 역할을 했으며, 일상생활 속에 항생제로 사용되어 왔다.

페니실린이 탄생한 곳은 런던 '세인트 메리병원'이다. 그곳에 바로 발견자인 플래밍의 이름을 따서 '플레밍 박물관'이 있다. 런던의 국제공항인 히드로 공항에서 런던시내로 들어가는 특급열차의 종착역인 패딩턴 역에서 가깝다. 병원 입구에서부터 '플래밍 박물관'이라는 표시가 나타나는데 세인트 메리 병원 정문의 바로 왼편 건물이 '플레밍 박물관'이다. 박물관 건물 벽에는 이런 문구가 있다 "알렉산더 플레밍이 이 건물 2층에서 페니실린을 발견했다"라고.

플래밍 박물관은 아주 작은 박물관이다. 이곳에는 미생물학자 알렉산더 플레밍의 실험실이 있으며 그의 일대기와 페니실린 관련 포스터가 전부이다. 실험실이라는 팻말이 붙은 작은 방에는 실험대와 진열장이 하나씩 있을 뿐이었다. 실험대 위에는 두서너개의 플라스크와 페트리 접시, 그리고 현미경이 놓여있다. 실험실의 진열장에는 수십권의 책들과 플레밍이 노벨상을 받을 때 찍은 사진들이 놓여 있다.

플래밍은 페니실린을 발견한 최초의 과학자였지만 페니실린의 연구를 완결하지는 못했다. 1928년 세균연구를 거듭하던 어느 날 플레밍은 세균이 곰팡이에게서 공격을 받는다는 사실을 알아냈다. 그래서 곰팡이가 세균을 공격하는 물질을 가졌거나 그런 물질을 만들어 낸다는 사실을 알게 되었고, 그 물질에 페니실린이라는 이름을 붙였다. 그러나 플레밍은 페니실린을 순수하게 분리하는 데에는 실패했다. 그 후 옥스퍼드 대학의 병리학자인 하워드 플로리와 생화학자인 어니스트 체인이 1년여의 연구 끝에 페니실린을 분리하여 대량생산하는데 성공했다. 그 덕분에 플레밍은 그들과 함께 1945년에 노벨 의학상을 수상했으며, 해서 페니실린은 세균성 질환 및 수술할 때 생길 수 있는 감염을 막아 수많은 환자들을 살려내는 데 큰 역할을 하는 물질로 재발견 되었다. 우연히 만들어진 곰팡이와 플레밍의 집념, 그리고 플로리와 체인이라는 두 학자의 노력으로 기적의 항생제가 탄생한 것이다.

Diary IN LODON

8월 6일 선우 일기

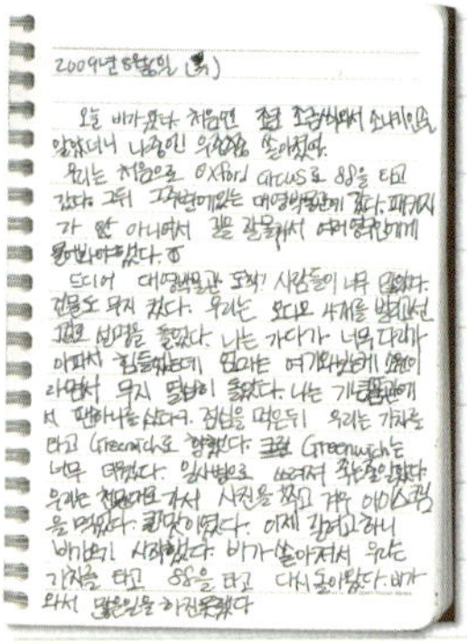
2009년 8월 6일

오늘 비가 왔다. 처음엔 조금 조금씩와서 소나기 인줄 알았더니 나중엔 우중추중 쏟아졌다.

우리는 처음으로 oxford circus로 bus88을 타고 갔다.

그 뒤 그 주변에 있는 대영박물관에 갔다. 패키지가 아니여서 길을 잘 몰라서 여러 영국인에게 물어봐야했다.

드디어 대영박물관 도착!

사람들이 너무 많았다. 건물도 무지 컸다. 우리는 오디오 4개를 빌리고선 그걸로 설명을 들었다. 나는 가다가 너무 다리가 아파서 힘들었는데 엄마는 여기 와 보는게 소원이었다면서 무지 열심히 돌았다. 나는 기념품관에서 펜 하나를 샀다.

점심을 먹은 뒤 우리는 기차를 타고 Greenwich로 향했다.

Greenwich는 너무 더웠다. 일사병으로 쓰러져 죽는 줄 알았다. 우리는 천문대로 가서 사진을 찍고 겨우 아이스크림을 먹었다.

꿀맛이였다.

이제 갈려고 하니 비가 오기 시작했다.

비가 쏟아져서 우리는 기차를 타고 bus88을 타고 다시 돌아왔다.

비가 와서 많은 일을 하진 못했다.

SUN MON TUE WED THU FRI SAT

8월 6일 준열 일기 (비오는 날)

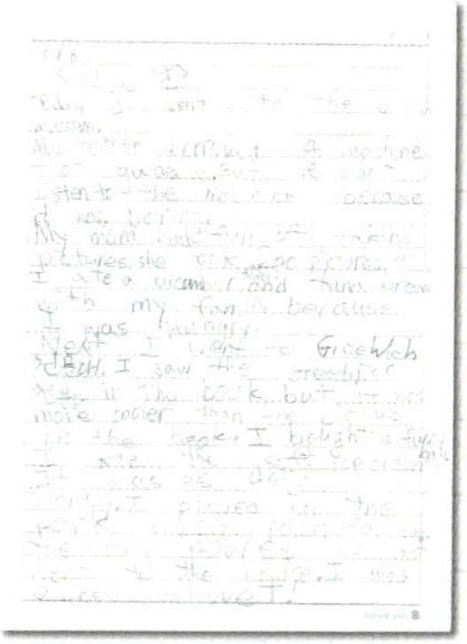

Today I went to the British museum.

My father borrowed 4 machine that guided us.

But we didn't listen to the machine because it was boring.

My mom had fun of taking pictures, she took almost 200 pictures, I ate a cucumber and tuna bread with my family because I was hungry.

Next I went to Greenwich observatory, I saw the Greenwich observatory in the book, but it was more cooler than the picture in the book. I bought a funny ball.

I ate the soft ice cream. It was as delicious as money.

I played in the park when rain falled. The rain poured, so we went to the house, I was almost all wet!

옥스포드 대학의
한 과학실험실 앞에서

NO.3

명문대학과 과학 실험실

런던에 들렸다면 명문대학 투어를 권장한다. 유럽에서 명문대학 방문을 할 수 있는 도시가 의외로 많지 않다. 프랑스, 독일, 스위스, 이탈리아에서는 명문대학들이 여러 지역에 산재해 있거나 영어권이 아니어서 우리 학생들에게 큰 감동이 없다. 그러나 런던은 영어권이며 또한 런던시내와 가까운 인근에 옥스퍼드 혹은 캠브리지와 같은 세계적인 대학들이 있어 많은 학습을 할 수 있다.

영국의 전통 명문대학은 옥스퍼드 대학교와 캠브리지 대학교이다. 두 대학 모두 런던 외곽의 소도시에 위치하는데, 옥스퍼드는 버스로 약1시간 거리, 캠브리지는 기차로 약 50분 정도 걸린다. 만약 런던 외곽을 방문할 시간이 없다면, 런던 시내에 있는 런던경제대학(London School of Economics)과 런던대학(University of London)이라는 두 명문대학을 방문하는 것도 좋은 방법이다.

런던경제대학(LSE) & 런던대학교
London School of Economics & University of London

런던 중심부에 있는 공립 대학

ADDRESS The London School of Economics and Political Science, Houghton Street, London WC2A 2AE

TELEPHONE +44 (0)20 7405 7686

www2.lse.ac.uk

영국 최대의 공립 종합대학교

ADDRESS University of London, Senate House, Malet Street, London, WC1E 7HU

TELEPHONE +44 (0)20 7862 8000

www.london.ac.uk

LSE 인근의 골동품 숍

런던경제대학(LSE)은 경제학과 사회과학에 특화된 대학이며, 런던대학교는 여러 개의 칼리지로 구성된 종합대학교이다. 개별 칼리지마다 고유 특징이 있고 행정 자율성도 있다. 일부 칼리지는 런던대학교 시스템에서 탈퇴하기도 했다. 예를 들면 한때 런던대학교에 속했던 임페리얼(Imperial) 칼리지의 경우 그 소속을 탈퇴하고 독립 칼리지로 전환하기도 했다.

런던대학교와 LSE는 위치상 모두 대영박물관 권역이라고 생각하면 된다. 지하철역으로 말한다면 런던대학교는 갓지 스트리트(Goodge Street)역에서 가깝다. 역에서 나와 약간 북쪽방향으로 걷다보면 건물사이로 대학생들의 이동이 많은 공간이 나온다. 여기가 바로 런던대학교의 캠퍼스이다. 런던대학교의 캠퍼스는 런던 도심 속 작은 건물 숲이다. 한편 LSE는 홀본(Holborne)역에서 가깝다. 홀본 역에서 나와 바로 왼쪽으로 약5분정도 걷다보면 LSE 대학의 건물들이 시작되는 골목이 보인다. 그 골목에서 대문장가였던 찰스 디킨스의 골동품 숍(Old Curiosity Shop)을 지나면 바로 LSE대학 도서관이 나온다. 도서관 내부는 넓은 유리창을 통해 훤히 보인다.

옥스퍼드 대학교
University of Oxford

영국 최고의 대학교

ADDRESS University of Oxford, University Offices, Wellington Square, Oxford, OX1 2JD

TELEPHONE +44 (0)1865 270000

www.ox.ac.uk

셀도니안 옥스퍼드 대학극장

옥스퍼드 대학은 영국에서 가장 오래된 대학이며 동시에 가장 많은 사회적 명사를 배출한 대학교이다. 현재 캠브리지 대학과 쌍벽을 이루며 경쟁하고 있다. 최고 수준의 명문대학답게 세계적인 학자들이 모여든다.

13세기에 시작된 옥스퍼드의 역사는 현재 43개의 독립적인 칼리지로 구성되어 있다. 우리나라에서는 단과대학들 모두 캠퍼스 내에 있지만 영국의 대학들은 그렇지 않다. 단과대학들이 산재해 있기 때문에 대학건물들 전체를 파악하기 어렵다. 각 칼리지의 독립성이 높다는 것이 우리 대학들과의 큰 차이일 것이다.

런던에서 옥스퍼드로 가는 경로를 잠시 설명하자면, 런던 서쪽에 '빅토리아' 지하철역이 있는데, 여러 노선으로 환승이 가능하다. 이 빅토리아 지하철역에서 바로 지상으로 나가면 런던 교외로 나가는 버스 터미널이 있다. 이를 "빅토리아 코치 스테이션"이라고 부른다. 이곳이 옥스퍼드 행 버스가 출발하는 곳이다. 런던에서는 대형 관광버스를 "코치(coach) 버스"라고 부른다. 런던시내에서는 빨강버스도 흥미롭지만 화장실이 있는 대형 버스를 타보는 것도 색다른 경험이 된다.

빅토리아 버스 터미널

버스는 런던시내를 빠져나가 1시간 30분 정도 달린 후 옥스퍼드에 도착했다. 옥스퍼드 시내에 들어와서도 버스정류장이 여러 곳에 있다. 옥스퍼드 대학교 캠퍼스에 가장 가까운 정류장이 "central stop"이다. 옥스퍼드 캠퍼스도 대단히 넓기 때문에 이곳에 내려도 상당한 거리를 걸을 각오를 해야 한다. 내린 곳의 거리 이름이 바로 올데이츠 거리이다.

올데이츠에서 바로 카팍스 탑(Car Fax Tower)쪽으로 걸으면 캠퍼스 쪽으로 접근하는 것이다. 길모퉁이에 크라이스트 처치 칼리지와 머턴 칼리지가 보인다. 카팍스 탑은 사각 기둥모양의 탑으로서 꼭대기에 있는 전망대는 공개되어 있다. 카팍스 탑 앞에 작은 공간이 있는데, 이 공간에서 유럽식의 작은 연주와 쇼들이 공연된다. 많은 관중들이 모이면서 약간 복잡한 밀집공간이 되기도 한다.

옥스퍼드 주변 거리는 젊은 분위기의 선술집, 조그만 커피숍, 저렴한 샌드위치 상점 등 전형적인 대학가의 분위기를 갖고 있다. 많은 칼리지 앞쪽에 옥스퍼드 명물 서점인 Blackwell 서점들이 있다. 요즘 추세를 반영하듯 책만 파는 것이 아니고 대학 기념품도 판매한다. 책을 읽으며 커피를 마시는 북카페 모습을 띄고 있다.

옥스퍼드 버스 투어

옥스퍼드에서 새삼 느낀 것이지만, 영국식 대학 건물들의 모습이 성채(castle)와 비슷해서 멋있기도 하지만 무언가 외부와 소통이 부족한 느낌을 준다. 내부로 들어가는 것이 왠지 부담스럽다. 실제로 각 칼리지의 내부가 공개되지 않는 경우도 많고 오직 정해진 시간에만 안내되는 투어만 가능한 곳도 많다.

옥스퍼드 도시에도 씨티 투어(city tour) 프로그램이 잘 발달되어 있다. 주요 거점들을 돌아보면서 가이드가 버스 안에서 옥스퍼드 주요 건물을 소개하고 그와 연관된 에피소드들을 설명해준다. 이 투어 버스를 잘 이용하는 것도 옥스퍼드를 잘 이해할 수 있는 길이다.

옥스퍼드에서는 지친 몸을 잠시 쉬어갈 길거리 카페테라스에서의 티타임을 권한다. 옥스퍼드의 8월은 그리 덥지 않으며 하늘이 맑고 깨끗하다. 8월에 옥스퍼드에서 맛보는 길거리 카페 분위기는 정말 낭만적이다. 넓은 도로에 내려앉은 테라스, 짙은 향의 커피, 무언가 여류롭고 한가한 듯한 주변의 표정들, 이 모든 것들을 편안하게 즐길 수 있다. 약간 비싼 것이 흠이기는 하지만.

유럽에서만의 독특한 생활경험 한 가지를 꼽으라면 '길거리 카페에서 한가롭게 앉아 있기'를 꼽고 싶다. 커피를 마셔도 좋고, 식사를 해도 좋다. 도로변에 앉아서 사색을 하거나 담소를 나누는 분위기에 젖다보면 유럽의 짙은 커피 향과 깊은 지성을 빨아들이는 뿌듯함을 느낄 수 있다. 다른 어디에서도 할 수 없는 독특한 경험일 것이다.

옥스퍼드 과학사박물관
Museum of the History of Science

옥스퍼드 내 과학사박물관

ADDRESS Museum of the History of Science, Broad Street, Oxford OX1 3AZ

TELEPHONE +44 (0)1865 277280

www.mhs.ox.ac.uk

옥스퍼드 과학사박물관은 영국 과학사의 뿌리라고 한다. 이름만 들어도 무언가 엄청난 것이 있을 것 같은 이름이다. 생각보다 작은 건물이지만, 400년의 역사가 담겨 있는 것은 분명하게 알 수 있다. 작은 규모의 전시실들이 이어지면서 옥스퍼드를 거쳐 간 과학자들의 흔적을 생생하게 보여준다.

옥스퍼드 과학박물관은 각 곳에 거의 400년 동안의 실험과 강연의 관록이 묻어있다. 인위적으로 만들려고 해도 저런 정도의 고풍스러움을 만들 수는 없을 듯 싶다. 박물관 내부의 방들을 돌아보다 보면 장식장들이 눈에 들어온다. 대략 일만점에 달하는 과학도구들을 진열한 장식장도 분위기를 말해준다. 많은 과학도구들을 보며 놀라면서, 우리 세종대왕시대의 해시계인 '앙부일기'와 유사한 것도 보인다. 진품 앙부일기는 아닐 것으로 생각되지만 영국에서 만난 한국의 것이라는 생각과 자부심이 잠시 들어왔다.

옥스퍼드 자연사박물관
Museum of the Natural History

옥스퍼드 내 자연사박물관

ADDRESS Oxford University Museum of Natural History, Parks Road, Oxford, OX1 3PW

TELEPHONE + 44 (0)1865 272 950

www.oum.ox.ac.uk

과학사박물관의 맞은편 건물이 바로 자연사박물관이다. 이 자연사박물관에 들어서면 1층 전시실의 암석 기둥들이 인상적으로 다가온다. 높은 천장과 잘 어울리는 굵은 암석 기둥들이 웅장하게 서 있다. 가까이 가서 보면 각 암석 기둥마다 과학자들의 조각상이 새겨 있다. 옥스퍼드 출신의 유명 과학자들의 모습이 새겨져 있다. 옥스퍼드 대학의 리차드 도킨스(Richard Dawkins) 교수의 이름이 한 눈에 들어온다. 도킨스 교수는 생물학자로서 〈이기적 유전자를 비롯한 세계적인 대중서적의 저자로서 명성을 갖고 있다. 그는 옥스퍼드 대학 출신이기도 하며, 옥스퍼드 석좌교수를 지내다가 현재 옥스퍼드 대학 뉴칼리지 교수를 맡고 있다. 최근에 펴낸 책 〈지상 최대의 쇼〉을 비롯해서 그의 깊이 있는 지적 창작활동이 인상적이다.

캠브리지 대학교
University of Cambridge

케임브리지 카운티 타운에 있는 종합대학교

ADDRESS TThe Old Schools, Trinity Lane, Cambridge
CB2 1TN

TELEPHONE +44 (0)1223 337733

www.cam.ac.uk

캠브리지 대학 역시 옥스퍼드와 쌍벽을 이루는 영국의 자존심이다. 런던 동북쪽 약 82㎞에 위치한 캠브리지는 옥스퍼드와 함께 세계적인 명성을 가진 명문대학이다. 캠브리지 대학은 1284년 피터하우스 칼리지로 시작했는데, 현재 32개의 칼리지의 연합체로 구성되어 있다. 영국의 대학은 여러 개의 칼리지(college)들 연합이 특징임을 기억해야 한다. 캠브리지 대학에 속하는 칼리지로는 Trinity College, King's College, Queen's College, St. John's College 등이 유명하다.

런던에서 캠브리지로 가는 방법은 기차가 편리하다. 대형버스가 있지만 이동시간이 기차보다 오래 걸린다. 런던에서 캠브리지로 가는 기차는 킹스크로스역에서 타면 된다. 지하철역인 킹스크로스의 바로 지상에는 런던 근교행 기차들이 떠나는 교외선 역이 있다. 캠브리지 행 기차는 대체로 한 시간에 3번 정도 배차된다. 중간에 정차하지 않고 직행으로 간다면 약 45분 정도면 족하다. 버스로는 빅토리아 코치 스테이션에서 출발하는 것이 있지만, 약 2시간을 각오해야 한다. 런던 시내 빠져나가는 것부터 쉽지 않다.

킹스 칼리지(King's College)

1441년 헨리 6세에 의해 창설된 칼리지로 정문 오른쪽에 위치한 예배당인 King's College Chapel이 유명하다. 예배당 내부를 구경하는 공식 투어 프로그램이 있다. 예배당 내부 장식으로 16세기 때의 작품인 스테인드글라스가 유명하다. 루벤스가 그린 '세 현인의 예배(Adoration of the Magi)' 그림이 장식되어 있다. 유럽에서 가장 아름다운 '고딕의 꽃'이라고도 불리는 이 예배당은 1446~1515년 사이에 헨리 6세, 에드워드 4세, 리차드 3세, 헨리 7세, 8세 등 5명의 군왕들을 거쳐 완성될 정도의 역사적 상징물이다.

퀸스 칼리지(Queen's College)

헨리 6세의 왕비인 마가렛에 의해 1448년에 창설된 칼리지로 캠브리지에서 가장 아름다운 대학이라는 평을 듣는다. 특히 대학 뒤쪽 켐 강 위에 걸린 '수학의 다리(Mathematical Bridge)'가 유명하다. 이 다리는 기하학적 이론에 따라 디자인되고 구성된 나무다리로서 1749년 건조 시작 때부터 많은 관심을 모았었다. 다리를 건너고 나면 퀸스 가든으로 연결된다.

트리니티 칼리지(Trinity College)

케임브리지에서 가장 큰 칼리지로 1546년 헨리 8세에 의해 창설되었다. 이 대학 출신들이 특히 유명하다. 베이컨, 뉴턴, 바이런, 테니슨, 러셀 등이 이 대학 출신들이다. 대학 내에 있는 렌 도서관 〈Wren Library〉에는 영국에서 가장 오래된 책을 보관하고 있으며 뉴턴의 노트도 전시하고 있다.

세인트 존스 칼리지(St.John's College)

1511년에 창설된 칼리지로 베니스의 명물인 '탄식의 다리(The Bridge of Sighs)'와 유사한 다리가 있는 곳으로 유명하다. 칼리지 내부를 둘러보는 프로그램이 있다. 내부를 관통하면서 강가로 나오면 '탄식의 다리'와 넓은 정원을 만날 수 있다. 시인 워즈워스의 모교이기도 하다.

캠브리지의 여러 칼리지들을 연결하는 수로(水路)를 따라 걸어보자. 이 물길이 실개천인지 강인지는 분명치 않지만, 그 물길을 따라 이어지는 자연 산책로가 멋있다. 이 산책로는 캠브리지라는 지적인 명성에 낭만을 더해주고 있다. 정말 한적하게 생각할 기회를 주는 곳이다. 자연경관이 빼어난 곳도 아니고, 물도 그리 깨끗하지도 않다. 그러나 왠지 깊은 사색을 할 수 있는 곳이다.

킹스 칼리지 정문 앞의 거리에는 대학가 풍경이 펼쳐진다. 대학생들의 분위기와 어울리는 카페와 식당, 기프트 숍, 상점들이 늘어서 있다. 북카페로서는 보더스(Borders)와 워터스톤(Waterstone) 등이 있으며, 카페 네로(Cafe Nero)와 스타벅스(Starbucks) 등에서 많은 학생들이 토론하거나 노트북을 열고 있다.

영국 캠브리지 대학교의 상징(작가: Q Blake)

쇼핑몰도 그 거리에서 바로 연결되며, 한쪽 편에는 전통 장터와 같은 노점상들이 한곳에 모여 있다. 그 노점상에서는 옛날서적도 팔고, 자연원액 음료수도 팔며, 캠브리지 로고가 붙은 옷들도 판다. 다양한 물건이 진열된 글자그대로 잡화상의 공간이다. King's Parade 남쪽으로 약 500m 내려오다가 트럼핑턴 거리(Trumpington Street)에 있는 피츠윌리엄 박물관(Fitzwilliam Museum)도 한 번 들러볼 만하다. 이 건물은 그리스풍의 건물로서, 1층에는 이집트, 그리스, 중국 등 세계 각지의 미술품과 16세기 독일의 도기 등을 전시하고 있으며, 2층에는 미켈란젤로, 다빈치 등 근대회화 작품들을 전시하고 있다.

캠브리지 대학 출신의 유명 인사들을 들여다보면 정말로 엄청난 이름들이 거명된다. 어떻게 이렇게 위대한 인물들이 배출될 수 있었는지 감탄을 금할 수 없다. 뉴턴, 다윈, 바이런, 러셀, 베이컨 등이 캠브리지 출신들이다. 과학자를 꿈꾸는 학생들은 뉴턴과 다윈의 이름에 놀랄 것이며, 인문학자를 꿈꾸는 자녀들은 러셀, 베이컨, 바이런 등의 이름에 탄성을 지를 것이다. 사회과학자로서는 전 LSE 학장인 앤서니 기든스도 캠브리지 출신이다.

차가운 이성의 눈으로 보면 상상력은 허망한 실체가 아닐까. 그러나 상상력이 없으면 창조도 없다. 영국 캠브리지 대학 앞에서 눈이 확 떠지는 그림 하나를 만났었다. 이 그림 하나로 캠브리지가 왜 수많은 노벨상 수상자를 배출했는지를 알게 된 느낌이다. 그 그림은 자전거를 탄 학생들과 학자들이 구름 너머의 상상의 세계로 나아가는 모습을 묘사하고 있다. 이런 상상의 세계를 소망하며 나아가는 학도들의 모습이 캠브리지의 명성과 어울린다는 생각이 드는 것은 우리만이 아닐 것이다.

Diary IN LONDON

8월 7일 선우 일기

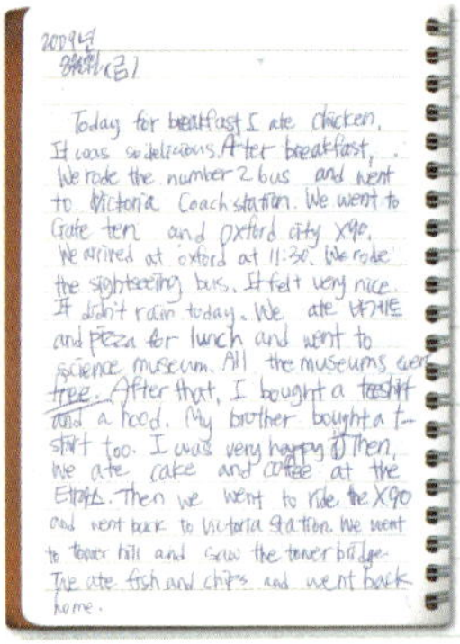

2009년
8월 7일(금)

Today for breakfast I ate chicken. It was so delicious. After breakfast, We rode the number 2 bus and went to Victoria Coach station. We went to Gate ten and oxford city X90. We arrived at oxford at 11:30. We rode the sightseeing bus. It felt very nice. It didn't rain today. We ate 바게트 and pizza for lunch and went to science museum. All the museums were free. After that, I bought a teeshirt and a hood. My brother bought a t-shirt too. I was very happy. Then, we ate cake and coffee at the [illegible]. Then we went to ride the X90 and went back to Victoria station. We went to tower hill and saw the tower bridge. We ate fish and chips and went back home.

Today for breakfast I ate chicken.

It was so delicious.

After breakfast, we rode the number 2 bus and went to victoria coach station.

we went to Gate ten and oxford city x90,

we arrived at oxford at 11:30.

we rode the sightseeing bus, It felt very nice.

It didn't rain today.

we ate baguettes and pizza for lunch and went to science museum. All the museums were free.

After that, I bought a T-shirt and a hood T-shirt.

My brother bought a T-shirt too. I was very happy. Then, we ate cake and coffee at the terrace. Then we went to ride the x90 and went back to vicrotia station.

we went to tower hill and saw the tower bridge.

we ate fish and chips and went back home.

8월 7일 준열 일기 (Fun in oxford)

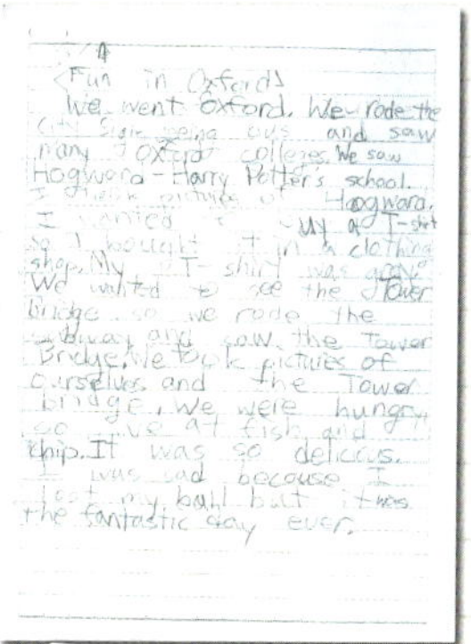

We went oxford, we rode the city sightseeing bus and saw many oxford colleges.

We saw Hogward-harry Potter's school.

I took pictures of Hogward.

I wanted a T-shirt, so I bought it in a clothing shop.

My T-shirt was ----

We wanted to see the Tower Bridge, so we rode the subway and saw the Tower Bridge.

We took pictures of ourselves and the Tower bridge, we were hungry so we ate fish&chips.

It was so delicious.

I was sad because I lost my ball. But it was the fantastic day ever.

그리니치 천문대에서
자오선을 가르며

NO.4

그리니치 천문대

그리니치 천문대. 이름에서부터 과학적 향기가 강하다. 경도 '0'도선이 통과하는 곳, 그리고 '그리니치 표준시'라는 세계 표준시간을 갖고 있는 도시이다.

1884년에 세계적인 표준시로 공식 인정받았다. 런던에서 한 시간 거리에 '그리니치(Greenwich)'라는 도시가 있다. 런던에서 하루를 내면 충분하게 둘러볼 수 있기 때문에 반드시 방문해야 하는 곳이다. 런던에서 그리니치로 가는 교외선 기차는 상쾌하고 흥겹다. 런던 교외의 한적한 분위기를 작은 기차역들을 통해 엿볼 수 있다. 런던 도심과는 다른 분위기의 새로운 볼거리를 얻는 기회이기도 하다.

그리니치 천문대
Royal Observatory, Greenwich

경도 '0' 도선이 통과하는 곳

ADDRESS Greenwich Park, Greenwich, London, SE10 9NF

TELEPHONE +44 (0)20 8312 6565

www.nmm.ac.uk/places/royal-observatory

그리니치 천문대. 이름에서부터 과학적 향기가 강하다. 경도 '0' 도선이 통과하는 곳, 그리고 '그리니치 표준시'라는 세계 표준시간을 갖고 있는 도시이다. 1884년에 세계적인 표준시로 공식 인정받았다. 런던에서 한 시간 거리에 '그리니치(Greenwich)'라는 도시가 있다. 런던에서 하루를 내면 충분하게 둘러볼 수 있기 때문에 반드시 방문해야 하는 곳이다. 런던에서 그리니치로 가는 교외선 기차는 상쾌하고 흥겹다. 런던 교외의 한적한 분위기를 작은 기차역들을 통해 엿볼 수 있었다. 런던 도심과는 다른 분위기의 새로운 볼거리를 얻는 기회이기도 하다.

그리니치는 본래 대영제국의 관문 역할을 오랫동안 해왔던 도시이다. 항구에서 보면 수많은 탐험선들이 드나들던 흔적이 보인다. 항구에 조그마한 범선 한척이 있는데, 그 이름은 "커티 사크(Cutty Sark)"라고 한다. 이 "커티 사크"라는 이름의 배는 1869년 그리니치에서 진수했고 그 이후 중국과 인도에 차(茶)를 운반하는 데 사용되었었다고 한다.

그리니치 기차역 출구의 안내판
(Royal Observatory 가 보통 말하는 그리니치 천문대이다)

그리니치 천문대만을 관람한다면 약4시간 정도면 충분할 것이다. 그리니치 천문대 언덕 아래편에 펼쳐진 '그리니치 공원(Greenwich Park)'을 꼭 둘러보기를 권한다. 푸른 잔디가 펼쳐진 넓은 공원인데, 우리 가족은 그리니치 공원의 평안함에 반해서 두 시간을 앉아서 즐겼다. 한국에서부터 들고 간 바이올린도 연습했으며, 노래 연습을 하기도 했다.

그리니치 공원

읽어보기 | 런던 여름비

영국의 날씨가 변덕스럽다고 했는데, 우리는 런던에 머물던 5일 동안 딱 한번 약 2시간 정도 내리는 비를 만났다. 그리니치 천문대를 방문하고 돌아오는 길이었다. 폭우성 소나기는 아니었지만, 런던에서는 비옷을 준비하는 것이 좋다. 여행에서 우산을 휴대한다는 것이 여간 불편한 일이 아니다. 영국 사람들이 바바리코트라는 이름의 방수 트렌치코트를 애용했던 이유를 잘 알 수 있을 것 같다.

그리니치 천문대의 설립 과정은 다음과 같다. 1675년 6월 22일, 찰스2세가 그리니치 왕실 공원부지의 언덕에 국립천문대를 지으라는 왕명을 내린다. 당시 찰스2세는 영국 해군을 관리해야 했고 식민지를 더 넓히고 싶어 했다. 당시 영국 상선의 선주와 해군들은 경도의 문제를 해결하지 못해 많은 문제를 가진 상태였다. 바다에서 위도를 알아내는 것은 쉬운 일이었는데 적도에서 남북의 위치만 알아내고 해나 별 같은 천체가 해당 지역의 자오선을 지날 때 수평선과 이루

는 각을 측정하기만 하면 되었다. 그러나 경도 파악은 다른 문제였다. 무엇보다도 경도 문제를 해결하려면 시계가 필요했다. 시계만 있다면 경도에 대한 측정이 가능했기 때문이다. 예를 들면, 지구는 시간당 15도씩 자전하므로 정오일 때 그리니치 선상의 시계와 1시간 차이를 낸다면 그 배는 그리니치에서 동쪽으로 15도를 항해했다고 보면 되었다. 그런데 원거리 항해에 사용할 수 있는 정확한 시계가 17세기 말에는 없었다. 이 때문에 시계를 발명하려는 경쟁이 촉발되었고 결국 그리니치 시계를 비롯해서 해리슨 시계 등 여러 유형의 시계들이 발명되었다. 이들 중에서 그리니치 시계는 세계 최초의 시계로서 인정받고 있다.

그리니치 천문대를 지나는 본초 자오선은 1884년 이후 모든 지도와 시계의 표준이 된다. 이 본초 자오선은 세계과학사에서 중요한 장소들을 가깝게 지나간다. 케임브리지 대학 트리니티 칼리지에 있는 아이작 뉴턴의 연구실이 바로 이 본초 자오선에 근접해 있었으며, 링컨셔에 있는 뉴턴의 생가도 매우 가깝다. 찰스 다윈의 생가도 이 자오선에서 불과 4킬로미터 떨어져 있었다고 한다. 특별한 인과관계가 있다고 볼 수는 없지만 흥미로운 것만은 분명하다.

유로스타, 해저 기차 Eurostar

영국과 유럽대륙을 잇는 철도

ADDRESS Eurostar Corporate Communications, Times House, Bravingtons Walk, Regent Quarter, London N1 9AW.

TELEPHONE +44 (0)1233 617 575

www.eurostar.com

런던에서 파리로 가는 교통편에는 '유로스타'라는 해저 기차가 있다. 해저터널을 통과해서 유럽대륙으로 들어간다는 사실이 우리의 마음을 설레게 했다. 우리 가족은 무엇보다도 유로스타가 출발하는 역(驛) 이름에 흥미가 있었다. 해리포터가 $9\frac{3}{4}$ 플랫폼을 통해 마법학교로 떠나는 역과 동일한 '세인트 판크라스'역에서 유로스타가 출발한다. 이 역 건물에 들어서자마자 마치 해리포터와 똑같이 마법의 현장을 경험할 수 있지 않을까하는 신비감이 충만해지기도 했다. 두 녀석들의 긴장감은 실제로 매우 높았다

유로스타 열차의 총 길이는 보통 300미터가 넘는다. 물론 열차 칸의 총 수는 수시로 변하는 것이지만, 보통의 경우 최대 승객 800명과 승용차 120대 그리고 대형버스 12대를 싣고 달릴 수 있다고 한다. 유로스타가 도버해협의 해저(海底)터널을 지난다는 말을 듣자마자 두 녀석

들은 흥분을 감추지 못했다. 바다 밑을 기차로 통과한다는 것이 신비스럽게 들렸던 모양이다. 하긴 바다 속을 달린다는 판타지가 현실화되는 것이니 왜 놀랍지 않겠는가. 그러나 막상 달리는 해저터널은 그저 어두운 검은 공간이다. 그것이 바닷 속이라는 것은 어디에도 표시가 없다. 상상 속에서는 짜릿한 흥밋거리였지만 현실은 어두운 통로에 불과했다. 약 2시간 동안 영국과 프랑스 사이, 도버해협 아래 45미터 깊이의 해저터널 50킬로미터를 통과해서 우리는 프랑스로 들어갔다.

유로스타

세인트 판크라스 역

해저터널을 지나면서 영국이 섬나라라는 사실이 다가온다. 잠시 잊고 있던 영국이 섬나라라는 사실이 새삼스럽다. 트라팔가 광장의 주인공 넬슨 제독도 바다를 제패한 영웅이었다. 섬나라로서 영국은 슬기롭게 기회를 살려서 일찍부터 강자의 자리로 들어섰다는 것이 새삼스럽다. '섬'이라는 불리한 지정학적 위치를 노력으로 극복했다는 것도 높이 살만하다. 이런 불리한 조건에서 의회민주주의와 같은 놀라운 제도를 탄생시키고 다양한 창조 문화를 만들어낸 영국에 다시 감탄하게 된다. 굿바이 런던!

Diary IN LODON

8월 8일 선우 일기 (Bye Bye London)

오늘은 오자마자 잤다. 너무 피곤한 날이였다.
아침에는 감자, 햄 조림을 먹고선 지하철을 타고 자연사박물관에 갔다. 거의 처음으로 가서 줄을 서지 않아도 됐다.
박물관은 무지 컸다. 12:00에 나와서 박물관 앞 잔디에서 바게트빵을 점심으로 먹고선 가까운 Victoria&Albert Museum에 갔다. Albert Museum엔 변태 작품들이 많다. Yuke!
거기 안 뜰 잔디와 연못이 있는데 나와 준열이는 연못에다 몸을 담그며 놀았다. 4시에 나와 Harrode 백화점을 보러갔다.
한국에 있는 백화점과 무지 비슷했다.
그 뒤 지하철을 타고 Covent garden에 가서 저녁을 먹은 뒤 (피자, 파스타, 샐러드) Victoria station에 가서 Billy Elliot (뮤지컬)을 7시 30분에 봤다.
너무 피곤해서 좀 졸았지만 재미있었다.
11시에 집에 도착.
씻고 바로 퍼졌다.

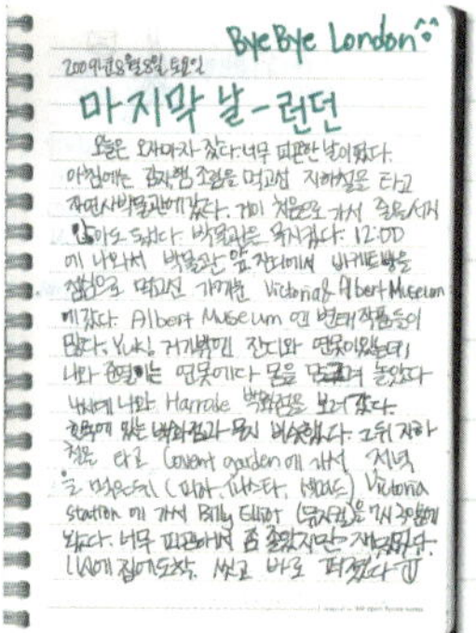
Bye Bye London
2009년 8월 8일 토요일
마지막 날 - 런던
오늘은 오자마자 잤다. 너무 피곤한 날이였다. 아침에는 감자, 햄 조림을 먹고선 지하철을 타고 자연사박물관에 갔다. 거의 처음으로 가서 줄을 서지 않아도 됐다. 박물관은 무지 컸다. 12:00에 나와서 박물관 앞 잔디에서 바게트빵을 점심으로 먹고선 가까운 Victoria & Albert Museum에 갔다. Albert Museum엔 변태 작품들이 많다. Yuk! 거기 뜰엔 잔디와 연못이 있는데 나와 준열이는 연못에다 몸을 담그며 놀았다. 4시에 나와 Harrode 백화점을 보러 갔다. 한국에 있는 백화점과 무지 비슷했다. 그 뒤 지하철을 타고 Covent garden에 가서 저녁을 먹은 뒤 (피자, 파스타, 샐러드) Victoria station에 가서 Billy Elliot (뮤지컬)을 7시 30분에 봤다. 너무 피곤해서 좀 졸았지만 재미있었다. 11시에 집에 도착. 씻고 바로 퍼졌다.

SUN MON TUE WED THU FRI SAT

8월 8일 준열 일기 (The great magic show)

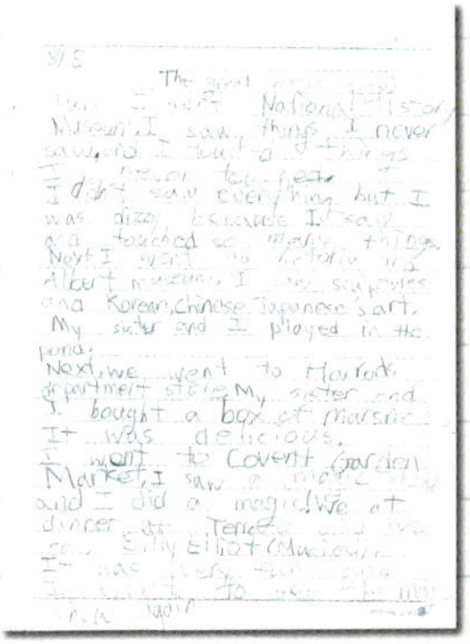

Today I went National History Museum, I saw things I never saw, and I touched things I never touched. I didn't saw everything but I was dizzy because I saw and touched so many things.

Next I went to victoria and Albert museum, I saw sculptures and korean, chinese, Japanese art, My sister and I played in the pond.

Next, we went to Harrod's department store My sister and I bought a box of marshmallows. It was delicious. I went to Covent Garden Market, I saw a magic! we ate dinner at Terrace and we saw Billy Elliot(Musical). It was very fun and I want to see the magic show again.

파리

돌로 만든 거대한 심포니

PARIS

파리의 인문정신 • 루브르와 오르세에서의 창조 학습 • 파리에서의 과학 학습

Information

파리 프랑스의 수도 **한국과의 시차** CET (UTC +1) **위치** 프랑스 일드프랑스주 **면적** 105㎢ **인구** 약 993만 **홈페이지** www.paris.fr

연평균기온 약 10℃ **1월 평균기온** 3℃ **7월 평균기온** 19℃ **강수량** 약 600mm **강수일수** 연평균 189일

PARIS

파리

돌로 만든 거대한 심포니

프랑스는 서유럽의 중심이며 프랑스 대혁명 등 역사적 사건의 중심지이다. 중세와 절대왕정 등에 대한 역사적 스토리가 풍부하다. 또한 예술과 문화의 진원지이기도 하다. 또한 잘 찾아보면 자연사박물관 등 훌륭한 과학학습 공간이 풍부하다.

프랑스는 러시아를 제외하고 유럽에서 가장 넓은 나라이며 그 수도가 파리(Paris)이다. 빅토르 위고는 파리를 "돌로 만든 거대한 심포니"라고 표현했다. 파리의 웅장한 돌 건물들의 예술적 묘미는 관광객들을 놀라게 만든다. 주거건물과 업무건물이 구별이 안 될 정도로 모든 건물이 웅장하다. 모든 건물이 아름다운 도시를 만들기 위해 계획된 작품인 것 같다. 각 건물은 자기 위치에서 고유한 향기를 뿜어낸다.

우리 가족이 겪은 파리 날씨

런던과 차이가 있다. 파리는 런던보다 온도가 높은 편이다. 8월달 파리의 대낮은 약간 걷기 힘들 정도다. 저녁시간이 오히려 선선해서 좋다. 여름해가 길어지면서 저녁에는 걷기 편해진다.

빅토르 위고와 작품들

| 빅토르 위고 Victor Hugo | 1802 ~ 1885

1802년 2월 26일 프랑스 브장송에서 태어났으며. 아버지는 나폴레옹 휘하의 장군이었고, 어머니는 왕당파 집안의 출신이었다. 아버지를 따라 유럽 각지를 다니며 어린시절을 보냈으며 고전문학에 뛰어난 재능을 보였다. '파리의 노트르담'으로 소설가로서 명성을 굳혔다. 1851년 나폴레옹 3세의 집권과 함께 망명과 추방 생활이 시작되었으나 나폴레옹 3세가 몰락하고 파리로 돌아왔으며 이후 빈민구제, 언론자유, 사형제폐지, 의무교육 등의 운동을 폈다.

노년에는 또 다른 대작 '레 미제라블'을 발표하여 세계적인 명성을 얻었다. 그가 죽자 장례는 국장으로 치뤄졌으며 파리의 온 시민이 판테온까지 그의 뒤를 따랐다.

| 레미제라블 | 1862년 발행

청년 장 발장은 한 조각의 빵을 훔친 죄로 5년의 감옥살이를 하게 되었다. 그 후 4번의 탈옥을 시도하였으나 모두 실패로 끝나고 결국 19년간의 감옥살이를 마치고 중년이 되어 출옥한 후 불우한 일생을 보내다 운명을 마감한다.

대혁명 이후 시대를 배경으로 그려낸 레미제라블은 빅토르 위고의 인도주의 사상이 잘 나타난 걸작이다.

| 파리의 노트르담 | 1831년 발행

성당의 종지기 카지모도. 그는 흉직한 외모를 가진 등이 굽은 곱추이다. 카지모도는 모든 이로 부터 공포의 대상이였으며 조롱거리였다. 사랑하던 여인, 거리의 집시 에스메랄다가 죽자 자취른 감춘 카지모도는 2년 뒤 에스메랄다의 해골을 껴안고 있는 모습이 발견된다.

15세기 프랑스 파리를 그린 역사소설이다. 실제로 파리의 뒷골목 풍경, 노트르담 대성당을 비롯한 건축물 묘사도 뛰어나며 마녀재판, 공개처형 등 당시 제도에 대한 작가의 비판을 엿볼수 있는 작품이다.

파리는 몽마르트 언덕을 제외하고는 대체로 평지이다. 또 건물 높이도 일정한 높이를 유지하고 있다. 그것이 아담하고 품격을 높여준다. 물론 시가지 외곽에 '라데팡스'라는 신시가지가 형성되면서 고층 건물들이 들어섰지만, 아직도 대부분의 파리는 전통 건물들을 유지하고 있다.

유럽 지도에서 프랑스를 보면, 놀랍게도 국토의 대부분이 평야지대이다. 바다와 접한 면적도 비교적 넓다. 평야가 넓어서 비옥한 농업과 풍성한 목축이 가능했을 것이며, 바다와 접한 면이 넓어 해양자원의 활용도 풍족했다. 산악지역은 국토의 하단부인 스위스 접경지역 몽블랑에서 알프스 산의 일부와 만나는 부분이 전부이다. 남한의 5.6배나 되는 국토의 대부분이 비옥한 평야인 것이다. 정말 복 받은 국가이다. 이런 풍요로운 조건은 다른 국가의 침략이유가 되기도 했다. 프랑스는 역사적으로 많은 침공을 받아 전쟁을 치렀다. 이러한 시련 덕에 프랑스는 자신만의 독특한 역사를 만들어 올 수 있었다. 대표적으로 프랑스 대혁명이 있었으며, 그 혁명의 한복판에 있던 나폴레옹을 통해 프랑스는 역사의 영광과 좌절을 경험했다. 파리의 곳곳에는 나폴레옹의 흔적들이 많은데, 프랑스 역사에서 나폴레옹의 위상이 그만큼 크다고 볼 수 있다.

파리는 자신의 모습을 다 보여주지 않는다. 어느 시인(詩人)에 의하면 프랑스에서는 보이지 않는 뒷마당이

화려하다고 한다. 앞쪽에서 보여주는 것 이상의 화려함을 뒷쪽 정원에 숨기고 산다는 말이다. 잠시 후 보겠지만, 베르사유 정원의 뒷마당이 앞마당보다 큰 것을 보면 틀린 표현이 아니라는 것을 알게 된다.

파리의 거리는 구석구석에서 전통이 묻어난다. 각자 저마다의 특징이 있고 곳곳에 사람들을 놀라게 하는 재료가 풍부하다. 파리는 구석을 보아야 하기 때문에 걸어야 한다. 파리에서 걷게 된다는 말은 누가 뭐래도 맞는 말이다. 걷다가 지치면 길거리 카페에서 커피를 마시는 것도 가장 잘 어울리는 곳이 파리이다.

파리를 런던과 비교해보면 흥미로운 점이 많다. 런던은 '자유'라는 단어를 떠오르게 한다면, 파리는 '품위'를 떠오르게 한다. 런던의 광장은 자유롭다. 트라팔가 광장을 보라. 대표적인 광장인 트라팔가 광장은 분수와 윌슨제독 동상 각각은 큰 위용을 자랑하지만, 어딘가 조직적으로 정돈된 느낌은 없다. 트라팔가 광장은 관광객들이 붐비는 가운데 수시로 각종 시민단체들의 시위가 발생한다. 약장사 같은 사람도 있고, 피켓들고 시위하는 사람도 있고, 떠들고 박수치는 사람도 있다. 그래서인지 트라팔가에서는 계단과 바닥에 앉는 것에 주저함이 없다. 광장들도 파리처럼 격식을 갖고 있지 않다.

한편 파리는 냉정하고 엄격하다. 파리의 에투알 광장은 개선문을 중심에 두고서, 샹젤리제 거리를 비롯해서 12개의 거리가 방사형으로 펼쳐져 있다. 파리는 태생부터 계획된 도로망을 안고 태어난 듯 싶은 모습을 띄고 있다. 파리에는 가로수도 일정하다. 이 질서정연한 가로수는 파리에게 질서 잡힌 도시의 이미지를 더해준다. 파리는 언제나 분명한 자부심을 표현해서 외형에서부터 압도한다.

수많은 여행객들이 자신의 도시를 휘젓고 다니든 말든 자신들의 생활에 충실한 파리 사람들이다.

파리는 우쭐댄다. 어딘가 자만심이 넘치며 런던 보다는 훨씬 자신의 우아함을 뻐긴다. 파리 사람들을 파리지앵(Parisian)이라고 부른다. 이 말에는 삶의 여유를 가진 사람들, 자기 방식의 스타일이 있는 사람들의 의미를 살며시 담고 있다. "똑같은 것은 싫다", 이것이 프랑스인의 특징을 꼬집은 표현이다. 프랑스인들은 다른 사람과 달라야하는 강박관념을 갖고 산다. 그들은 자신이 다른 사람과 다르다는 것을 입증하기 위해 산다고 할 정도다. 그래서 그들의 말은 길고, 요리는 복잡하다. 자신을 차별화해야 하기 때문이다. 파리 사람들은 까칠하다. 우리 경험으로 보면 동양인들에게 조금 더 심한 듯싶다. 외국인 관광객이 몰려드는 루브르박물관에서조차 친절을 기대하면 오산이다. 이방인에 대한 너그러움을 기대하기 어렵다. 혈통 좋고 외모 좋은 집안이라는 자부심이 너무 강한 탓일까.

MAP

개선문
1836년에 완성
높이 49.54m, 폭 44.82m
세계 최대의 크기
에투알 광장
1836년에 완성
나폴레옹의 야망과
프랑스 혁명의 자유,
평등, 박애 사상이
담겨있다
샹젤리제 거리
콩코르드 광장에서
개선문에 이르는
1.88km의 대로
콩코르드 광장
프랑스 혁명의
역사적인 무대
에펠탑
1889년 준공
프랑스 대혁명 100주년
기념 만국박람회의
상징물
베르사이유 궁전
고속 교외 철도로 40분 소요
화려하고 거대한 건물과 '거울의 방', 시원함과 화려함을 동시에 갖춘 정원

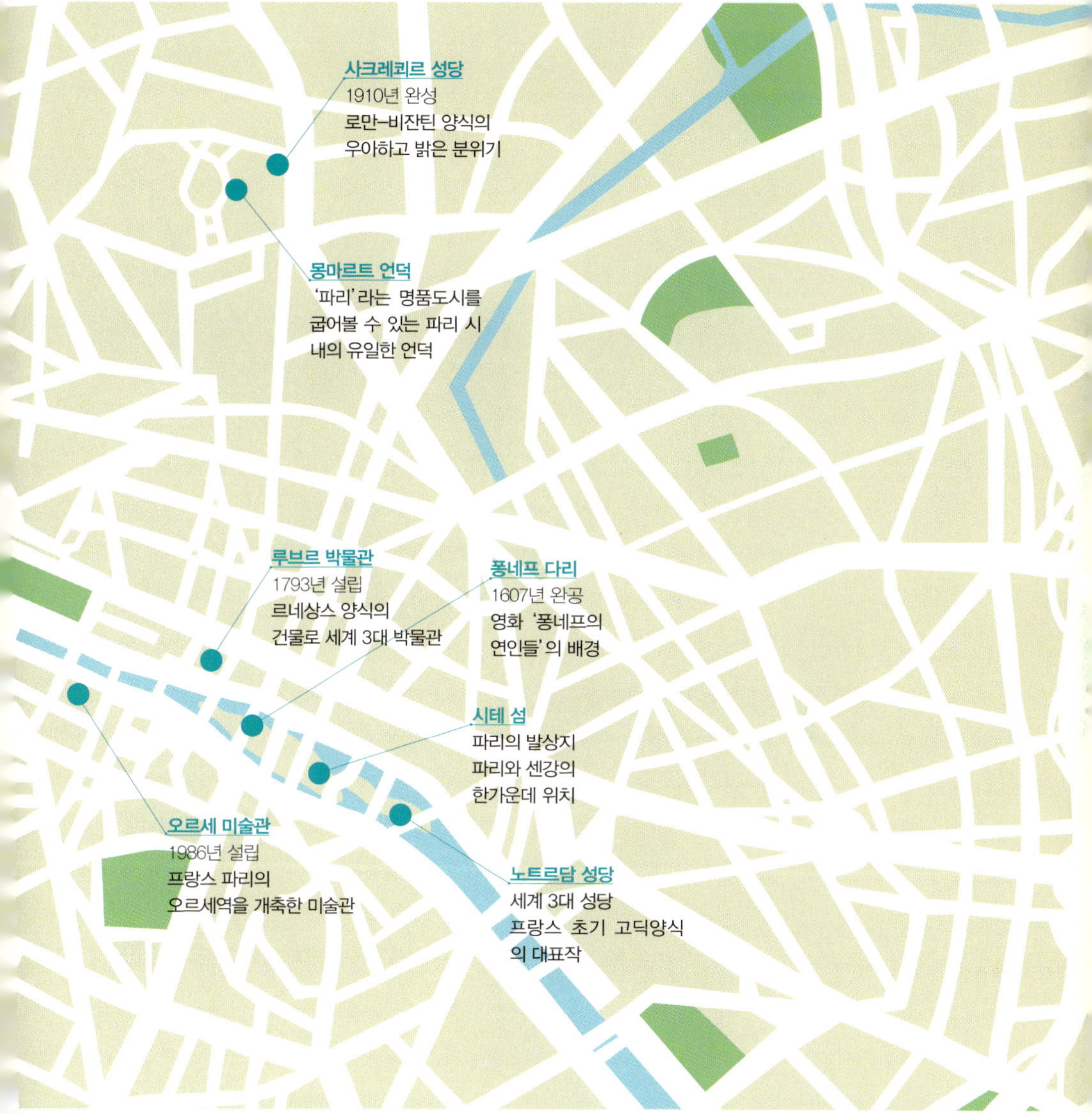

사크레쾨르 성당
1910년 완성
로만-비잔틴 양식의
우아하고 밝은 분위기
몽마르트 언덕
'파리'라는 명품도시를
굽어볼 수 있는 파리 시
내의 유일한 언덕
루브르 박물관
1793년 설립
르네상스 양식의
건물로 세계 3대 박물관
퐁네프 다리
1607년 완공
영화 '퐁네프의
연인들'의 배경
시테 섬
파리의 발상지
파리와 센강의
한가운데 위치
오르세 미술관
1986년 설립
프랑스 파리의
오르세역을 개축한 미술관
노트르담 성당
세계 3대 성당
프랑스 초기 고딕양식
의 대표작

파리의 앵발리드 앞 공원에서

NO.1

파리(Paris)의 인문 정신

세느 강(江)은 이름부터 신비로움이 드러난다. 이름 하나로 이런 신비감을 느끼게 만드는 강이 있을까. 폭은 좁지만 도도한 물줄기를 가진 파리의 젖줄이다. 세느 강에는 32개의 다리가 있다. 파리인들은 이 다리 하나하나에 극적 스토리를 담아 놓았다. 그 스토리를 통해 각 다리는 생명을 얻고 숨을 쉰다. 우리에게도 생명을 넣어주는 스토리텔링을 보완해야 하는 교훈을 준다.

세느 강의 다리들 중에서 '퐁네프'라는 이름의 다리가 특히 유명하다. 이 퐁네프는 "새로운 다리"라는 뜻으로서, 16세기 후반 6년에 걸쳐 만들어졌고, 영화 '퐁네프의 연인들'에서부터 폭발적인 인기를 얻기 시작했다고 한다. 퐁네프의 다리는 작은 섬으로 연결되는데 이 섬이 바로 시테 섬이다. '시테 섬'은 파리 한 가운데 위치해 있다. 세느 강 한복판의 섬으로서, 로마제국 점령기부터 권력의 핵심부였다. 시테 섬에서는 세계 3대 성당으로 꼽히는 노트르담 성당이 유명하다. 명작 '노틀담의 꼽추'의 배경이 바로 이 노트르담 성당이다.

노트르담 성당
Cathédrale Notre-Dame

소설 '노트르담 꼽추'의 배경인 성당

ADDRESS Cathédrale Notre-Dame de Paris, 6 Parvis Notre-Dame - Place Jean-Paul II, 75004 Paris

TELEPHONE +33 (0)1 42 34 56 10

www.notredamedeparis.fr

시테 섬의 '노트르담 성당'은 외관의 웅장함이 인상적이기도 하지만, 노트르담 꼽추라는 문학작품의 이름에 의해 관광객이 몰려드는 곳이다. 성당 앞 광장은 언제나 관광객으로 발 디딜 틈이 없다. 방문자 수가 연간 대략 1,400만 명이라고 한다. 그런데 신기하게도 세느 강 건너편에서 보면 관람객의 모습이 전혀 보이지 않는다. 성당 앞쪽이 보이지 않기 때문에 사람들이 많지 않을 줄 알고 모여들게 되는 듯싶다.

노트르담 성당은 중세 이래로 왕들이 미사를 드리던 곳으로서 프랑스를 대표하는 제1교회이다. 이곳은 미사만이 아니라 국가적인 기념행사를 치른 곳이기도 하다. 대표적으로 나폴레옹의 대관식과, 앙리 4세의 결혼식이 열렸던 곳이다. 성당 정면 장밋빛 창문 아래 일렬로 늘어선 왕들의 초상들도 볼 만하다.

성당 내부로 들어서면 스테인레스 글라스 창문이 웅장하면서도 화려한 모습을 드러낸다. 어쩌면 스테인레스 글라스 작품으로는 세계에서 손꼽힐 수 있겠다는 생각이 들었다. 천정 유리에는 '장미의 창'이라는 스테인레스 글라스가 화려하다. 또한 관광객들이 밝혀놓은 촛불들이 곳곳에서 장엄한 분위기를 연출하고 있다.

노트르담 성당 내부

콩코르드 광장
Place de la Concorde

파리에서 가장 아름다운 거대한 광장
en.wikipedia.org/wiki/Place_de_la_Concorde
www.insecula.com/musee/M0051.html

콩코르드 광장은 에투알 광장과 직선으로 마주선 거대한 광장이다. 콩코르드 광장은 1755년 루이 15세의 기마상을 세우기 위해 건설한 광장으로서, 최초에는 루이 15세 광장이었다고 한다. 1789년 프랑스 혁명이후 대혁명 광장으로 이름을 바꾸어, 이곳에서 루이 15세 기마상을 없애고 단두대를 설치해서, 마리 앙투와네트를 비롯하여 1,340여명을 혁명의 재물로 처형했던 곳이 바로 이 광장이다. 프랑스 혁명이 마무리 되던 1795년에 광장이름을 '조화(調和)'라는 뜻을 가진 콩코르드로 개명했다고 한다.

광장 중앙에는 오벨리스크 탑이 한 눈에 들어온다. 높이 23미터의 오벨리스크 탑은 이집트에서 건너온 실물이다. 나폴레옹이 이집트를 정복했던 역사의 한 시절, 영국과의 전쟁이 치열해지면서 나폴레옹 군대는 이집트에서 물러날 것을 결정해야 했다. 그런데 이 퇴각의 어지러운 상황 중에서 프랑스 군대는 절묘하게 오벨리스크를 갖고 나오게 된다. 그 이면의 스토리는 이렇다. 실제로 프랑스는 이집트인들이 갖고 싶어 하던 프랑스제 벽시계와 오벨리스크와의 교환을 성사시켰다. 강제적인 교환이었는지는 정확히 알 수 없지만, 당시 이집트는 오벨리스크의 가치를 지나치게 낮게 생각했던 모양이다. 그 오벨리스크 탑은 현재 파리 한복판 콩코르드 광장에서 위용을 떨치고 있지만, 그 댓가로 받았던 이집트의 벽시계는 현재 이집트의 조그마한 창고에 넣어져 있다고 한다. 이런 불공정 교환이 어디 또 있을까 싶다.

오벨리스크, 뒤쪽으로 개선문이 멀리 보인다

샹제리제 거리
Avenue Champs-Élysées

콩코르드 광장에서 개선문에 이르는 대로

샹젤리제 거리는 콩코르드 광장에서 개선문에 이르는 1.88km의 대로(大路)를 말한다. '상젤리제'라는 이름은 프랑스 사람들이 세계에서 가장 아름다운 거리라고 스스로 자랑하기 위해 붙여놓은 이름이다. 넓은 도로, 시원한 경관, 잘 정렬된 가로수, 현란한 쇼핑상점들이 멋있게 어우러져 있다.

우리는 샹젤리제 거리를 걸으면서 거리 양쪽의 세계 최고급 브랜드 매장들을 둘러보았다. 첫째 녀석은 어디서 들었는지 샹젤리제에서는 '루이비통' 매장에 들려야한다고 주장했었다. 실제 루이비통 매장에서 30분이상 시간을 보내고 나온 녀석의 표정은 매우 밝았다. 둘째 녀석은 루이비통 옆 매장인 도요타 자동차 전시장에 들어가 그들의 하이브리드(hybrid) 신 모델에 빠져들었다. 우리 애들 세대는 세계 명품 브랜드에도 주눅 들지 않는 모양이다. 샹젤리제 거리의 호화 브랜드에 별로 겁먹지 않고 평범하게 대하는 모습이 새삼스럽다.

샹제리제 거리를 따라 콩코르드 광장 쪽으로 걷다보면 오른 쪽으로 '그랑팔레'와 '뿌티팔레'가 나온다. '그랑팔레' 앞에는 2차대전의 영웅인 드골 장군의 동상, 뿌티팔레 앞에는 영국 수상 처칠의 동상이 있다. 많은 사람들이 이들 동상을 무심히 지나가곤 하지만, 창조 여행자들은 주의를 기울여야 한다. 드골과 처칠이라는 인물들을 돌아보고, 그들이 보인 용기와 결단을 생각해보아야 한다. 두 영웅을 한꺼번에 만날 수 있는 흔치않은 곳이다. 놓치지 말기 바란다.

동상 너머로 저 멀리 웅장한 모습의 앵벌리드(Invalid) 건물도 보인다. 앵벌리드 쪽으로 조금 걸으면 세느강을 건너는 다리가 하나 나오는데, 그 다리에서 바라보는 에펠탑의 모습이 근사하다. 여기 앵벌리드 입구의 세느강 다리는 에펠탑의 사진을 가장 멋지게 찍을 수 있는 장소 중 하나로 생각된다. 그렇게 세느강을 건너면 에어프랑스 본사가 나오며 그 인근에 푸른 초원이 있다. 파리 시민들도 많이 나와서 한가로움을 즐기는 곳이기도 하다. 오후에 그늘 진 잔디밭이 평화로운 기분을 준다.

에투알 개선문
Arc de triomphe de l'Etoile

파리를 상징하는 대표적인 명소

나폴레옹의 승전기념물인 개선문은 파리의 중심임을 자랑하듯 당당한 모습으로 에투알 광장의 한복판에 서 있다.

개선문을 말할 때 나폴레옹과 프랑스 혁명을 빼놓고 말할 수 없다. 프랑스혁명은 나폴레옹을 낳았고, 나폴레옹은 개선문을 세웠다. 1789년 프랑스 대혁명은 기존의 모든 질서를 파괴하고 프랑스 사회를 원점으로 돌려놓는 대사건이었다. 코르시카 섬 출신인 나폴레옹은 이 대혁명을 계기로 무(無)에서 출발해서 강력한 군주의 자리에 올라섰다.

높이 50미터의 개선문은 나폴레옹의 야망과 프랑스 혁명의 자유, 평등, 박애 사상이 담겨 있다. 많은 프랑스인들이 이 정신에 열광했으며 나폴레옹의 야망에 힘을 실어주었던 것임을 확실히 보여준다. 개선문은 오스테를리츠 전투에서 승리한 나폴레옹이 1806년 승리를 기념하여 건축가 샤를 글랑에게 지시해서 30년 만인 1836년에 완성했다고 한다. 높이 49.54m, 폭 44.82m로 세계 최대의 크기를 자랑한다. 하지만 정작 나폴레옹은 개선문의 완성을 보지 못했다.

나폴레옹은 프랑스 혁명정신을 완성하려는 야망의 화신이었는데, 그 야망은 다름 아닌 유럽을 정복하는 것이었다. 영국을 비롯한 주변 국가들은 그 야망을 막고자 반(反)프랑스 전선을 구성했다. 유럽의 대부분이 프랑스에 반기를 들었다고도 볼 수 있다. 그럼에도 불구하고 나폴레옹은 유럽 대륙에서 승승장구하며 점령지역과 영향력을 넓혀갔다. 그러나 바다를 제압하지 못했다. 이때 바다는 영국 넬슨 제독의 수하에 있었다. 앞서 언급한 런던 트라팔가 광장의 주인

공인 그 넬슨 제독이다. 영국과의 해전에 고전하던 나폴레옹 군대는 1815년 워털루 전투에서 영국과 프로이센 연합군에게 패하면서, 나폴레옹은 영원히 권좌에서 쫓겨나게 된다. 권좌에서 물러난 나폴레옹은 대서양에 있는 세인트헬레나 섬에서 5년반을 더 살다가 외롭게 숨을 거둔다. 그러나 그의 흔적은 개선문에 영원히 남아있다. 혁명정신의 입장에서 보면 개선문은 단순한 유적지 이상의 의미를 가진 곳이다. 이런 역사적 의미를 알고 볼 때 개선문의 의미가 더 가깝게 다가온다.

개선문이 위치한 광장의 이름은 '에투알 광장'이다. 이 광장은 반지름이 120미터가 될 정도로 큰 광장으로, 12개의 거리가 방사선 모양으로 뻗쳐나간다. 그 거리들 중 "샹젤리제 거리", "빅토르 위고 거리" 등이 잘 알려져 있다

만약 파리에서 한 가지 일만 할 수 있다면, 무엇보다도 콩코르드에서 에투알까지 걸어야 한다. 개선문에서 시작해서 일직선상에 있는 콩코르드 광장까지의

거리는 파리여행의 클라이맥스이다. 이 경로는 앞서 말한 샹젤리제 거리를 포함한다. 아주 짧은 거리는 아니지만 걸어야 한다. 이 길을 걷는 것은 파리에 입문하는 길이고 또 파리 여행이 만만치 않다는 것을 알게 되는 길이기도 하다.

숨겨진 광장 : 문인들의 광장

여행객들 눈에 잘 띄지는 않지만, 파리의 문인들이 모이던 작은 광장도 둘러볼 만하다. 사르트르, 보바르, 마르그리트 뒤라스, 앙드레 말로 등 이름만 들어도 쟁쟁한 인물이 모였던 퓌르스텐베르그 광장이다. 또 그들이 대화를 나눴던 유명한 카페로 〈카페 되마고〉 등이 있다. 이들은 겉으로 드러난 화려한 곳은 아니지만 작고 숨겨진 아늑한 곳이다. 문인들의 흔적을 찾아보고자 한다면 한번 방문해볼 만하다.

몽마르트 언덕 & 사크레쾨르 성당
Montmartre & Basilique du Sacré-Cœur

예술가들의 언덕으로 유명

www.montmartre-paris-france.com

몽마르트 언덕 위 성당

ADDRESS Basilique du Sacré-Coeur de Montmartre, Adoration eucharistique jour et nuit, 35, rue du chevalier-de-la-barre 75018 Paris

TELEPHONE +33 (0)1 53 41 89 00

www.sacre-coeur-montmartre.com

몽마르트, 발음이 부드럽고 아름답다. '몽'은 언덕이라는 뜻이며, '마르트'는 순교자라는 뜻의 불어이다. 풀어쓰면 순교자의 언덕이다. 몽마르트는 '파리'라는 명품 도시를 굽어볼 수 있는 파리 시내의 유일한 언덕이다. 파리 전역이 대체로 평지이다 보니 몽마르트가 유독 높아 보이고 오르는 길도 경사가 만만치 않다. 그래도 지하철을 타고 Abbesses역에 하차하여 지상으로 나오는 긴 계단 양 옆에 펼쳐진 아름다운 벽화를 감상하면서 밖으로 나와 몽마르트 언덕에 오르면 그 감동은 더 크다.

몽마르트 언덕에는 무명 예술가들이 모이는 공간이 있다. 이들은 몽마르트 언덕에 오르는 길가에서 관광객들에게 초상화와 정물화 그림을 그려준다. 실제로 언덕에 오르는 길목에는 수많은 캔버스의 행렬이 길가에 줄지어 이어져있다. 무명 화가들이 펼쳐놓은 소품들이 흥미롭고, 그들의 그림에는 상업성과 예술 사이의 고뇌가 담겨있는

몽마르트 언덕의 예술가의 거리

듯하다. 몽마르트 언덕에서 인물화 한 장 그려볼 만하다. 화가들마다 언뜻 보아도 그림실력의 차이가 많았기 때문에, 우리의 경험으로는 화가 선정이 쉽지 않았다. 몽마르트를 다녀온 기념으로는 추억의 선물이 될 것이다. 길거리 예술가들과는 가격을 잘 흥정하고 시작해야 한다는 것을 명심하도록!

몽마르트 언덕의 정상에는 흰색 빛의 고고한 모습을 가진 성당이 있다. 이름은 사크레쾨르 성당이다. 이 성당의 첫 번째 매력은 확 트인 전망이다. 파리 시내가 거침없이 보인다. 파리는 높은 건물이 거의 없다. 최근 신시가지로 조성된 라데팡스 지역이 한켠으로 보이기는 하지만, 몽마르트에서 보아도 높은 건물이 거의 없어 보인다.

사크레쾨르 성당은 로만-비잔틴 양식으로서 외견상으로는 우아하고 밝은 분위기를 풍긴다. 그러나 설립 배경에는 프랑스 역사에서 가장 비극적인 사건인 프랑스-프로이센 전쟁에서의 패배가 담겨있다. 나폴레옹 3세 시절, 프랑스는 유럽의 최강국이었다. 경쟁 상대였던 러시아나 오스트리아는 경제적으로 예전보다 어려운 상황이었으며, 프랑스는 혁명의 피로가 누적되고는 있었지만 그런대로 최강국의 체면을 유지할 정도는 되었다. 외형상 평화가 유지되었던 것이다. 그런데 이 시기에 프랑스의 불행이 시작되었다. 이웃나라인 프로이센에서 뛰어난 리더들이 등장한 것이다. 내각총리 비스마르크(Otto von Bismarck)와 참모총장 몰트케(Helmuch von Moltke)가 그들이다. 이 프로이센의 리더들은 독일을 통일하기 위해서는 프랑스와의 충돌이 불가피하다는데 의견을 같이 했고, 그것을 위해 군대를 강화하기 시작했다. 장교집단의 교육을 강화했으며, 우수 인재 양성에 주력하여 프로이센 군대를 최강 전력으로 강화시키고 있었다. 프랑스와의 결전을 위해 철저한 준비를 하고 있었던 것이다.

결국 프랑스와 프로이센의 전쟁은 1870년 7월에 시작되었다. 공교롭게도 전쟁 준비가 전혀 없던 프랑스에서 먼저 선전포고를 했다. 그러나 프랑스가 전열을 채 가다듬기도 전에 프로이센의 공격이 시작되었다. 그들은 이미 철저히 준비했던 것이다. 비스마르크의 40만 대군은 프랑스에 질풍처럼 밀어닥쳤고, 전 유럽을 호령하던 강국 프랑스가 불과 45일만에 무너지게 되었다. 그야말로 프랑스의 굴욕이었다. 나폴레옹 3세는 전쟁 영웅이었던 천재 나폴레옹과는 달랐다. 이 전쟁에서 본인도 자진해서 포로로 잡혔으며 실제 10만명의 군인이 포로가 된다. 파리를 포위한 비스마르크는 베르사유 궁전의 '거울의 방'에서 프로이센의 왕을 황제로 하는 독일제국의 탄생을 선언한다. 프랑스의 대표왕인 루이14세의 상징물인 '거울의 방'에서 독일의 시대가 시작되었음을 알린 것이다. 이때가 바로 프랑스의 굴욕의 절정시기였다.

몽마르트 언덕의 사크레쾨르 성당은 전쟁 직후 패전의 아픔을 잊으려는 프랑스 국민들의 염원을 모아서 지은 성당이다. 성당 치고는 드물게 흰 돌로 지어 밝은 분위기를 자아내었다. 참담한 역사를 통과하면서도 희망을 잃지 않으려는 처절한 몸부림의 산물이다. 프랑스 국민들은 몽마르트 언덕 꼭대기에 하얀색 반성문을 써 놓은것이 그것을 통해 항상 잊지 않으려고 하기 위함일 것이다.

성당에서 본 파리 전경

에펠탑
Eiffel tower

최고의 야경을 볼 수 있는 파리의 상징적 건축물

ADDRESS 5, avenue Anatole France, Champ de Mars, 75007 Paris

TELEPHONE +33 (0)1 44 11 23 11

www.toureiffel.fr

'돌로 만든 심포니'라고 불리는 파리에서 철골 구조물인 에펠탑은 이색적이다. 에펠탑은 총 공사기간이 17개월 걸렸으며, 약 7천톤의 철(鐵)이 사용되었으며, 총 무게는 7300톤으로 알려진다. 에펠탑이 완공된 것은 1889년 3월 31일이었다. 총 공사기간은 2년 2개월 정도 걸렸다고 한다. 탑의 높이는 300미터, 첨탑과 통신용 안테나까지 포함하면 324미터이다.

에펠탑의 최초 아이디어는 프랑스대혁명 100주년을 기념하는 만국박람회에서 시작되었다고 한다. 당시 만국박람회는 국가간 경쟁적인 행사였는데, 파리는 그것을 기념하기 위해 상징물이 하나 필요했고 그것을 에펠에게 의뢰했던 것이다. 에펠탑이 세워졌던 1889년, 당시 유럽에서는 산업혁명에 성공하여 많은 식민지를 거느리면서 자신들의 발전과 부를 과시하고 싶었던 욕망이 강했으며, 이는 만국박람회라는 도구로 표출되었다. 특히 영국과 프랑스 사이의 경쟁이 치열했다. 영국은 1851년 세계 최초로 만국박람회를 개최했는데 사치스럽다고 평가받을 정도로 화려했다.

프랑스는 대혁명 100주년 기념을 위해 1889년 만국박람회를 개최하게 된다. 라이벌이었던 영국과 필적할 박람회를 열고자 했기 때문에, 이를 위해서는 상징적인 건축물이 필요했다. 그 상징적인 건축물로 300미터 높이의 탑이 결정

되었지만, 동시에 파리의 전통 건축물과의 부조화를 염려하는 견해가 많았다. 이런 소용돌이 속에서 그 철탑은 당대 최고의 철골 예술가였던 구스타브 에펠(1832~1923)에게 그 임무가 맡겨졌다. 그는 교량 건설자 였으며, 철의 특성을 완벽하게 파악하고 철을 소재로 다리를 건축하고 있었다. 또한 목재와 석재의 시대가 저물고, 철을 중심으로 한 새로운 문명이 싹트고 있다는 신념이 강했다.

1889년의 우리나라는 너무도 다른 세상이었다. 이 시기는 우리나라에서 구한말 갑신정변(1884년)을 지나고, 갑오개혁(1894)에는 도달하지 않은 시기였다. 당시 조선은 꿈틀대고는 있었지만 세계의 흐름에는 전혀 못 미치는 상황이었다. 우리에겐 전기(電氣) 조차 없던 때에 에펠탑이 만들어지고 있었던 것이다.

에펠탑이 세워질 무렵, 파리의 품격에 맞지 않는 괴물이라는 지적이 무성했다. 당시 명사들도 그 비판의 대열에 있었다. 모파상이라는 작가도 그 중 하나였다. 모파상은 에펠탑 2층에서 식사를 즐겼다고 알려지는데, 그 이유는 파리에서 에펠탑을 볼 수 없는 유일한 곳이라는 이유에서였다고 한다. 과학소설의 선구자 쥘 베른도 같은 이유로 에펠탑의 지상 133m 레스토랑에서 점심을 즐겼다고 알려진다. 그는 “에펠탑은 보이지 않고 파리의 빼어난 경치는 고스란히 볼 수 있었기 때문”이라고 식사장소의 선택이유를 말했다고 한다. 그들은 에펠탑이 파리의 최고 명소가 될 줄은 상상도 못했을 것이다.

당시 쟁점은 파리의 분위기에서 철골조 탑이 어울릴지 여부였다. 파리는 석탑 예술이 대세였기 때문이다. 그런데 철의 마술사였던 건축가 에펠(Eiffel)은 많은 염려와 비판에도 불구하고 에펠탑 건축에 성공했다. 에펠탑은 건축학 측면의 성과도 크다. 전문가들로부터 수직 구조물에 철강이 사용될 수 있다는 것을 보여준 최초의 건축물이라는 평을 받는다. 에펠탑은 에펠의 의지와 자신감의 산물이다. 그는 “파리의 수치”라고까지 불렸던 에펠탑을 의지와 자신감으로 완성했다. 또 그는 철을 통해 도전정신을 성취해냈는데, 인류는 수많은 도전을 통해 역사를 이루어왔다는 것을 다시 알려주는 인물이다. 에펠의 의지와 자신감을 느끼면서 에펠탑에 오르면 흥미는 더욱 커진다.

에펠탑에서 내려다 본 파리의 야경

우리가족은 에펠탑이 세계적인 관광지라는 것을 인근에 도착하자마자 쉽게 알 수 있었다. 지하철로 도착한 후 지상으로 올라서자마자 소매치기와 경찰의 추격전을 눈앞에서 보았다. 말로만 듣던 파리 소매치기의 현장이었다. 물론 그 추격전의 결과를 다 보지는 못했지만, 에펠탑이 유명한 관광지는 분명하구나라는 생각을 하게 되었다.

에펠탑의 티켓부스 앞의 줄은 정말 길다. 우리가 도착한 시간은 늦은 오후였는데, 이미 길게 줄이 늘어서 있었다. 1시간 30분쯤 기다리고서야 겨우 티켓을 얻게 되었다. 줄을 서며 기다리다 보니 어느덧 어둑어둑해졌다. 생각보다 많이 기다렸지만 파리 야경을 보게 되었다는 기쁨도 있었다. 에펠탑의 최상층에 오르려면 티켓을 두 번 사야한다. 사업자들은 최상층에 오르기 이전에 21층 정도의 층에서 전망을 보게 하고, 기념품 상점(gift shop)에도 들르게 한다. 최상층에 오르기 위해서는 여기서 다시 티켓을 사야한다. 1층에서 티켓을 사기위해 그렇게 힘들었는데, 그 보다 줄이 짧을지는 모르겠지만 다시 줄을 서야 한다. 파리의 매너는 언제나 이렇게 거칠다.

최상층에 오르기 까지 힘들고 많은 시간을 들였지만, 에펠탑의 정상에서 바라본 파리 야경은 정말로 신선했다. 파리는 야경도 관리된다는 느낌을 준다. 은은한 조명이 곳곳에서 잔잔한 멋을 더한다. 또 현란한 네온사인이 없기 때문에 정신없는 분위기도 없다. 파리에 어둠이 내리면 에펠탑은 밝아진다. 파리의 야경은 특이하다. 네온사인이 없다. 약국을 알려주는 초록색 십자가나 '리도' 혹은 '무랑루즈' 같은 공연업소의 전광판 정도만 있을 뿐이다. 파리의 밤은 은은한 주황빛 가로등이 차분하고 안정된 분위기를 연출한다. 이렇게 조율되고 계획된 분위기의 원천은 과연 무엇인가. 무언가 파리와 프랑스에 대한 깊은 이해가 필요하다는 생각이 남는다.

에펠의 흉상

에펠탑 1층에도 귀중한 볼거리들이 있다. 한 귀퉁이에 에펠의 흉상이 있으며, 또 다른 귀퉁이에는 18세기 프랑스를 대표했던 과학자들 72명의 이름이 새겨져 있다. 이 과학자들 이름은 1980년대 초반 페인트칠을 다시 하면서 지워졌었지만 1986년에 원 상태대로 복구되었다고 한다. 그 72명의 명단은 에펠탑 홈페이지에 나와 있다. 한번 홈페이지에 들러보기 바란다.

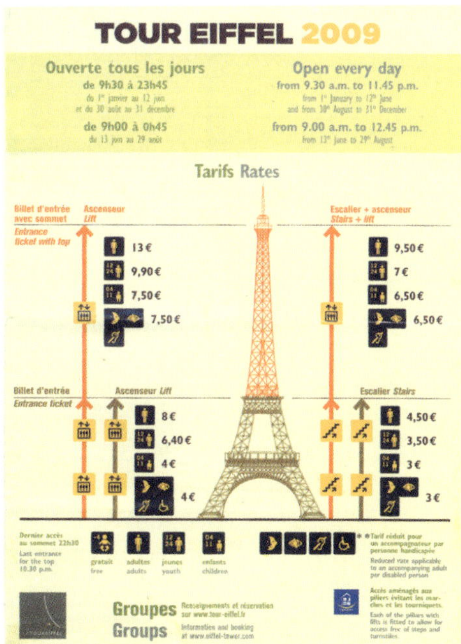

베르사유 궁전
Château de Versailles

절대왕정이 만든 화려한 궁전

ADDRESS Place d'Armes, 78000 Versailles

TELEPHONE +33 (0)1 30 83 78 89

www.chateauversailles.fr

프랑스의 역사적 교훈이 깊이 배어있는 곳이 바로 베르사유 궁전이다. 거대한 궁전, 화려한 장식 등이 유명할 뿐만 아니라, 마리 앙투와네트, 루이 14세, 루이 16세 등 역사의 굴곡을 장식했던 인물들이 이 궁전과 연관되어 있다.

베르사유로 가는 교외선 기차

베르사유 궁전은 특히 루이 14세와 뗄 수 없는 사연을 갖고 있다. 실제로 베르사유 궁전은 루이 14세 없이는 설명할 수 없다고 해도 과언이 아니다. 루이 14세가 베르사유 궁전에 집착했던 것에는 이유가 있었다. 그는 베르사유 궁전을 통해 절대왕정을 세우려 했던 것이다. 베르사유가 왕권의 권위를 높이는 것 이상을 이뤘음에 주목해야 한다. 베르사유 궁전건축은 당시 귀족계급의 재산을 궁전건축에 탕진시켜 귀족들의 권력을 축소시키면서 동시에 왕의 권위를 높이는 데 큰 역할을 했다.

1661년 시작된 베르사유 궁전 건축은 프랑스 최고의 장인들과 수만명의 인력이 투입된 대공사였다. 동시에 20년이 넘게 걸린 전대미문의 기록을 가진 공사였다. 베르사유 궁전 건축은 목적대로 루이 14세로 하여금 문화와 예술 영역에까지 권력을 확대시키는 계기가 되었다. 궁전의 건축을 계기로, 과학, 건축, 음악을 관장하는 기관이 탄생했고, 왕립천문대와 국립극장이 들어선 것도 이 무렵이었다.

베르사유에 의해 왕권이 강해졌지만, 루이 14세 이후 다시 무너지게 된다. 그의 후대왕들인 루이 15세와 루이 16세는 선왕인 루이 14세와 달리 귀족들과 어울려 왕권의 화려함과 쾌락을 즐기는 데에만 집중했다. 루이 14세가 보였던 왕권에 대한 강한 집착이 후손들에게는 없었던 것이다. 루이 14세가 이루었던 절대왕권은 그가 권력에서 물러난 순간 무너지기 시작했으며, 절대왕권이 쌓였다가 무너지는 과정이 베르사유 궁전에 고스란히 담겨있다.

파리에서 베르사유 궁전을 보기 위해서는 하루를 완전히 할애해야 한다. 출발이 이르면 이를수록 좋다. 파리에서 가는 여러 경로가 있지만, 세인라자(Saint-Lazare) 역에서 교외선을 이용한다면 약 1시간 정도 필요하다. 역에서 내리면 맛있는 샌드위치 가게가 줄지어 있으므로 그 곳에서 점심식사를 준비해 가는 계획을 세워도 좋을 것이다. 단 현금이 필요하다.

그런데 베르사유 궁전에 들어가는 티켓구입이 만만치 않다. 언제나 궁전 앞에는 인파로 장사진을 이룬다. 우리가족의 경우 오전 10시부터 두 시간이 넘도록 줄을 서야 했다. 프랑스 사람들의 거만함을 느끼게 해주는 곳이다. 이렇게 방문객들을 못살게 굴고도 너무도 자신 있고 당당하다. 이런 수준의 궁전을 보기 위해서는 외국인들은 최소한 2시간 정도를 기다려야 한다고 생각하는 듯싶다. 외국인에게 표를 파는 티켓 부스의 숫자 자체가 너무 적다. 프랑스인과 EU국민에게는 따로 줄을 세워서 빨리 입장하는 편이었다. 이렇게 외국인들을 차별하기도 쉽지 않을 것인데 참 배짱도 좋다.

궁전 안

베르사유 궁전은 저마다의 특색을 가진 방으로 구성되어 있다. 궁전내부 관람의 묘미는 이 방들을 하나하나 들여다보면서 그 특징을 느끼는 재미이다. 그런데 이 대목이 초등학생들에게는 약간 힘이 드는 부분이다. 베르사유에는 영어로 된 오디오 설명도구가 제공되지만, 그들의 흥미를 끌기에는 부족했다. 아이들에게 사전에 베르사유의 역사적 의미에 대해서 사전지식을 갖게 하는 것이 좋다. 아이들의 취향에 맞지는 않지만 이 순간에도 아는 만큼 보일 수밖에 없다.

궁전 내부의 많은 방 중에서 '거울의 방'이 유명하다. 궁전 본관 2층의 정면 전체가 바로 이 '거울의 방'이다. 이 방의 길이는 73미터, 천장에는 루이 14세의 권력을 상징하는 그림으로 가득하다. 커다란 창문이 17개나 있으며 반대편 벽면에도 17개의 대형 거울이 배치되어 있다. 큰 창문을 통해 태양빛이 들어오며 커다란 거울은 그 빛은 반사시킨다.

궁전 밖

베르사유 궁전 밖은 커다란 숲이 펼쳐지는데, 한 폭의 그림 같다. 크게 보면 대규모 숲이지만 앞쪽에는 정원(庭園)이 자리 잡고 있다. 분수대와 꽃길로 장식되어있어 시원함과 화려함을 동시에 갖고 있다. 정원 너머로 끝이 보이지 않는 숲은 과거 왕들의 사슴사냥 놀이터였다고 할 정도로 규모가 크다.

프랑스의 정원은 대체로 건물 뒤쪽으로 조성되어 있다. 앞에서 보면 큰 정원이 없는 듯하지만, 뒤로 엄청난 규모의 정원을 감추고 있는 경우가 많다. 베르사유 궁전이 바로 그렇다. 베르사유는 궁전 자체도 엄청난 규모이지만 뒤편으로 숲과 같은 정원이 약간 감춰진 모습으로 존재한다는 것이 정말 놀랍다. 이 뒤편의 정원은 베르사유가 담고 있는 모든 의미를 다 새길 수 있을 정도로 커다란 규모이다. 프랑스 인을 이해할 수 있는 한 가지 실마리가 아닐까?

베르사유 궁전 뒷 정원

Diary IN PARIS

8월 9일 선우 일기

(Hello, Paris)

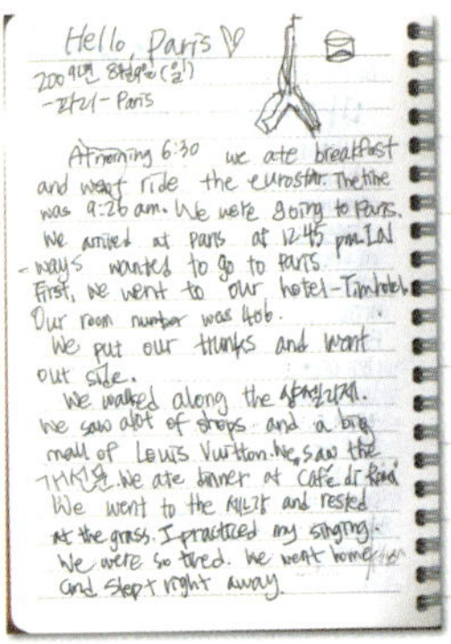

At morning 6:30 we ate breakfast and went to ride the eurostar.

The time was 9:26 am. We were going to Paris.

We arrived at Paris at 12:45 pm.

I always wanted to go to paris.

First, we went to our hotel-Timhotel.

Our room number was 406.

We put our trunks and went out side.

We walked along the Champs-Elysees.

We saw a lot of shops and a big mall of Louis vuitton.

We also saw Triumph Arch.

We ate dinner at "cafe di Roma".

We went to the Seine River and rested at the grass.

I practiced my singing.

We were so tired.

We went home and slept right away.

8월 9일 준열 일기 (파리에 온 날)

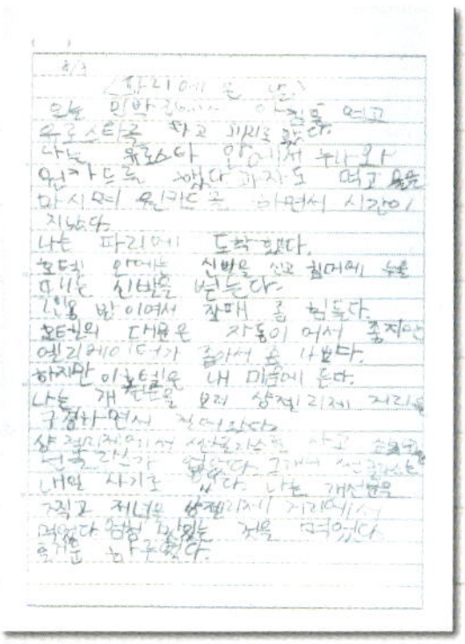

오늘 민박집에서 아침을 먹고 유로스타를 타고 파리로 왔다.

나는 유로스타 안에서 누나와 원카드를 했다. 과자도 먹고 물을 마시며 원카드를 하면서 시간이 지났다.

나는 파리에 도착했다.

호텔 안에는 신발을 신고 침대에 누울 때는 신발을 벗는다.

2인용 방이어서 잘 때 좀 힘들다.

호텔의 대문은 자동이어서 좋지만 엘리베이터가 좁아서 좀 나쁘다. 하지만 이 호텔은 내 마음에 든다.

나는 개선문을 보러 샹젤리제 거리를 구경하면서 걸어갔다. 샹젤리제에서 선글라스를 사고 싶었지만 선글라스가 없었다. 그래서 선글라스는 내일 사기로 했다.

나는 개선문을 찍고 저녁을 샹젤리제 거리에서 먹었다. 엄청 맛있는 것을 먹었다.

즐거운 하루였다.

DATE PAGE

8월 11일 선우 일기 베르사유궁전

오늘은 박물관이 모두 쉬어서 베르사유 궁전에 갔다.

기차를 타고 베르사유에 도착. 이곳은 마리 앙투아네트가 많은 시간을 보낸 곳이다. 사람들이 무지 많았다. 아빠는 티켓팅을 하고 우리 셋은 들어가는 줄을 섰다. 들어가는 줄은 빨리빨리 움직였는데 티켓팅은 무지 오래 걸렸다. 들어가는 줄 2바퀴 돌아도 안되는 시간이였다. 드디어 티켓을 끊었다. 들어가면 음식을 못 먹어서 안타까웠다. 우리는 한국어 Audio를 빌리고선 궁전안으로 들어갔다.

그곳엔 마리앙투아네트 또는 루이 14세, 15세, 16세가 쓰던 가구들과 침대가 있었다. 거울의 방도 가봤다.

그 뒤 뒷 가든에 갔다. 애들은 무조건 공짜여서 나와 동생과 들어갔다. 안에는 꽃과 분수, 조각상, 잔디가 많고 아름다웠다. 음악도 경쾌하게 나왔다. 다 본 후 몽마르뜨 언덕에 갔다. 언덕이 좀 힘들었지만 괜찮았다.(^^) 화가들의 거리여서 화가가 무지 많았다. 준열이는 어떤 화가한테 붙잡혀서 그냥 그렸더니 완전 여자아이같아서 그냥 안샀다.(좀 미안함이^^;;;)

성당에도 들어가봤다. 경치가 완전 좋았다. 그 뒤 다른 화가들을 보며 다니다가 좀 잘 그리는 사람을 발견했다. 그땐 이미 좀 어두워서 내일 그릴 예정으로 약속을 했다.

다시 집에 돌아온 후 씻고 바로 잤다.

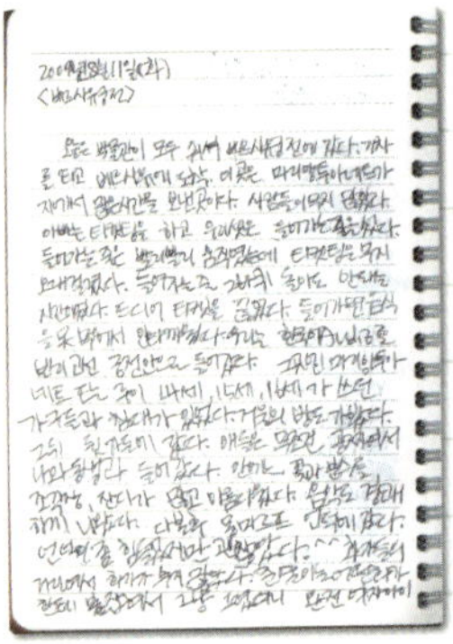

SUN MON TUE WED THU FRI SAT

8월 11일 준열 일기 (베르사유의 궁전)

우리는 오늘 박물관들이 쉬어서 베르사유의 궁전으로 갔다.
거기에 사람이 많아서 티켓을 뽑는 줄, 들어가는데 줄을 섰다.
들어가서 오디오를 들으면서 궁전을 구경했다.
궁전의 정원에 들어가는 것이 공짜여서 정원으로 들어갔다.
정원에는 꽃들이 많고 분수가 있어서 아름다웠다.
그 정원에 무슨 무늬가 있었다. 멋있었다.
그 다음에 우리는 몽마르뜨 언덕에 갔다. 나는 거기에서 그림을 화가한테 그려달라고 하고 싶어서 화가들의 작품을 보고 있는데 어떤 화가가 내 눈이 예쁘게 생겼다며 나를 그렸다.
엄청 못 그려서 다른 화가를 찾았다. 잘 그리는 사람이 있어서 내일 그려달라고 할 것이다. 재미있었다.

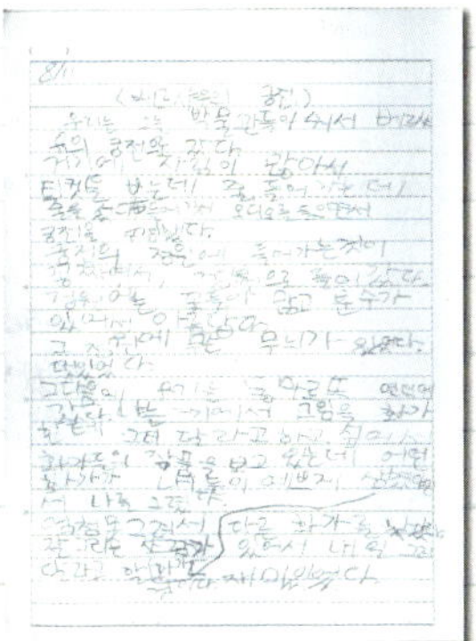

파리의 샹젤리제 앞 공원에서

NO.2

루브르(Louvre)와 오르세(Orsay)에서의 창조 학습

파리의 루브르 박물관과 오르세 미술관은 아이들의 인문적 상상력을 키워줄 수 있는 보물단지이다. 루브르 박물관은 꼼꼼히 보려면 일주일도 모자랄지 모르겠다. 루브르 박물관만을 위해 별도의 여행을 하는 마니아층도 있다고 할 정도이다. 박물관은 과거의 유물을 전시하는 장소일 뿐만 아니라, 일상의 인간을 넓은 세상으로 인도하는 관문이다. 아이들은 박물관에 무료함을 느끼는 편이지만, 잘 구슬리고 사전에 흥미 포인트를 부각시켜서 스스로 찾아서 관람하도록 해야 한다. 모나리자 등 교과서에 나오는 대표작들을 찾아보게 하는 것도 흥미유발이 된다.

루브르 박물관
Musée du Louvre

세계 3대 박물관 중 하나

ADDRESS Musée du Louvre, 75058 Paris Cedex 01

TELEPHONE +33 (0)1 40 20 50 50

www.louvre.fr

루브르 박물관은 세계 3대 박물관에 꼽힐 정도로 진귀한 유물과 걸작들을 소장하고 있다. 루브르 박물관은 처음에 루브르 궁전으로 시작되었는데, 이 궁전에 왕실 보관용으로 다빈치, 라파엘로 등 유명 작가들의 작품을 수집하면서 시작되었다고 한다. 루이 14세 때에 이르러 수천 점이 모이게 되었고, 1789년 프랑스 대혁명 이후 국민의회가 시민들에게 공개하면서 오늘날의 루브르 박물관으로 탄생하게 된 것이다. 16세기 때 프랑수아 1세가 루브르 궁전을 르네상스 양식으로 재건하여 다빈치의 〈모나리자〉, 티치아노, 라파엘로 등 이탈리아 거장들의 작품 12점을 모은 것이 중요한 계기였다. 그 후 17세기 루이 14세 때 약 2500여 점이 루브르 궁전에 장식되었다가 1793년 국민의회의 결정으로 일반인들에게 공개된 것이 실질적인 박물관의 시작이다.

루브르 입구인 나폴레옹 광장에 서 있는 유리 피라미드는 현대적이고 파격적이다. 거대한 돌 건물로 유명한 파리에서 유리 재질의 피라미드 모양의 입구를 구상했다는 것이 흥미롭다. 그 옆에는 원형의 큰 분수대가 있어서 한 여름의 더위를 식힐 수 있었다.

세계 3대 박물관

영국 대영박물관 / 파리 루브르 박물관 / 러시아 에르미타주 박물관

세계 5대 박물관 (3대 박물관에 2개 박물관 추가)

미국 메트로폴리탄 박물관 / 독일 페르가몬 박물관

루브르는 몇 가지 기록적인 숫자를 갖고 있다. 30만여 점의 미술품을 소장하고 있으며, 평일 하루에 만 명, 주말에는 2만 명, 줄잡아 일 년에 600만 명이상의 관람객을 유치한다. 직접 루브르에 가보면 얼마나 많은 관람객이 몰리는지 생생하게 볼 수 있다. 실제로 파리 관광객의 흐름을 결정하는 것이 루브르 휴관 일정이다. 루브르가 휴관하는 날(화요일)에는 다른 파리의 관광지들에 인파가 몰려든다. 루브르에서 흡수해 주어야 할 인파들이 다른 관광지로 모이기 때문이다.

루브르에서 많은 사람들의 관심을 모으는 작품으로 모나리자 그림과 비너스 조각상을 꼽을 수 있다. 모나리자 그림은 루브르의 다른 그림과 달리 방탄 유리관 안에 보관되어 있다. 레오나르도 다빈치는 모나리자 그림을 4년에 걸쳐 그렸다고 한다. 이탈리아어로 '모나'는 아줌마를 뜻하고, '리자'는 엘리자베타의 약자라고 한다. 엘리자베타는 피렌체의 상인인 프란체스코 지오콘다의 부인 이름에서 온 것인데, 정황을 볼 때 '모나리자'는 다빈치가 지오콘다를 위해 그려준 그림으로 생각된다. 모나리자 그림을 한때 도둑맞았던 적이 있었다고 한다. 1911년의 일인데, 도둑맞았던 모나리자 그림은 이탈리아 피렌체의 고미술상에서 발견되었고, 프랑스는 이를 다시 회수하여 현재와 같이 국가재산으로 취급하며 루브르에 소장하고 있다.

비너스 조각상도 사람들의 관심이 많은 작품이다. 루브르에서 조각 작품코너에서 많은 사람들이 모여드는 작은 공간이 있다. 사람들에 의해 가려져서 무슨 작품이 있는지 알기 어려울 때가 많은데, 그 장소가 바로 비너스 조각상이 있는 곳이다. 교과서에서 그림으로만 보던 그 비너스 상을 눈앞에서 보는 감격 때문인가, 많은 관광객들이 한동안 머물면서 신기한 표정을 짓다가 떠난다.

비너스 조각상

오르세 미술관
Musée d'Orsay

19세기 말 미술품을 다량 보유하고 있는 미술관

ADDRESS Entrée du musée d'Orsay : 1, rue de la Légion d'Honneur, 75007 Paris

TELEPHONE +33 (0)1 40 49 48 14

www.musee-orsay.fr

미술관도 새로운 시각을 주는 좋은 학습공간이다. 단순히 작품을 전시한 공간으로만 생각할 필요는 없다. 초등학생들에게 창조를 자극하는 학습장소로서 가치가 높다. 파리에서 창조 에너지를 학습하기 좋은 미술관은 오르세 미술관이다. 오르세 미술관은 19세기 말에서 20세기 초에 걸친 다양한 미술품을 소장하고 있는 보물창고이다. 이 미술관은 아르누보 양식의 구 오르세 기차역을 개조하여 1986년에 개관한 미술관이다. 오르세 기차역에 얽힌 사연도 흥미롭다. 오르세 기차역은 1939년까지 궁궐이었다가 파리 코뮌 때 불타버리고 파리 국제박람회 때 기차역으로 사용되었다. 기차역으로서 기능이 취약해진 시점, 이 철도역의 용도를 어떻게 바꿀 것인지에 대해 철거를 주장하는 사람들과 반대하는 사람들 사이의 격렬한 논쟁이 있었다. 결국 프랑스 정부는 이곳을 미술관으로 활용하기로 결정했는데, 이런 과정을 통해 19세기 프랑스 미술의 보고인 오르세 미술관이 탄생하게 된 것이다.

오르세 미술관의 내부 모습

오르세 미술관은 3개 층으로 구성되어 있는데, 주요 전시 작품은 1848년~1914년의 회화, 조각, 사진 공예 등이 있다. 1층에는 밀레의 〈만종〉, 〈이삭줍기〉와 마네의 〈피리부는 소년〉 등이 전시되어 있고, 2층에는 제3공화국 시대의 작품과 프랑스·벨기에·글래스고 등지의 아르누보 작품들이 전시되어 있다. 3층에는 고갱의 〈타히티의 여인들〉을 비롯해 마네, 드가, 모네, 세잔 등 인상주의 화가들의 작품이 전시되어 있다. 우리는 운 좋게도 2층에서 초현실주의 화가인 막스 에른스트의 특별전시를 만날 수 있었다.

오르세 미술관의 3층에 있는 카페에 꼭 들러보길 권장한다. 커피와 음료수를 마실 필요는 없지만, 카페와 연결된 테라스의 전망이 아주 일품이기 때문이다. 파리 시내가 파노라마처럼 펼쳐지며, 저 멀리 몽마르트 언덕이 보인다. 또 바로 아래쪽의 세느 강도 조망할 수 있다.

Diary IN PARIS

8월 10일 선우 일기

루브르 박물관

아침 8시에 일어나서 호텔에서 준 뷔페를 먹고선 루브르 박물관에 갔다. 무지하게 컸다. 삼각모양이 멋있었다. 앞에 분수도 있었다. 우리는 Ticket을 샀다.

London은 박물관은 모두 공짜였는데 파리는 다 돈을 내야 한다.

루브르 박물관엔 무지하게 많은 예술작품이 있었다.

모나리자 그림이 진짜인 것을 봤다. 조각상들도 많았다.

2/3를 보고선 박물관 앞에서 점심(샌드위치)를 먹은 후 앞 분수대에서 발을 담그며 놀았다. 다시 들어가서 나머지를 보았다.

나폴레옹이 살던 집도 보았다.

그 뒤 기념품관에 가서 시계(25 €)를 샀다.

돈을 많이 써서 좀 걱정이^^;;

그 뒤, 앞 잔디에서 쉬다가 에펠탑을 보러 갔다.

실물이 더 좋았다.

그 곳 앞에서 소매치기 하는 장면도 목격했다….

우리는 샌드위치를 먹고선 탑으로 올라갔다.

전망대가 무지 좋았다.

너무 피곤해서 Taxi를 타고 호텔에 가서 잤다.

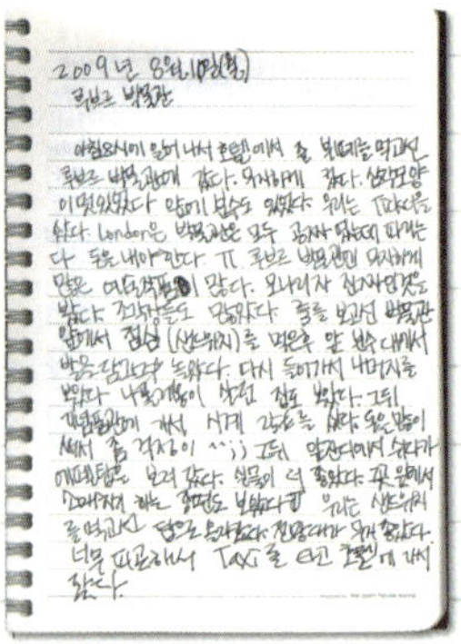
2009년 8월 10일(월)
루브르 박물관

SUN MON TUE WED THU FRI SAT

8월 10일 준열 일기 (The day I went to Louvre)

Today I went to Louvre museum, I saw many things I never saw. There were beautiful arts.

When I wanted to go out to eat lunch, I didn't know how to go out so I asked people how to go out and I was out.

I ate lunch like a picnic. It was delicious.

I saw more arts and more sculptures and I went Eiffel tower. I went to the top and saw beautiful views.

I bought a key that had the Eiffer tower, 개선문 and a palace on it.

It was the best day ever.

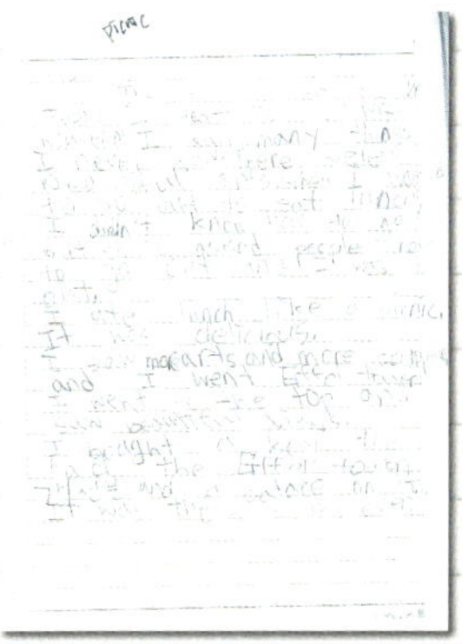

파리의 과학산업박물관으로
들어서며

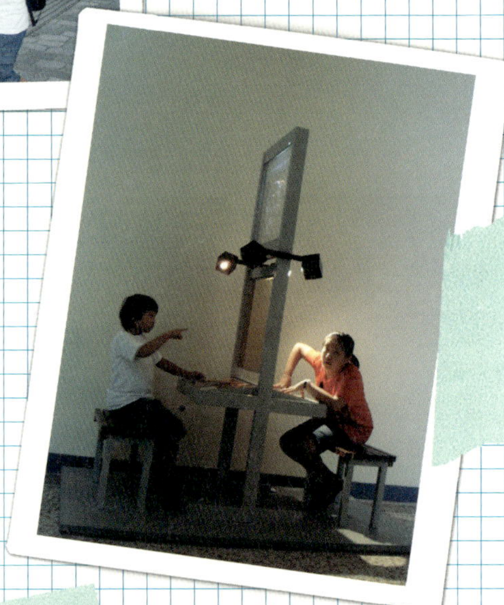

NO.3

파리(Paris)에서의 과학 학습

파리가 좋은 과학학습 현장임을 아는 사람은 많지 않다. 대부분의 여행객들은 파리에서 과학현장을 들러본다는 생각조차 하지 않는다. 그러나 파리는 과학체험을 위한 귀중한 명물들을 갖고 있다. 대표적으로 〈자연사박물관〉, 〈과학산업박물관〉, 〈발견의 전당〉 등은 초등학생들이 체험과학을 할 수 있는 곳이다. 이곳에서 체험하다보면 프랑스가 퀴리부인과 파스퇴르 등 세계적인 과학자를 낳았던 이유를 알게 된다. 과학 선진국은 역시 아이들에게 경험하게 하는 것이 많다. 사람들과 격리된 단순한 과학 전시관은 의미가 없다. 관람객과 같이 호흡하는 것이 중요한데, 파리는 이런 시설들을 잘 갖추고 있다.

파리의 과학현장의 일관된 주제는 '살아있는 과학'이다. 단순한 전시물은 일체 없다. 모든 것들이 학생들의 참여하에서 의미를 얻도록 되어 있다. 심지어는 과학 지식에 멈추지 않고 산업화를 생각하게 하는 장소도 따로 갖고 있다. '과학산업박물관'이라는 이름을 보라. 아마도 과학에 산업 개념을 붙여서 박물관 이름을 지은 최초의 것이 아닐까 싶다.

파리의 과학체험박물관들에도 단점은 있다. 불어로의 설명은 매우 친절하게 적혀 있는데, 영어로 된 설명문이 매우 약하다. 프랑스의 거친 매너를 여실히 보여준다. 그나마 과학도구라는 것이 언어를 초월할 수 있다는 점이 다행스럽기는 하다. 불어를 모르는 외국인들에게 친절한 영문은 없지만, 과학 도구에 담긴 프랑스의 창조 혼(魂)만큼은 잘 전달된다.

파리 국립 자연사박물관
Muséum National D'HISTOIRE Naturelle

방대한 분량의 화석을 보유한 박물관

ADDRESS Jardin des Plantes - 36, rue Geoffroy Saint Hilaire 75005 Paris (Grande Galerie de l'Evolution)

TELEPHONE +33 (0)1 40 79 54 79

www.mnhn.fr

진화관

파리 국립 자연사박물관은 파리 도시 속 공원 안에 위치하고 있다. 그 공원은 숲이 제법 우거진 초록의 공간인데, 자연사박물관은 그 숲속에서 궁전과도 같이 빛난다. 공원 내부에는 박물관뿐만 아니라 동물원과 식물원도 존재한다.

파리 국립 자연사박물관의 특징은, 첫째, 방대한 분량의 화석, 둘째, 연극 무대와 같은 전시 기술, 셋째, 전시물을 여러 각도에서 볼 수 있다는 점을 꼽을 수 있다. 파리 자연사박물관은 3개 건물로 구성된다. 매표소에서 가까운 곳에 보이는 건물이 본관인 '진화관'이다. 다음에 희귀 광물들을 소장한 '고식물학관', 해부에 관한 깊이를 자랑하는 '비교해부학관' 등이 있다. 이들 건물은 제각기 주제별로 특징을 구분하고 있는 것이다. 모든 설명이 불어로만 되어 있다는 것이 많이 아쉬었다.

과학체험은 '진화관'에서부터 시작하는 것이 좋다. 진화관 건물에 들어서자마자 보이는 모습이 아주 장관이다. 수십 마리로 구성된 동물들의 행진 모습이 눈에 들어온다. 마치 동물들이 살아 움직이는 것 같다. 진화관에는 일만삼천여 종의 동물이 있다고 알려진다. 전시실마다 구비된 전시품의 분량으로 보면 세계 어떤 박물관과도 경쟁해서 이길 정도로 숫자가 많다.

진화관에서 화석 전시실은 이 박물관의 명물 중 명물이다. 공룡에서부터 다양한 동물의 화석뿐만 아니라 조류와 곤충들의 화석이 전시되어 있다. 이렇게 많은 뼈와 화석을 언제 또 다시 볼 수 있을까 싶다. 화석으로 치면 세계 모든 박물관 중 으뜸일 것이다. 화석들의 전시방법부터 감동이 밀려 온다. 전체적인 감동도 크지만, 1층에서 4층까지 각층마다 전시방법에 있어서 개성을 갖고 있다. 그대로 보면 지루할 수 있는 화석 전시를 절묘하게 입체적으로 진열해서 예술작품으로 승화시키는 재주가 있다. 이런 것을 보면, 박물관 전시에도 예술 개념이 도움이 되는 듯싶다. 특히 3층에는 다른 박물관에서 보기 힘든 조류 화석들을 모아 놓았는데, 전시 기술에 의해 생동감이 그대로 살아있어 멋진 경험을 할 수 있다. 각 층마다의 주제별 다양성을 갖고 있다는 것도 대중의 흥미를 유발시킨다.

'라 빌레트' 과학산업관 'La Villette'

유럽 최대 규모의 과학박물관

과학과 산업의 접목, 이것은 미래사회의 소중한 컨셉이다. 과학을 과학에서 그치지 않고 산업화의 길까지 생각하는 것이 지식사회이다. 과학이 실험실을 뛰쳐나와야 하고, 일상생활 속에서 통해야 한다. 이를 어린 세대가 놀러오는 공간 속에 구현했다는 것이 놀랍다. 초등학생들을 유혹해서 과학적 탐구심과 산업적 욕구를 불러일으키는 곳이 바로 '라 빌레트'이다. 라 빌레트는 과학을 어린이들의 놀이 차원으로 끌어내린다. 아이들에게 직접 해본 경험만큼 중요한 것은 없을 것이다. 교실에서 듣기만 한 것은 기억에 오래 남지 않는다. 그 어떤 방법보다도 직접 해보는 것만큼 생생한 학습은 없다.

"라 빌레트"를 설명하기 위해, 안내서의 첫 구절을 인용해본다. "라 빌레트는 미래형 도시 공원을 목적으로 예술과 과학이 공존하는 복합 문화 공간이다". 라 빌레트는 20년이 넘었지만 여전히 예술적 품위와 위용을 보이고 있다. 예술의 나라 프랑스의 건축물이어서 그럴까, 칭찬이 나올 정도로 근사하다. 라 빌레트 건물은 디자인 자체가 특이하기 때문에 실제로 많은 건축가 지망생들이 찾는다고 알려져 있다. 더군다나 '빌레'(영어로 '빌리지')라는 표현이 말해주듯이, 커다란 주거타운과 같은 공간에서 쾌적한 환경 속에 위치한다는 것도 매력적이다. 공원 한 가운데로 긴 연못이 관통하고 있고, 분수도 멋있게 펼쳐진다.

'라 빌레트'에서 아이들이 미치게 좋아하는 것 하나가 3D 영화관이다. 이 영화관은 특히 지구 모양을 띄고 있는데, 이름은 '제오드'이다. 일명 지구를 닮은 영화관이라고 한다. 반구(半球) 모양의 안쪽은 절반가량이 스크린으로서, 의자에 누운 자세로 3D 아이맥스 영화를 볼 수 있다. 입체감이 살아있기 때문에 영화의 생동감이 생생하게 전달된다.

과학산업박물관 내부의 전시물

발견의 전당
Palais de la Découverte

콩코르드 광장 인근 과학박물관

ADDRESS Avenue Franklin Roosevelt 75008 Paris

TELEPHONE +33 (0)1 56 43 20 21

www.palais-decouverte.fr

파리의 콩코르드 광장 인근에 '그랑팔레'라는 웅장한 건물이 있다. 이름 뜻대로 크고 웅장한 건물이다. 그 맞은편에 '쁘티팔레'(petit palace) 건물이 있는데, 이 건물은 이름대로 다소 이담하다. 두 건불 모두 깊은 품위를 갖고 있어, 건물을 보면 왕궁이나 대통령의 집무실들이 떠오르게 한다.

'그랑팔레' 건물은 박물관 혹은 미술관으로 사용되는 건물이다. 엄격한 통과를 거친 전시회만을 열 수 있다고 한다. 이 건물에 '발견의 전당'이라고 불리는 상설 과학박물관이 있다. 여행객들은 보통 이곳을 그냥 지나치게 된다. 파리 중심의 왕궁 모양의 건물에서 청소년들을 위한 과학박물관이 있다고 보기 어렵기 때문이다. 우리가족도 사전 지식이 없었다면 '그랑팔레' 건물에 있는 '발견의 전당'을 찾지 못했을 것이다.

발견의 전당

'발견의 전당'의 1층 입구에서 첫 번째 공간은 31개의 보물찾기라는 놀이도구들이 있는 장소이다. 이곳에는 31개의 보물이 숨겨져 있고 아이들은 보물을 찾는 과정을 즐길 수 있다. 아이들에게 보물찾기는 흥미를 유발시키기에 충분한가보다. 하나하나 찾아 가면서 성취감을 얻는 표정이 역력하다.

'발견의 전당'은 2개 층으로 구성되어 있는데, 각 층마다 특징이 뚜렷하다. 1층은 실험실 위주로 구성되어 있다. 파리에서 과학 도구를 보면서는 언어를 신경 쓰지 않아도 됐지만, 이번 실험실에서는 사정이 조금 달랐다. 실험실은 체험중심인데, 체험 직전에 한 전문연구원이 실험과정과 재료를 설명해주는 시간이 있다. 문제는 그것이 불어로 진행된다는 점이다. 프랑스의 오만함을 다시 보는 순간이다. 설명을 맡은 전문연구원의 표정은 자못 진지했지만, 불어를 모르는 우리에게는 아무런 의미가 없었다. 이래도 되는가, 파리여!

2층과 1층을 연결하는 계단과 복도에서도 볼거리가 많다. 이곳은 지질시대를 구분하는 소규모 공간으로 구분되어 있다. 특히 나무로 구분해서 지질시대를 표현하는 코너가 있는데, 이렇게 구분하는 것은 매우 신선했다. 다른 과학박물

관에서는 보지 못했던 경험이었다.

2층 한쪽 공간에는 '빛'에 대한 실험공간이 있다. 여기서는 앞의 지질시대와는 달리 물리실험을 할 수 있다. 아이들에게는 이 공간을 더욱 가깝게 느껴지는 모양이다. 아무래도 지질시대 보다는 일상생활에 가깝기 때문일 것이다. 학습주제가 '빛'이다 보니 이 전시공간은 온통 어둡게 처리되어 있다. 어두운 공간속에서 많은 사진을 찍었지만 그중 제대로 나온 한 컷이 없다는 것이 안타까웠다.

2층 복도에는 '유레카'라는 이름이 붙은 전시물이 있다. 진자 운동과 그네 등 단순하면서도 과학을 느낄 수 있는 도구들이 복도를 따라 놓여있다. 이곳은 한마디로 초등학생들에게 과학의 즐거움을 깨우치게 하는 공간이다. 지레의 원리에 따라 받침점과 힘점을 느끼고, 학교 과학시간의 실험교재를 떠올릴 수 있다. 이 유레카 코스를 따라 돌면서 이런저런 실험을 모두 직접 해볼 수 있다. 보통 아이들은 흥미로운 일을 만나면 말이 없어진다. 자신들의 즐거움을 채우는데 급급하고 자신만의 느낌을 가지려는데 집중한다.

체험학습은 시간이 오래 걸린다. 발견의 전당에 머무는 시간이 예정보다 길어질 수 있다. 그랑빨레 건물은 특이한 것이 하나있다. 파리의 8월 대낮은 몹시 더운 날씨였지만, 그랑팔레의 권위는 에어컨을 틀지 않았다. 아이들이 더위에 지쳐하는 것 같았지만, 실험을 통해 하나하나 체험하면서 얻는 작은 기쁨, 그리고 기프트 숍에서 기념품을 하나 산다는 희망으로 더위와 싸우게 된다. '발견의 전당'은 더위와 싸우면서 과학학습의 진정한 의미를 알게 해주는 고마운 곳이다.

파스퇴르 연구소
Institut Pasteur

과학자 파스퇴르의 전통을 이어가는 연구소

ADDRESS Institut Pasteur, 25,28 rue du Docteur Roux, 75724 Paris CEDEX 15

TELEPHONE +33 (0)1 45 68 80 00

www.pasteur.fr

파스퇴르 동상

파리 시내의 지하철 역(驛) 이름 중에 '파스퇴르 역'이 있다. 바로 파스퇴르 연구소 인근의 역이다. 구체적으로 역에서 3분 정도 걷는 거리에 파스퇴르 연구소가 있다. 저명한 과학자 이름을 역 이름으로 사용한 것 자체가 흥미롭다. 파리의 지하철은 타고 내릴 때 사람들이 직접 버튼을 누르거나 훅을 열어야 지하철 문이 열린다. 아무것도 안하고 가만히 있으면 절대로 승하차 할 수 없으니 정신을 집중하기 바란다.

파스퇴르는 저온 살균법을 발명해서 살균법 역사의 새로운 장을 연 과학자이다. 저온 살균법이란 낮은 온도에서 균을 죽이는 방법인데, 식품이 부패하는 원인인 미생물이 섭씨 약 55도에서 한 시간 정도 열처리를 하면

해로운 미생물들이 줄어드는 것의 발견을 응용한 방법이다. 이 저온 살균법은 우유, 요구르트, 와인 등 일생생활 용품들의 개선을 위해 파스퇴르가 내놓은 새로운 해결책이다. 일상생활에서 파스퇴르의 저온 살균법의 활용범위가 더욱 넓어져서 현재는 맥주에서도 활용되고 있다. 이런 점에서 파스퇴르는 과학자의 새로운 모델이기도 하다. 그는 과학과 일상생활은 나누어 생각할 수 없고 그래서도 안 된다는 것을 실천한 과학자였던 것이다.

파스퇴르 연구소는 파스퇴르 방식의 연구 전통을 이어가는 연구소로서, 1888년에 설립되었다. 이미 120년이 넘는 역사를 자랑한다. 많은 젊은 연구원들이 이곳에서 연구를 시작해서 젊음과 열정을 바치며 중견연구자로 성장해왔다. 파스퇴르 연구소는 현재까지 8명의 노벨상 수상자를 배출했다. 그 노벨상 수상자 중 한 사람이 '메치니코프'이다. 우리나라에서는 요구르트 이름으로 재탄생했던 인물이다. 실제로 파스퇴르는 요구르트와 뗄 수 없는 관련을 갖고 있다. 부패가 미생물의 생명활동이라는 것을 최초로 알아낸 사람이 바로 파스퇴르였기 때문이다.

파스퇴르 연구소는 여러 국가들에 진출해 있다. 자신들의 연구 성과도 확산시키고 다른 국가의 인재들과 공동연구를 추진하려는 목적에서이다. 파스퇴르 연구소는 약30개국의 세계적인 네트워크를 구축하여 과학기술 연구를 진행하고 있다. 물론 우리나라에도 한국 파스퇴르 연구소가 설립되어 있다.

파스퇴르 박물관은 1936년에 설립되었는데 파스퇴르 연구소 옆쪽에 있다. 파스퇴르 박사와 동료 연구진들의 이루어 놓은 실적들을 전시하는 장소이다. 그리 크지 않은 박물관인데, 우리가족이 도착했던 8월달은 휴관이었다. 파스퇴르 박물관의 지하에는 파스퇴르의 무덤이 있다고 알려진다. 파리에는 유명 인사들의 무덤인 판테옹이 있다. 본래 파스퇴르의 무덤도 판테옹에 있었으나, 1936년 파스퇴르 박물관이 지어지면서 이곳으로 무덤을 옮겨왔다고 한다.

퀴리 박물관
Curie Muséum

퀴리부인의 업적을 담은 과학박물관

프랑스의 과학에서 퀴리부인이 차지하는 역할은 매우 크다. 그 퀴리를 기념하는 '퀴리 박물관'도 방문리스트에 포함시킬 만하다. 퀴리는 본래 폴란드에서 태어났다. 프랑스에 유학 와서 공부하다가 피에르 퀴리와 결혼하면서 파리에 남게 되었고, 결혼 후 연구에 몰두해서 많은 연구 업적을 낳는다.

그녀에게 붙는 수식어가 정말 많다. 여성 최초의 소르본 대학 교수, 남녀 통틀어 노벨상을 최초로 두 번 탄 사람, 명사들의 무덤인 판테옹에 묻힌 최초의 여성 등이 그녀에게 붙는 수식어이다. 퀴리의 아버지는 김나지움의 수학 및 물리학 교사였다. 10세 때 어머니를 잃고 17세 무렵부터 가정교사를 하면서 독학했다. 1891년 파리의 소르본 대학에 입학, J.H. 푸앵카레, G. 리프만 등의 강의를 들었으며, 수학·물리학을 전공하였다. 프랑스 소르본느 대학에서 여자로서는 처음으로 물리학 박사 학위를 받았다.

당시 물리학에서는 새로운 사상(事象)이 잇달아 발견된 시기였는데, 뢴트겐의 X선 발견, 베크렐의 우라늄 방사능 발견에 자극을 받아 퀴리 부부도 방사능(放射能, Radioactivity)연구에 참여하게 되었다. 1898년 7월 폴로늄을 발견했는데, 러시아의 압제 하에 있던 자신의 조국 폴란드를 위해 붙인 이름이었다고 한다. 이어 그 해 12월 라듐을 발견했다. 이 두 원소는 방사성원소로서 발견된 최초의 것인데, 특히 라듐은 우라늄에 비하여 훨씬 강한 방사능을 가진다는 점에서 중요한 것이었다.

이러한 업적으로 1903년 퀴리 부부는 베크렐과 함께 노벨물리학상을 받았다. 얼마 후 남편이 교통사고로 죽자, 단독으로 방사성물질을 계속 연구하여 1907년 라듐 원자량의 정밀한 측정에 성공했고, 1910년에 금속 라듐의 분리에도 성공하였다. 1911년 라듐과 폴로늄 발견으로 노벨화학상을 수상함으로써 최초로 두 개의 노벨상을 받은 사람이 되었다. 한편 마리 퀴리는 연구 도중 무차별적으로 쐰 방사능 때문에 백혈병에 걸려 고통스러운 만년을 보낸 것으로 알려진다. 과학자의 일생에 묻어있는 숙명의 한 조각을 보는 듯하다. 감사합니다, 퀴리 박사님!

Diary IN PARIS

8월 12일 선우 일기

오늘부터 이제 박물관이 열리기 시작한다.

오늘은 처음으로 자연사 박물관에 가서 본 후 앞 벤치에서 맛있게 샌드위치를 먹었다.

그 뒤 노틀담의 사원인 건물에 들어가서 (나와 엄마만...) 재미있는 것들을 많이 보았다.

그 뒤 Saint Michelle거리를 돌아다녔다.

물건들을 무지 샀다.

엄마는 선물차 컵받침을 사고 준열이는 선글라스, 나는 펜을 샀다.(지금 쓰고 있는 것)

세느강 옆으로도 갔다.

지하철을 타고 파스티르 박물관에 갔더니 8월달은 쉰다그래서 밖 건물과 동상을 찍고 나왔다.

다시 몽마르뜨에 가서 그림을 그리고 집에 돌아왔다.

일찍 돌아와서 집 앞에서 스파게티를 먹었다.

그 뒤 일기를 쓰고 잤다.

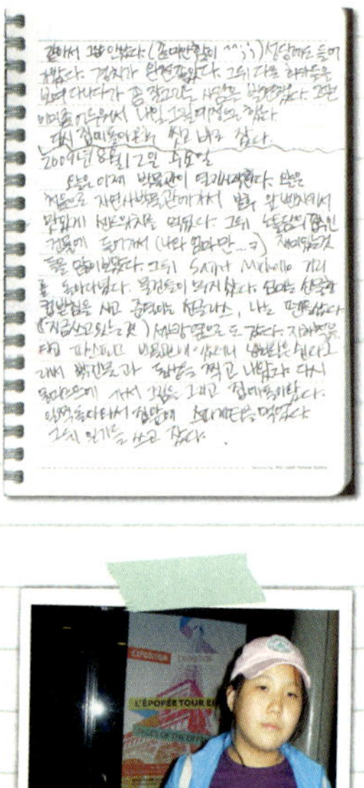

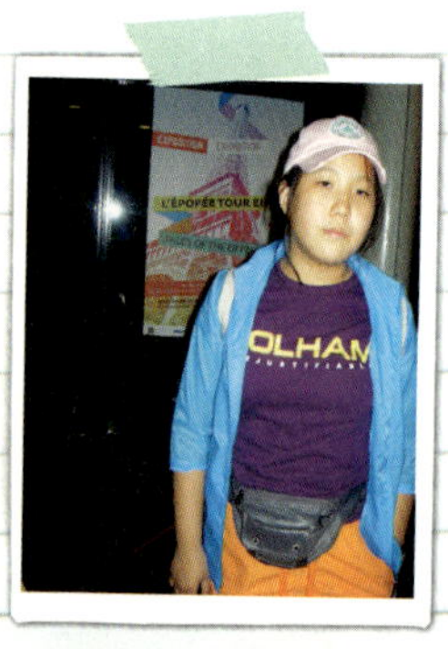

SUN MON TUE WED THU FRI SAT

8월 12일 준열 일기

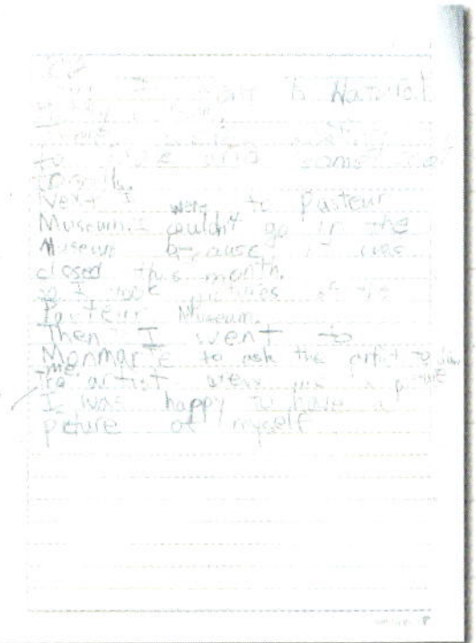

Today I went to Natural History museum.

There were exiting things to look and some cool fossils.

Next, I went to Pasteur Museum, I couldn't go in the Museum because it was closed this month. So, I took pictures of the Pasteur Museum.

Then I went to Monmatre to ask the artist to draw me, The artist drew me a picture. I was happy to have a picture of myself.

DATE PAGE

8월 13일 선우 일기 (Bye Bye Paris)

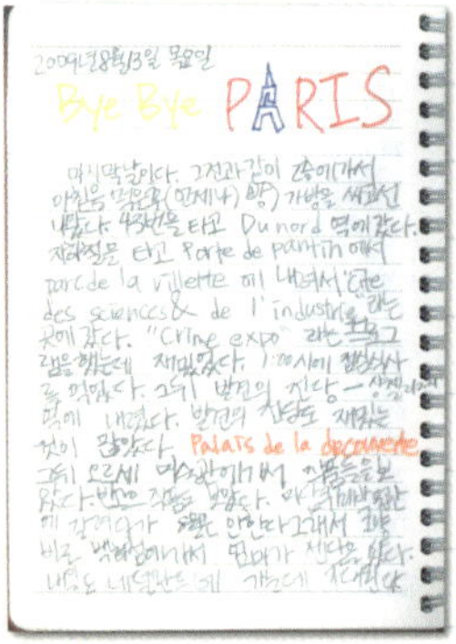

마지막 날이다.

그 전과 같이 호텔 2층에 가서 아침을 먹은 후 (언제나 빠방)

가방을 싸고선 나왔다.

43번을 타고 Dunord역에 갔다.

지하철을 타고 Porte de pantin에서 Parcde la villette에

내려서 "citedes sciences&de l' industrie"라는 곳에 갔다.

"crime expo" 라는 프로그램을 했는데 재밌었다.

1:00시에 점심식사를 먹었다.

그 뒤 발견의 전당 - 샹젤리제역에 내렸다.

발견의 전당도 재밌는것이 많았다.(Palais de la decouverle)

그 뒤 오르세 미술관에 가서 작품들을 보았다.

반고흐 작품도 보았다. 마담퀴리박물관에 갈려다가 8월은 안한다

고 해서 그냥 바로 백화점에서 엄마가 샌달을 샀다.

내일도 네덜란드에 가는데 기대된다.

SUN MON TUE WED THU FRI SAT

8월 13일 준열 일기 (The last day of Paris)

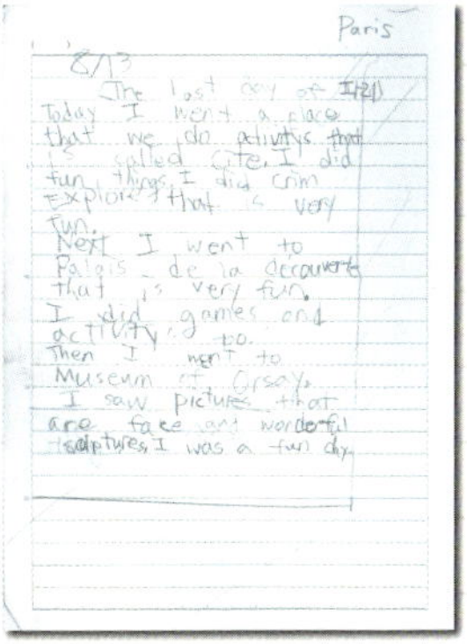
Paris
8/13
The last day of 파리
Today I went a place that we do activitys that is called Cite. I did fun things. I did crim Explore that is very fun.
Next I went to Palais de la decouverte that is very fun.
I did games and activity too.
Then I went to Museum of Orsay.
I saw pictures that are face and wonderful sculptures. I was a fun day.

Today I went a place that we do activitys that is called cite, I did fun things, I did crime Explore that was very fun.

Next I went to Palais de la decouverte that was very fun.

I did games and activity too.

Then I went to Museum of orsay. I saw pictures that are fake picures and wonderful sculpture.

It was a fun day.

암스테르담
창 조 의 도 시
AMSTERDAM
네덜란드의 적극적 인문 정신 • 반 고흐와 렘브란트의 예술혼

Information

암스테르담 네덜란드의 수도 **한국과의 시차** CET (UTC +1)
위치 네덜란드 **면적** 637㎢ **인구** 약 993만 **공용어** 네덜란드어 **통화** 유로(Euro) **홈페이지** www.amsterdam.nl

연평균기온 약 10℃ **1월 평균기온** 1.7℃ **7월 평균기온** 18℃ **강수량** 약 760mm **강수일수** 평균 134일

AMSTERDAM

암스테르담

창조의 도시

네덜란드는 해수면보다 국토가 낮다는 국가적 약점을 극복한 도전정신을 배울 수 있고, 또한 일찍부터 높은 창의성을 가꿔온 전통을 학습할 수 있다.

풍차와 튤립 그리고 운하의 나라, 네덜란드는 반 고흐, 렘브란트 등 화가의 나라이기도 하다. 네덜란드 국토는 한반도의 5분의 1에 해당할 정도로 작다. 그 중에서 바다 보다 낮은 면적이 전 국토의 25%나 된다고 한다. 전국토가 평야로만 이루어진 곳으로서 산(山)이라고 해 봐야 겨우 79미터짜리 언덕이 있을 정도이다. 인구는 약 1,620만명으로 경기도와 인천시의 인구를 합친 것보다 작다. 암스테르담과 같은 주요 도시는 복잡하지만, 몇 개 도시를 제외하고는 평안하고 목가적 분위기를 띄는 곳들이 대부분이다.

우리 가족이 겪은 네덜란드 날씨

매우 더운 날씨는 아니지만 습도가 높은 편이다. 대체로 파리 정도의 더위로 보면 무방하다.

네덜란드의 역사는 바다와 싸워온 역사이다. 땅을 파면 바닷물이 나온다는 국가, 그래서 운하가 많고 바닷길과 도로가 어우러진 것을 당연하게 받아들이는 국가가 바로 네덜란드이다. 제방을 쌓고, 간척지를 개발하고, 운하를 만들고 하는 등 온 국민의 피나는 노력이 현재의 풍요로운 삶을 가져왔다.

네덜란드에서 펼쳐지는 도시 사이의 협력은 흥미롭다. 암스테르담이 큰 도시이지만 모든 기능을 다 갖고 있지 않다. 암스테르담은 문화예술과 관광산업을 담당한다. 행정 기능은 헤이그에서 담당하며, 국제비즈니스는 로테르담이 맡는다. 이처럼 각 도시들의 분업에 의해 랜드슈타트는 움직인다. 중소도시 네트워크로 경쟁력을 갖는 모델이다. 이들 작은 도시들을 연결해주는 것은 로테르담 항구, 스키폴 공항, 그리고 고속도로인 모토웨이 시스템이다. 로테르담은 유럽에서 손꼽히는 항구이며, 스키폴 공항은 한때 공항 건설의 글로벌 스탠다드였

다. 싱가폴 창의공항과 일본의 나리타공항이 스키폴 공항을 모델로 건설했다고 알려진다. 이렇듯이 작은 도시들이지만 세계 수준의 경쟁력을 갖추고 있고 서로 연결되어 시너지를 창출하고 있다.

암스테르담이 네덜란드에서 가장 큰 도시이지만, 네덜란드는 실상 대도시라는 것이 없는 국가이다. 가장 큰 암스테르담이 75만 인구에 불과하다. 어떤 의미에서는 작은 도시의 모임체로서 네덜란드를 묘사할 수 있다. 이 모임체를 "랜드슈타트(Randstad)"라고 부른다. 영어로 풀이한다면 'Rim City', 즉 테두리 도시라는 뜻을 갖는다. 이 변두리 가운데에는 "그린 하트(Green Heart)"라고 이름 붙인 녹색공간이 있다. 전국적으로 녹색 공간을 보존할 수 있는 도시설계 구조를 갖고 있다.

'자유', 네덜란드를 상징하는 단어이다. 풍차가 돌아가는 나라, 빨간 튤립이 아름다운 국가라는 이미지도 있지만, 암스테르담은 또 다른 이미지인 현대적이며 퇴폐적인 분위기도 찾아볼 수 있다. 한국에서는 도저히 볼 수 없는 상점들이 중심가 거리

곳곳에 널려있다. 정말 자유롭다는 것이 무엇인지 보여주는 국가이다. 네덜란드 국민들은 거의 모든 면에서 자유롭다. 암스테르담 거리를 걷다보면 아이들에게 민망할 정도로 자유로운 성(性)문화를 만나게 된다. 심지어 길거리에 마약 판매상이 널려있다고 한다. 물론 우리가족은 보지 못했지만. 도로변에서 성인용품 상점이 맥도널드 같은 패스트푸드 점포와 이웃하고 있는 것을 실제로 보았다. 중독성이 강하지 않은 마약 정도는 담배 가게에서 판다고 한다. 동성애도 네덜란드에서는 제약대상이 아니다. 현재 동성애자들이 법적으로 정식 부부가 될 수 있는 얼마 안 되는 국가 중 하나가 네덜란드이다. 세계 최초로 안락사를 인정한 것도 네덜란드이다. 누구나 자신이 하고 싶은 것을 마음 놓고 할 수 있고 그것을 국가가 최대한 지켜주려고 한다.

네덜란드인들은 격식을 싫어한다. 그들은 음식에서도 퓨전 요리를 개발했다. 아마도 정해진 요리 형태로는 만족하지 못했기 때문일 것이다. 네덜란드의

자전거로 움직이는 포장마차(자전거 페달을 밟아야 한다)

네덜란드 운하와 자전거

퓨전은 그 어느 퓨전보다 무질서하다. 네덜란드에는 아시아 요리와의 퓨전이 많다. 물론 그것에 그치지 않는다. 프랑스 요리를 지중해 및 아시아 요리와 혼합하여 새로운 유형의 요리로 만들기도 한다. 엄청난 시도를 자연스럽게 시작하고 완성하는 힘이 그들에겐 있다.

네덜란드의 창조정신, 유럽 디자인의 요람

네덜란드인들의 창의력은 대단할 정도로 우수하다. 우리가 일상생활에서 만나는 많은 것들 중 네덜란드에서 탄생한 것들이 많다. 예를 들자면 자본주의와 주식시장과 같은 거대한 제도들도 네덜란드에서 탄생했다. 이렇게 엄청난 제도들이 네덜란드에서 탄생한 배경은 아마도 그들의 일상적인 자유분방함에서 나온 창조 능력이 원인이 아닐까 싶다.

따라서 네덜란드인들의 창의력의 원천은 자유분방함이다. 암스테르담은 디자인 분야의 인재 양성소이다. 그들은 고정관념을 깨는 파격적인 디자인을 경쟁적으로 선 보인다. 일상적인 용품 중에서 네덜란드 창의력이 돋보이는 작품이 가족이 함께 타는 '자전거 박피츠'이다. 자전거와 유모차를 결합시킨 특이한 모양의 자전거를 실용적으로 사용하는 곳이 바로 네덜란드이다.

암스테르담은 창의력 넘치는 디자인의 용광로이다. 남들이 쉽게 모방할 수 없는 창의적인 디자인 실력이 곳곳에서 나타난다. 특히 암스테르담에는 기이한 모양의 건축물들이 많다. 저마다 건축물들의 개성이 강하다.

암스테르담은 단순 '운하의 도시'만이 아니다. 그들은 창조적인 디자인 솜씨를 운하 건축에도 적용했다. 그래서 누구도 상상할 수 없는 아름다운 운하 수변공간을 만들었다. 운하를 따라 늘어선 주택가에는 자갈길 혹은 꽃길이 저마다 특징을 뽐낸다. 완전히 꽃으로 장식된 다리도 있다. 운하를 관통하는 다리 위쪽에 레스토랑 테이블이 놓인 곳도 있다. 운하옆 작은 도로에는 십여명이 둘러 앉아 술을 마시면서 고성을 지르는 네덜란드 특유의 움직이는 포장마차도 볼 수 있다. 이런 모습들이 아무렇지 않게 연출되는 곳이 암스테르담이다.

MAP

잔세스칸스
암스테르담에서 북쪽으로 13km
낭만적인 13개의 풍차
중앙역
1889년 개장
철도와 전철역
담 광장
제2차 세계대전
전사자 위령탑
안네프랑크 하우스
복잡한 암스테르담의
특징적 가옥
렘브란트 하우스
렘브란트 시대의 모습
대로 보존된 전시관
암스테르담 국립미술관
1806년 설립
세계적으로 유명한
네덜란드 화가들의
작품 소장
반 고흐 미술관
반 고흐의 생가
반 고흐의 미술품을
소장하고 있다.

네덜란드의 교외지역을 걸으며

NO.1

네덜란드(Netherlands)의 적극적 인문 정신

암스테르담 중앙역
Amsterdam Centraal Station

유럽 철도망의 중추, 르네상스 양식의 건물

www.gvb.nl

암스테르담은 중앙역에서 모든 것이 시작되고 모든 것이 완성된다. 암스테르담 중앙역은 네덜란드뿐만 아니라 유럽의 중요도시와 연결되어서 유럽 철도망의 중추를 이루는 역이다. 중앙역 앞쪽에는 부채 모양의 운하가 펼쳐져 있다. 르네상스 양식으로 불리는 역 건물은 1889년 건축가인 카이퍼스와 반헨트에 의해 5년에 걸친 공사 끝에 완성되었다고 한다.

암스테르담 중심가

암스테르담 중심가도 중앙역에서 시작된다. 실제로 암스테르담 중앙역 일대는 정책적인 육성지역이다. 전통의 유적지뿐만 아니라 상권이 중앙역 앞쪽 인근에 펼쳐진다. 댐 광장이 바로 그것이다. 댐 광장으로 가는 길의 상권도 유럽 특유의 좁은 골목길로 발달되어 있다. 암스테르담은 향락 분위기를 감추지 않고 있다. 가장 번화가인 댐(Dam) 광장은 중앙역에서 5분정도 걷는 거리에 있다. 운하를 따라 암스테르담 일대를 둘러볼 수 있는 크루즈(canal cruise)도 바로 중앙역 앞쪽에서 탑승할 수 있다. 중앙역에서 나오자마자 바로 운하들이 보이며, 운하크루즈의 출발장소가 연결된다. 암스테르담 관광을 운하크루즈로 시작하는 것도 한 방법이다. 바로 역을 나오자마자 마주치는 운하 크루즈를 타고 도시를 둘러보며 암스테르담의 분위기를 만끽하는 것이다. 암스테르담은 '물의 도시' 답게 어디든 운하로 연결된다. 암스테르담은 국제 관광도시답게 여러 교통수단을 편리하게 활용하도록 하는 패키지 프로그램이 발달되어 있다. 버스와 트램 그리고 배까지 다양한 수단을 선택적으로 사용할 수 있는 패키지들이 많았다. 관광객으로서는 여간 고마운 프로그램이 아니다.

중앙역에서 약 10분정도 걸으면 시청사와 대성당이 있는 댐(Dam) 광장이 나온다. 암스테르담의 중심 광장이며 가장 유명한 관광지이다. 주위에는 왕궁과 신교회 등의 오래된 건물이 둘러싸고 있다. 중심부를 지나고 있는 암스테르담 강을 막으려고 댐을 건설한 것이 지금의 광장이 되었다. 중앙에 광장의 상징인 두 마리의 사자가 지키고 있는 거대한 제 2차 세계대전의 전사자 위령탑이 서 있다. 그런데 이곳은 전통만 간직한 곳이 아니다. 그 옆쪽으로 현대식 대형 백화점과 대규모 상점들이 바로 이어진다. 신구의 조화라고 할까, 아니면 혼합의 결과라고 할까. 아무튼 옛것과 새것이 혼재해 있다.

댐 광장이 전통을 보여주는 곳이라면, 레이첼 광장은 우리나라 대학로와 같이 젊은이들이 모이는 공간이다. 레이체 광장은 싱겔(Singel) 운하 옆에 조성된 광장으로서, 예전에는 구시가지의 입구와 마차 주차장이 설치되어 있었다고 한다. 과거 암스테르담 시내로 마차가 들어오는 것을 금지했기 때문에 마차들은 이 광장에 서 있을 수밖에 없었다고 한다. 지금은 시립극장, 레스토랑, 노천카페 등이 많으며, 젊은이들이 모이는 팝 뮤직의 집결지로 변모하고 있다.

암스테르담의 길거리 소변기

레이체 광장으로 가는 길에는 핑크빛깔을 뿜어내는 성인용품 상점들이 유난히 많은 골목을 지나게 된다. 암스테르담은 성인상점과 일반상점이 너무도 편하게 어우러져 있기는 하지만 몇몇 골목은 유난히 심했다. 뭔가 골목을 잘못 들어왔다는 느낌이 들지만 다시 나오기도 어려운 상황이 연출되기도 한다.

한국의 대학로와 유사한 광장인 레이체 광장, 그 광장에서 암스테르담 특유의 화장실을 만났다. 4면에서 소변을 볼 수 있게 한 소변기가 있었다. 이 소변기는 광장 한복판에 있었다. 냄새는 과연 어떤가 싶었는데, 아니나 다를까, 다가서 보면 냄새가 엄청 독하다. 실용적이기는 하지만 참 '신기한 풍속이다'라는 생각이 들게 한다.

비보이 쇼, 레이체 광장

안네 프랑크 하우스
Anne Frank House

안네 프랑크의 생가, 복잡한 암스테르담의 특징적 가옥

ADDRESS Anne Frank Huis, Prinsengracht 267, 1016 GV Amsterdam

TELEPHONE +31 (0)20 5567105

www.annefrank.org

〈안네의 일기〉의 주인공 소녀 안네 프랑크가 자신의 일기를 썼던 곳이 바로 암스테르담 시내에 있다. 그 생가 입구에 안네의 동상이 서 있으며, 생가(生家) 내부를 둘러 보려고 많은 사람들이 길게 줄을 선다.

독일 태생의 유태인인 안네 프랑크가 독일 점령시절에 대해 쓴 〈안네의 일기〉는 1944년 8월 1일에 마지막 일기가 쓰여졌다. 마지막 일기의 3일후 안네와 그녀의 가족들은 독일 병사에게 연행된다. 당시 생생한 스토리가 한 소녀의 시각에서 일기로 정리되었는데, 가족 중의 유일한 생존자인 아버지에 의해 그 일기가 1947년 네덜란드어로 출판되었다. 〈안네의 일기〉는 나치의 박해를 피해 부모와 언니, 그밖에 4명의 유태인과 함께 은신처에서 생활한 스토리이다. 안네의 생가는 1635년에 세운 상점 건물로서 프린센(Prinsen)운하를 따라 서 있다. 사무실이 있는 앞 건물과 안네가 숨어 있던 뒷 건물은 회전식 책장으로 분리된 듯이 보인다. 안네가 일기를 썼던 다락방도 당시 모습 그대로 보존되어 있다.

암스테르담의 가옥 내부는 복잡하다. 안네 프랑크의 집을 보더라도 여러 방이 복잡하게 얼기설기 연결되어 있다. 추측컨대 그 덕택에 혹독한 감시 하에서도 안네가 숨어 지낼 수 있었던 것으로 보인다. 또 다른 특징은 위층으로 오르는 계단이 아주 가파르다는 것이다. 안네 생가에도 몇 개의 계단이 있는데, 모든 계단이 매우 좁고 급한 경사를 갖고 있었다.

안네 프랑크 생가는 관광자원으로도 잘 개발되어 있는 편이다. 안네라는 어린 소녀가 느낀 과정을 스토리로 잘 살렸으며, 관람객이 둘러보는 순서도 잘 짜여져 있다. 모든 공간에서 생생한 흔적을 읽을 수 있으며, 그 스토리 전개가 감동적으로 이어진다. 모든 관람을 마치면 한편의 드라마를 본 듯한 슬픈 여운이 남는다. 이 정도면 좋은 관광 상품을 꾸린 셈이다.

안네 프랑크 생가

풍차마을
Zaanse Schans

네덜란드 명물 풍차들이 있는 마을

ADDRESS Informatiebalie Zaanse Schans Zaans Museum, Schansend 7, 1509 AW Zaandam

TELEPHONE +31 (0)75 681 00 00

www.zaanseschans.nl

네덜란드의 명물로서 풍차를 빼놓을 수 없다. 풍차마을로서 유명한 곳은 암스테르담에서 기차로 약 15분 정도 떨어진 '코잔 다이크' 역(驛)의 '잔세스 칸스(Zaanse Schans)' 마을이다. 풍차는 본래 질퍽한 땅에서 물을 빼내려는 목적으로 탄생한 도구이지만, 산업화 시대에 점차 폭넓게 사용되면서 산업용 도구로 발전하게 된다. 이렇게 되면서 '잔세스 칸스'와 같은 과거 풍차마을들은 밀, 쌀, 목재, 담배 등의 제품을 가공하는 산업지대가 된다. 그러나 1850년경부터 증기기관에 밀려 풍차는 점차 사라지게 되었으며, 현재 잔세스 칸스 마을에는 겨우 13개의 풍차가 남아있을 뿐이다. 이 마을에 최전성기에는 무려 1,000대의 풍차가 있었다고 한다. 우리 둘째 녀석은 풍차마을에 간다고 했더니, 단 1개의 풍차가 있는 마을로 상상했던 모양이다. 막상 13개의 풍차가 있다고 하니까 저 혼자 착각한 것이 머쓱한 듯 싱겁게 웃기도 했다.

'잔세스 칸스(Zaanse Schans)' 마을에는 토요일마다 시장(market)이 선다. 마을 장터를 구경할 기회를 얻는 것은 여행객으로서는 큰 행운이다. 현지인들의 경험을 공유하기 때문이다. 마을 한 도로에는 저마다의 상품을 진열한 간이 상점들이 긴 도로의 양쪽을 점령하여 시장 분위기를 고조시키고 있었다. 대체로 마을 특유의 농산물들이 많이 나와 있지만, 특별한 용도의 공산품들도 진열되어 있다. 수많은 노점상이 양쪽 길가에 줄지어 있기 때문에 일일이 구경하다보면 상당한 여유시간이 필요하다. 현지인들 행렬에 맞춰 흘러가면서 시장의 풍미를 느끼는 정도는 할애된 시간에 비례할 것이다.

풍차마을의 고요한 풍경

'잔세스 브로더' 라는 전통음식 먹는 네덜란드인들

풍차마을 특유의 음식으로 '잔세스 브로더(Zaanse Broeder)'를 기억해두기 바란다. 이것은 외견상 백설기 떡 같은 것에 간장 소스를 뿌린 음식인데, 한 개에 1.5유로이니 우리 돈으로 약3000원 정도이다. 그 간장 소스는 우리로 치면 간장과 된장이 혼합된 맛이다. 된장이 들어간 것인지는 확실하지 않으나 약한 된장 냄새가 풍긴다. 간장 소스의 향은 깊으며 실제로 맛도 짜다.

잔세스 칸스 풍차마을 입구 사거리에 초콜릿 공장이 있다. 겉보기에는 작은 규모였으나 안쪽으로 작은 전시공간들이 층층이 있다. 초콜릿을 만드는 과정을 소개하고 다양한 초콜릿을 보유한 작은 박물관 겸 초콜릿 공장이었다. 여기에서 초콜릿을 만드는 과정을 살펴보고 알게 된 것은 큰 경험이었다. 한편 풍차마을 안쪽으로 더 들어가면 치즈 공장을 만나게 된다. 역시 그리 크지 않은 건물이다. 각종 치즈가 만들어져서 상품화되는 과정을 학습할 수 있다.

Diary IN AMSTERDAM

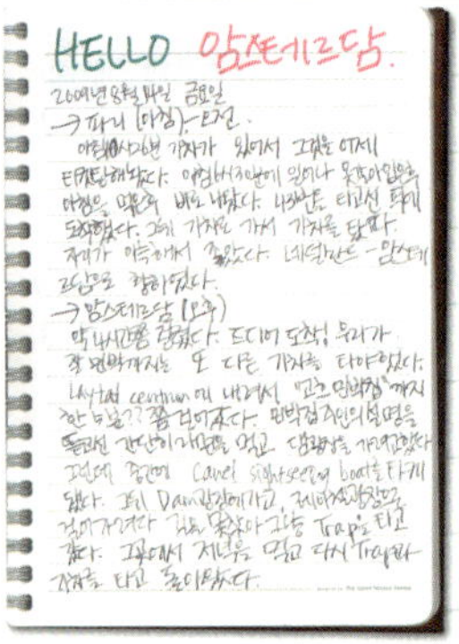

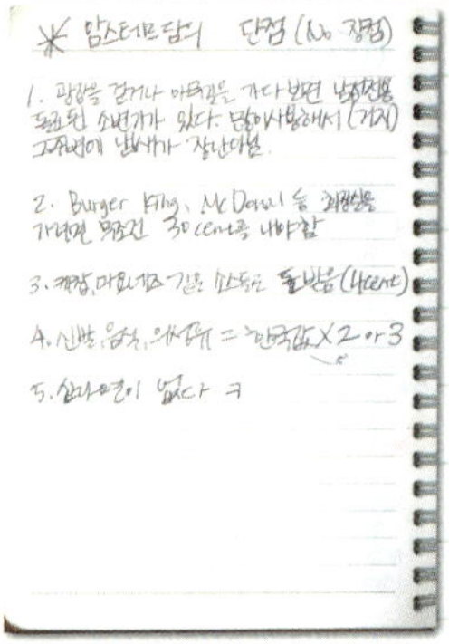

8월 14일 선우 일기

약 4시간쯤 걸렸다. 드디어 도착!

우리가 잘 민박까지는 또 다른 기차를 타야했다.

Laytad centrum에 내려서 "고흐 민박집"까지 한 5분??쯤 걸어갔다. 민박집 주인의 설명을 듣고선 간단히 라면을 먹고 댐 광장을 가려고 했다. 그런데 중간에 canel sightseeing boat를 타게 됐다. 그 뒤 Dam광장에 가고, 레이첼 광장으로 걸어가려다 길을 못찾아 그냥 Tram을 타고 갔다.

그곳에서 저녁을 먹고 다시 Tram과 기차를 타고 돌아왔다.

★ 암스테르담의 단점

1. 광장을 걷거나 아무길을 가다보면 남성전용 돌로 된 소변기가 있다.
   많이 사용해서 (거지) 그 주변에 냄새가 장난아님
2. BugerKing, McDonald 등 화장실을 가려면 무조건 30cent를 내야 함.
3. 케찹, 마요네즈 같은 소스들도 돈 받음(4cent)
4. 신발, 음식, --- = 한국값 × 2 or 3
5. 신라면이 없다.(ㅋ)

SUN MON TUE WED THU FRI SAT

8월 14일 준열 일기 (Hello 네덜란드)

나는 오늘 댐 광장, 레이체 광장에 갔다.

그리고 오늘 또 한국 민박집에서 잤다.

나는 한국 민박집에 짐을 놓고 댐 광장으로 갔다.

그 민박집의 이름은 고흐이다.

내가 Dam광장에 처음 갔을 때

비둘기가 많아서 사람들이 거리로 몰려 들었지만 갑자기 마술쇼를

해서 사람들이 거기로 몰려갔었다.

나는 레이저 광장에 가야되서 마술쇼를 조금 밖에 못 봤다.

그 다음으로 나는 레이저 광장에 갔다.

거기에는 멋있는 분수가 있었다. 그래서 사진을 많이 찍었다.

나는 버거킹에서 French Fry와 onion ring을 먹었다.

밖에 B-Boy가 춤을 춰서 춤을 봤다. 재미있었다.

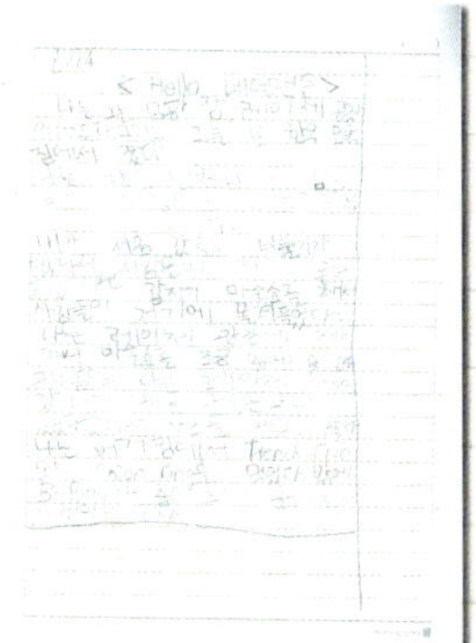

암스테르담의 미술관 앞에서

NO.2

반 고흐와 렘브란트의 예술혼

네덜란드는 반 고흐와 렘브란트를 낳은 국가다. 두 사람 모두 천재적인 화가였으며 미술사에 큰 흔적을 남긴 사람들이지만, 불우한 생을 살았다는 점에서 공통점이 있다. 반 고흐는 19세기의 화가이며, 램브란트는 그 보다 앞선 17세기에 활동했던 예술가이다.

반 고흐 미술관
Van Gogh Museum

반 고흐의 작품 전시관

ADDRESS Van Gogh Museum, Paulus Potterstraat 7, Amsterdam

TELEPHONE 31 (0)20 570 52 00

www.vangoghmuseum.nl

〈반 고흐 미술관〉은 암스테르담의 명소이다. 실제 반 고흐의 작품은 유럽의 다른 도시에서도 얼마든지 볼 기회는 있다. 그러나 반 고흐가 탄생한 곳에서 그의 작품을 한 곳에 집중시킨 곳이라는 점이 이 미술관의 매력이다. 암스테르담 시내 중심부에 위치한 〈반 고흐 미술관〉은 옅은 갈색 빛의 건물이다. 암스테르담 중앙역에서 버스로 약 10분정도의 거리에 있다.

이 미술관은 1973년에 개관한 비교적 젊은 미술관이다. 반 고흐의 200여점에 달하는 회화작품과 500여점의 데생작품을 전시하고 있다. 그리고 반 고흐와 동시대를 살았던 고갱 같은 화가들의 작품도 약60여점 정도 비치되어 있다. 미술관은 전체 4층 건물인데, 1층에는 1887~1888년까지의 고흐의 대표작들이 전시되어 있고, 2층에는 1880년부터 1890년 죽기까지의 작품이 연대별로 전시되어 있다. 3층에는 데생 작품들이, 4층에는 고흐

작품들을 테마별로 전시하고 있다.

반 고흐는 무수한 고생을 극복한 천재화가이다. 목사였던 아버지의 뒤를 이어 광산촌에서 선교활동을 했었으나, 화가의 꿈을 버리지 못하고 결국 화가가 되었다. 천재적인 재주와 열정으로 수많은 작품들을 그렸다. 다만 생전에는 유명하지 못했기 때문에 돈벌이가 없어서 엄청난 생활고(苦)에 시달려야 했다. 그런데 생활고 보다 반 고흐를 더 괴롭힌 것은 사랑했던 여자들과의 이별이었다. 반 고흐의 일생에 자국을 남긴 3명의 여자들이 있는데, 이들과의 사랑이 깨지면서 반 고흐의 정신적 고통이 컸던 것으로 알려진다. 감수성이 누구보다 예민했던 그였기에 더욱 큰 상처를 받았을지도 모르겠다. 그는 인생의 상처를 너무 심하게 받아서 연민을 느끼게 하고 또 작품수를 보면 경외감을 갖게 하는 한마디로 놀라운 천재이다.

고흐의 미술에 대한 열정을 보면 정말 놀랍다. 그가 화가로서 활동한 기간은 고작 8년반 정도에 불과했다. 그 기간 동안 무려 900여점에 달하는 그림과 1700여점에 달하는 스케치를 남겼다. 생을 마감하기 직전에는 더욱 열정이 강했다. 마지막 70일 동안 70점의 유화와 30점의 데생을 그리기도 했다. 이처럼 열정적으로 그림에 매달렸지만 정신병에 시달리면서 자신의 귀를 자른 엽기적인 화가이기도 했다. 반 고흐는 37세의 나이에 자살로 생을 마감한다. 그의 천재성은 그가 죽은 이후 더욱 알려지게 되고 그의 작품도 그가 죽은 이후 천문학적인 가격에 거래되기 시작한다. 생전보다 사후에 자신의 가치가 더욱 높아진 대표적인 인물이다.

렘브란트 하우스 미술관
Rembrandt House Museum

빛의 화가 렘브란트의 작품을 전시하는 미술관

ADDRESS Museum Het Rembrandthuis, Jodenbreestraat 4, 1011 NK Amsterdam

TELEPHONE +31 (0)20 5200 400

렘브란트는 17세기에 활동했던 네덜란드 출신의 화가이다. 렘브란트 반 레인(Rembrnadt Van Rijn)이 본명이며, 자신의 내면 성찰에 주력했던 화가이다. 레오나르도 다빈치와 더불어 17세기 유럽을 대표하는 화가라는 명성을 얻을 만큼 유명한 화가이다. 특별히 누구에게서 그림을 배우지 않았지만 깊은 정신세계를 느끼게 하는 자화상 등의 작품이 많다. 1642년에 발표된 〈야경〉은 세속적인 욕심을 모두 버린 그의 작품 세계를 잘 표현하는 걸작이다.

램브란트는 자화상(自畵像)을 주로 그렸고 대중들은 그의 자화상에 열광했다. 연극배우를 능가할 만큼 다양한 의상과 자세, 표정, 감정을 연출하면서 자화상을 그렸다. 하프 연주하는 모습, 바울의 의상, 심지어 여자의 모습까지 다양했다. 이를 보면 램브란트는 자신이 과연 어떤 존재인지를 성찰했던 화가로 생각된다. 자신의 존재에 대한 깊은 성찰과 예민한 관찰력, 이런 요소들이 바로 렘브란트의 특징이자 매력이다. 그런데 렘브란트에게서 빼놓을 수 없는 특징은 그가 그림을 의뢰하는 주문자의 요구에는 둔감했다는 점이다. 그는 오직 자신의 예술성만을 중요하게 생각하는 독불장군이었다.

자신의 개성을 그렸지만 고객들로부터 외면당했다. 그에게 남은 것은 빚더미의 냉혹한 현실뿐이었으며, 이 때문에 그는 불우한 말년을 보내게 된다. 젊은 날 많은 부와 명성을 얻었지만, 〈야경〉 이후 그는 세인들의 관심에서 멀어지기 시작하여 1656년에는 파산 선고까지 받게 되었다. 그러다가 1662년에는 그에게 예술적 영감을 자극한 두번째 부인인 헨드리키가 죽고 1668년에는 그의 아들 티투스마저 세상을 떠나자, 이듬해 아무도 지켜보는 이가 없는 가운데 초라하게 세상을 뜨고 말았다.

그러나 램브란트가 남긴 600여점의 유화와 천점이상의 데생 작품들은 시대와 공간을 초월해 세상 사람들로부터 사랑을 받고 있다. 그의 작품은 미술사에 큰 흔적을 남긴 것으로 평가받고 있다. 램브란트의 대표작으로는 〈유대인 신부〉 〈야곱의 축복〉 〈병자를 고치는 그리스도〉 〈베드로의 부인〉 〈세 개의 십자가〉등이 있다.

램브란트의 작품 중 특히 〈야경〉이라는 작품에 대한 논란이 많다. 이 작품은 독립전쟁에서 네덜란드를 지원한 프랑스의 왕비인 마리 드 메디치의 암스테르담 방문을 기념하기 위해 그린 그림이다. 작품 중앙에 붉은 색 어깨띠를 두른 사람은 '바닝코'라는 인물인데 당시 암스테르담 시장의 사위였다고 한다. 원래 이작품은 밤을 배경으로 그린 것이 아니었고, 낮을 배경으로 실내에서 그린 것이라고 한다. 그러나 이 그림이 시청의 높은 곳에 걸리면서 먼지들이 쌓여 어둡게 보였고, 또한 부대의 역할이 밤에 순찰을 도는 순찰대의 역할로 비치면서 '야경'이라는 제목으로 잘못 알려지게 된 것이다. 이 그림은 당시로서는 파격적이었다. 당시 네덜란드의 단체 초상화는 인물들을 줄지어 세우거나 질서 정연하게 배열하는 것이었는데, 램브란트가 이를 무시하고 움직이는 동작을 포착해서 묘사했기 때문이라고 한다. 암스테르담에서 램브란트의 흔적을 찾는 것도 흥미로운 작업이다.

Diary IN AMSTERDAM

8월 15일 선우 일기

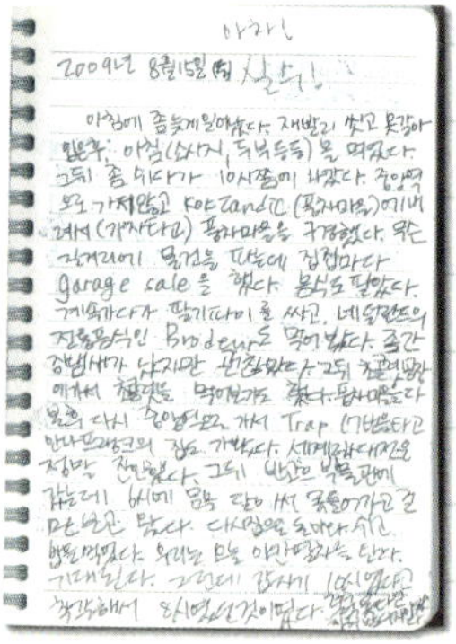

아침에 좀 늦게 일어났다.

재빨리 씻고 옷 갈아 입은 후, 아침(소시지, 두부 등등)을 먹었다.

그 뒤 좀 쉬다가 10시쯤에 나갔다.

중앙역으로 가지 않고 기차타고 풍차마을에 내려서 풍차마을을 구경했다. 무슨 길거리에서 물건을 파는데 집집마다 garage sale을 했다. 음식도 팔았다. 계속 가다가 딸기파이를 사고, 네덜란드의 전통음식인 Brodeur도 먹어봤다.

좀 간장냄새가 났지만 괜찮았다.

그 뒤 초콜렛공장에 가서 초콜렛을 먹어보기도 했다.

풍차마을을 다 본 후 다시 중앙역으로 가서 Tram 17번을 타고 안나 프랑크의 집도 가봤다. 세계2차대전은 정말 잔인했다.

그 뒤 반고흐 박물관에 갔는데 6시에 문을 닫아서 못 들어가고 겉만 보고왔다. 다시 집으로 돌아와 쉬고 밥을 먹었다.

우리는 오늘 야간열차를 탄다.

기대된다. 그런데 갑자기 10시였다고 착각했던 열차 탑승시각이 8시였던 것이였다. 결국 못타고 하루 밤 더 자야했다.

SUN MON TUE WED THU FRI SAT

8월 15일 준열 일기 (기차를 놓친 날)

나는 오늘 풍차마을에 갔다.

나는 처음에 풍차마을에 풍차가 1개 밖에 없는 줄 알았더니 6개가 있었다.

재래시장이 있어서 딸기파이와 빵을 샀는데 딸기파이는 진짜 맛있었는데 빵은 간장 맛이 너무 심했다.

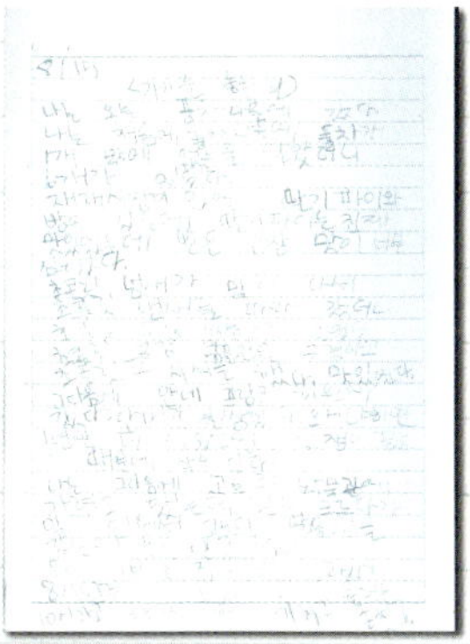

초콜릿 냄새가 많이 나서 초콜릿 냄새를 따라 갔더니 초콜릿 공장 박물관이 있었다. 초콜릿 공장 박물관을 구경하고 초콜릿도 시식을 했다. 맛있었다.

그 다음에 안네 프랑크 하우스에 갔다.

안네가 불쌍했다. 왜냐하면 1년만 더 살았으면 전쟁이 끝났기 때문에 살 수 있었다.

나는 그 다음에 고흐의 박물관에 가려고 했는데 길을 모르다가 알게 되어서 고흐의 박물관을 갔는데 문을 닫았다.

우리 아빠는 집에 와서 20시가 8시인 것을 알게 되었다.

원래는 10시라고 착각해서 기차를 놓쳤다.

Souvenirs
Souvenirs am Samstagsberg

독일

장인정신과 철학의 나라

GERMANY

프랑크푸르트, 전통과 금융의 조화 • 하이델베르그, 철학과 장인정신의 원산지 • 뮌헨, 희망과 아픔이 공존하는 도시

Information

독일 유럽 중부에 있는 나라 **한국과의 시차** CET/CEST (UTC+1/+2) **위치** 유럽 중부 **면적** 35만 7021㎢ **인구** 약 8237만 **공용어** 독일어 **통화** 유로(Euro) **홈페이지** www.germany.travel

연평균기온 약 11℃ **북서부지역** 해양성기후(온난습윤) **남동부지역** 대륙성기후(한랭건조) **1월 평균기온** −3~2℃

Frankfurt am Main

위치 독일 헤센주(州) **면적** 248.31㎢ **인구** 약 67만 **홈페이지** www.frankfurt.de **연평균기온** 약 10℃ **1월 평균기온** 1℃ **7월 평균기온** 18℃ **강수량 약** 73mm

Heidelberg

위치 독일 바덴뷔르템베르크주 **면적** 108.83㎢ **인구** 약 14만 5천 **홈페이지** www.heidelberg.de **연평균기온** 약 7℃ **1월 평균기온** 2℃ **7월 평균기온** 13℃ **강수량** 약 53mm

Munchen

위치 독일 바이에른주 **면적** 310.43㎢ **인구** 약 135만 **홈페이지** www.muenchen.de **연평균기온** 약 8℃ **1월 평균기온** −2.2℃ **7월 평균기온** 17.7℃ **강수량** 약 964mm

GERMANY

독일

장인정신과 철학의 나라

독일은 장인정신을 대표하는 국가여서 과학적 치밀성을 느낄 수 있다. 또한 수많은 철학자들을 배출한 국가로서 철학적 사색의 흔적을 공감할 수 있다. 많은 도시들이 작고 분권화되어 있다는 것이 흥밋거리이다. 동유럽과 서유럽을 연결하던 국가로서 자신만의 장점을 설계하는 능력을 갖고 있다.

지도에서 독일을 찾아보라. 독일은 유럽대륙의 심장부에 있다. 동서 유럽을 연결하고 있으며 여러 국가들과 국경을 접하고 있다. 그래서 독일은 다른 민족의 다양한 문화를 녹이며, 다양한 사상과 문화를 전파하는 출발점이 되기도 했다. 이런 지리적 입지는 기회이기도 하지만 위기이기도 했다. 독일은 많은 문화를 접하고 발전적으로 취합하면서 동시에 자율성을 존중하는 문화를 구축해왔다.

우리 가족이 겪은 독일 날씨

독일 자체의 국토가 넓어서 온도 범위가 다양하다. 우리 가족이 방문했던 프랑크푸르트, 하이델베르크, 뮌헨과 같은 서부 독일은 대체로 파리와 비슷한 편이다.

독일의 대표적 특징은 잘 발달된 지방분권화이다. 우리가 잘 아는 유명한 도시들조차 규모가 그리 크지 않다. 본, 쾰른, 뒤셀도르프 등이 모두 작은 규모의 도시이다. 그나마 통일독일의 수도인 베를린과 유럽금융허브로 도약한 프랑크푸르트 정도가 대도시 반열에 든다. 분권화가 뿌리 깊은 독일에서는 도시 규모 자체가 큰 의미가 없다. 독일의 분권화는 자연 조건에 뿌리를 둔 것으로 보여진다. 넓은 국토, 복잡한 산맥과 어지럽게 교차하는 강, 이런 자연 조건이 독일의 정치적 분열을 촉발시킨 것이다. 정치적 분열이 많았기 때문에 도시마다 자율적 준비가 필요했고 그래서 작은 도시라할지라도 기능상 자립성을 높일 수밖에 없었다. 이러한 강한 도시자립성이 지방 분권화를 고착시킨 것이다.

독일은 국토가 크다보니 독일 내에서도 다른 도시로 가는 것이 너무 멀다. 그래서 우리 가족은 독일 전역을 다 돌아보는 것은 포기할 수밖에 없었다. 런던과 파리를 거쳐 진행되는 여행경로를 고려해서 프랑크푸르트, 하이델베르그, 뮌헨 등 서부 독일의 도시에 한정해서 방문했다. 독일 동부의 베를린과 함부르크 등을 제외시키는 아쉬움을 남긴 것이다.

독일이 낳은 철학자, 사상가

| 니체 Nietzsche, Friedrich Wilhelm | 1844~1900

"신은 죽었다."로 유명한 철학자이자 사상가이며 시인이다. 실존주의의 선구자 또는 파시즘의 사상적 선구자로 불려지기도 한다. 오랜 기간동안 스위스의 바젤 대학 교수직을 역임하며 수 많은 강연활동을 펼치기도 했지만 말년에는 정신질환으로 정신병원에서 생애를 마쳤다.

| 칸트 Kant, Immanuel | 1724~1804

평생 독신이였으며 경건주의자였던 비판 철학의 창시자, 독일 관념철학의 기초를 놓은 프로이센의 철학자이다. 그의 유명저서 『순수이성비판』에서 인식론과 형이상학을 비판하며 새로운 관점에서 참된 의식, 인간 인식의 한계를 논한다 이 책에서 그의 철학 이론의 면모를 모두 엿볼 수 있다. 그 외에 ≪실천 이성 비판≫, ≪판단력 비판≫ 등의 저서가 있다.

| 괴테 Goethe, Johann Wolfgang Von | 1749~1832

〈젊은 베르테르의 슬픔〉으로 유명한 독일의 위대한 작가로 평가되는 시인이자 사상가이다. 독일 고전주의의 대표자로서 그는 생전에 수 많은 시와 소설, 희곡 등 방대한 양의 작품을 남기며 이후의 문화 전반에 큰 영향을 끼쳤다. 그의 또 다른 대작 〈파우스트〉를 통해 독일문학의 거장이 되었으며 수 십년이 걸린 〈파우스트〉를 완성한 후 생애를 마감하였다.

철학자의 길 Philosophenweg

하이델베르크 대학교를 중심으로 활약하던 철학자들이 즐겨 찾기도 했지만, 아름다운 이곳을 걸어서 산책하다 보면 철학에는 문외한인 사람이라도 철학자 못지않은 사색에 잠긴다 하여 붙여진 이름이다. 전철이 위로 다니고 있는 테오도르 호이스 다리 쪽에서부터 시작하여 카를 테오도르 다리가 있는 곳까지 산 중턱으로 걸어서 산책할 수 있으며, 중간에는 철학자의 뜰이 있어서 잠시 쉴 수도 있다.

MAP

프랑크푸르트

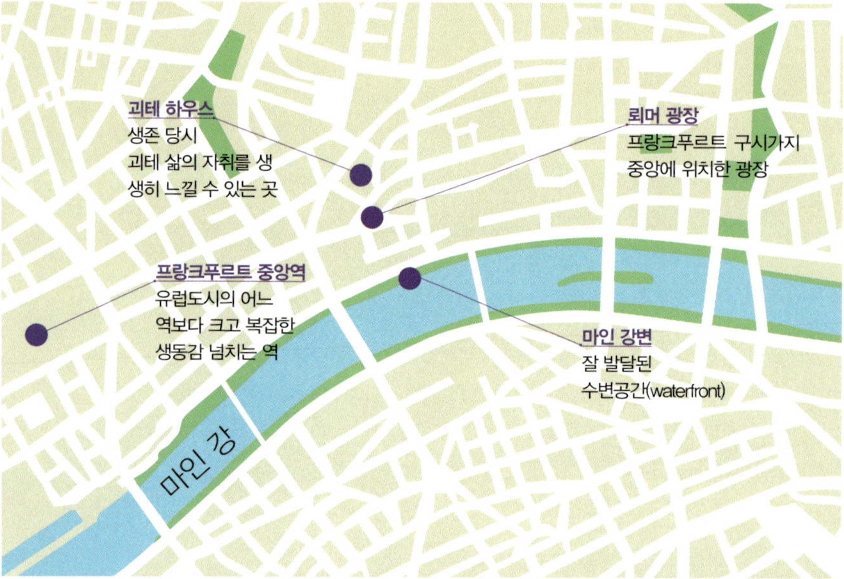

괴테 하우스
생존 당시
괴테 삶의 자취를 생
생히 느낄 수 있는 곳
뢰머 광장
프랑크푸르트 구시가지
중앙에 위치한 광장
프랑크푸르트 중앙역
유럽도시의 어느
역보다 크고 복잡한
생동감 넘치는 역
마인 강변
잘 발달된
수변공간(waterfront)
마인 강

하이델베르그

철학자의 길
괴테, 헤겔 등
많은 철학자들이
사색 속에 걸은 길
네카 강
하이델베르그 대학교
1386 설립
유럽식 도시풍의
캠퍼스 모습
하이델베르그 성
1225 축조
독일의 고성

뮌헨

프라우엔 교회
바로크 양식의
2개의 둥근 모양의
첨탑 지붕 교회
마리엔 광장
교회, 유적지, 시청사,
거리 음악, 카페

프랑크푸르트의
뢰머광장으로 들어서는
입구에서

NO.1

프랑크푸르트 (Frankfurt), 전통과 금융의 조화

프랑크푸르트 중앙역
Frankfurt am Main Hauptbahnhof

유럽에서 가장 큰 중앙역

ADDRESS Am Hauptbahnhof, 60329 Frankfurt am Main, Deutschland

TELEPHONE +49 (0)69 2651055

www.bahnhof.de

프랑크푸르트 중앙역 주변

암스테르담에서 프랑크푸르트 중앙역까지 기차로 약 4시간 정도 걸린다. 프랑크푸르트로 가는 기차는 평안함과 마음의 여유를 주었다. 런던, 파리, 암스테르담까지의 여행은 하루 일정이 매우 바삐 돌아간 편이었다. 온종일 걸은 날도 여러 날이나 되었었다. 이런 바쁘고 힘든 일정을 보내다가 4시간이 넘도록 기차를 탄 것은 오랜만의 한가함을 준 것이다. 아이들에게는 무엇보다도 그동안 밀린 일기를 쓰는 시간이 되었다. 걷는 여행에서 할 수 없던 많은 일들을 기차를 타면서 할 수 있었다. 기차여행이 이렇게 감사한 적이 있었던가 싶다.

4시간 기차 안에서 많은 일을 할 수 있다. 아이들에게 일기 쓰도록 챙겨주기부터 시작해서, 여행기록정리, 디지털 카메라 파일 정리, 카메라 충전, 다음 도착지에 대한 사전 공부, 숙박지로 이동경로 점검, 조각 잠자기 등 막상 4시간이 부족하다. 사진기 3대가 찍어놓은 파일과 사진폴더 정리도 만만치 않은 일이었다. '일단 찍어놓으면 손해 볼 것은 없다'라는 마음 때문에 매 도시마다 엄청나게 많은 사진을 찍어놓게 된다. 그러다 보면 다음 도착지에서 사용할 디스크 공간을 확보하기 위해서도 사전 정리가 필요하다. 사진기 충전도 중요하다. 고맙게도 독일과 이탈리아의 기차에는 전원 콘센트가 있었다.

프랑크푸르트 행 기차는 무엇보다도 런던과 파리 그리고 암스테르담까지의 여행을 정리하는 최초의 기회였다. 여행 중에는 새로운 도전을 위해 바삐 움직이다 보니 대화의 시간이 매우 부족했다. 저녁에 숙소에 들어와서도 파김치가 된 몸을 씻고 잠자기 바빴던 탓에 이렇다 할 대화의 시간은 없었다. 마음에 비해서 정말 시간이 부족했다. 특히 런던과 파리에서는 하루 종일 걸었기 때문에, 돌아오면 탈진 상태가 되어 대화시간을 갖기 어려웠다. 며칠 전 파리에서 암스테르담으로 가는 탈레스 고속열차에서 처음 기회가 있었으며 파리 이후 향후 이동 스케줄을 확인하면서 대화할 시간을 가졌었다. 암스테르담에서 프랑크푸르트로 향하는 기차안에서 우리 아이들은 이미 여행의 주체가 되어 있다는 것을 발견하게 되어 기뻤다.

프랑크푸르트 중앙역 건너편 (KIA와 금호타이어 간판이 보인다)

프랑크푸르트는 살고 싶은 도시 10위 안에 들고, 경쟁력 높은 도시 10위 안에 동시에 꼽히는 도시이다. 삶의 질과 경쟁력을 모두 갖춘 도시라는 점이 흥미롭다. 프랑크푸르트는 런던과 파리와 비교적 가깝다는 지정학적 장점에 의해 독일 도시들 중에서 비즈니스 지향적인 도시로 발전했다. 인구가 650만을 넘어설 정도로 독일 도시 중에는 대도시에 속한다. 프랑크푸르트는 그야말로 교통의 요충지이다. 유럽과 아시아 그리고 아프리카 등의 다문화 교류가 일어나는 역동성을 갖고 있다. 유럽의 국제금융 허브로까지 발전했으며, 많은 비즈니스맨과 관광객들을 유인하는 고층건물 도시이기도 하다.

프랑크푸르트 중앙역에 가본 사람들은 모두 느낄 것이다. 얼마나 많은 사람들이 이동하며 분주히 움직이고 있는지를. 프랑크푸르트 중앙역은 유럽도시의 어느 역보다 크고 복잡하다. 많은 사람들이 오가며, 많은 상점들이 들어서 있다. 우리가 경험했던 다른 역들에 비해 더 생동감이 넘친다.

독일에 와서 반가운 것은 런던과 파리에 비해 물가가 싸다는 것이었다. 우리 가족에게 물가를 측정하는 계량기가 하나 있었다. 그것은 아이스크림 가격이다. 프랑크푸르트의 뢰머 대성당 앞뜰에서 무엇보다 앞서 독일 물가를 측정했다. 이곳 아이스크림 가격은 파리의 절반에도 못 미친다. 파리에서 한 스쿱에 2유로였던 것이 프랑크푸르트에서는 0.8유로에 불과했다. 반값도 채 안 된다는 사실에 아이들은 흥분했다. 심지어 아이스크림을 계속 사먹는 것이 남는 것이라는 흥미로운 학설이 등장하기도 했다.

뢰머 광장
Römerberg

프랑크푸르트 구시가지 중앙에 위치한 광장

ADDRESS Römerberg, 60311 Frankfurt am Main

www.aviewoncities.com/frankfurt/romerberg.htm

프랑크푸르트는 유럽의 금융 중심지로 발달하면서 신시가지가 조성되어 있다. 그런데 프랑크푸르트의 관광객을 끌어들이는 곳은 전통적인 유럽풍의 건물들이 집결한 구시가지이다. 신시가지 쪽으로는 비즈니스맨들이 많이 몰리며, 독일의 전통 역사를 느끼려면 구시가지만으로도 충분하다. 구시가지의 핵심은 뢰머 광장이다. 이 광장은 몇 개의 건물로 둘러싸여 아늑한 분위기를 주는 공간인데, 시청사가 있고 교회와 성당이 줄지어 이어져 있다. 프랑크푸르트의 역사를 한 눈에 보기 위해서는 뢰머 광장이 가장 적격이다.

뢰머 광장앞의 아이스크림 판매점

1405년 프랑크푸르트 시의회가 귀족의 저택 3채를 사들여 시청사로 개조해 사용했던 건물 중 가운데 1채가 바로 '뢰머'이다. 위치상으로 뢰머는 구시청사의 중심이다. 뢰머 2층에는 넓은 홀이 하나 있는데, 이곳은 1562년 프랑크푸르트에서 처음으로 황제 대관식이 거행된 곳이다. 그 대관식 이후 '황제의 넓은 방'이라고 불린다. 이곳에는 역대 52명의 신성로마제국 황제들의 초상화가 걸려있다.

뢰머 광장의 또 다른 볼거리는 대성당이다. 고딕양식의 대성당인데 쉽게 눈에 띈다. 높이가 약95m나 되는 탑이 하늘을 찌를 듯이 서있기 때문이다. 이 대성당은 뢰머에서 광장을 끼고 동쪽방향으로 있다. 1562~1792년 사이 황제들의 대관식이 거행 되었던 곳으로 일명 '카이저 돔'이라고 불리기도 한다. 852년 카톨릭 왕조시대 때 건축된 이후 13세기와 15세기 때 두 번에 걸쳐 개축되었다. 대성당 내부의 창고에는 대관식 때 사제들이 입었던 가운들이 전시되어 있다. 탑의 꼭대기에도 오를 수 있다. 계단 수가 383계단이 된다고 한다.

뢰머 광장에는 '정의의 분수'가 있고 그 아래쪽에는 하루에 3번 종이 울리는 니콜라이 교회가 있다.

괴테 하우스
The Goethe Hause

괴테 삶의 자취를 느낄 수 있는 괴테 생가

ADDRESS Frankfurter Goethe-Haus, Freies Deutsches, Hochstift, Großer Hirschgraben 23-25, 60311 Frankfurt am Main

TELEPHONE +49 (0)69 1 38 80 – 0

www.goethehaus-frankfurt.de

프랑크푸르트는 대문호 괴테의 고향이자 대작품들의 산실이었다. 초등학생에겐 아직 괴테는 낯선 인물인가보다. 그의 작품을 읽거나 들어볼 일이 없었던 탓일 것이다. 그래서 프랑크푸르트가 괴테의 고향이라는 얘기를 일부러 강조할 필요가 있었다. 그가 청년기까지 살았던 '괴테하우스'를 느끼려면, 최소한 괴테가 뭐했던 사람인 정도는 알고 있어야 하기 때문이다.

독일을 대표하는 대문호 괴테는 1749년 8월 28일 프랑크푸르트에서 태어났다. 1771년 변호사로서 사회생활을 시작했다. 샤를로테 부프와의 애절한 사랑을 체험한 후 〈젊은 베르테르의 슬픔〉을 탄생시켰다. 이 작품을 통해 괴테는 일약 문단에서 주목받는 인물로 부각된다. 젊은 시절 바이마르의 수상으로 활동하기도 했다. 1775년 바이마르 대공인 카를 아우구스트의 초청으로 바이마르로 이주했고, 이후 수상으로서 국정에 10여년 참여했다. 그 후 1786년 이탈리아를 여행하며 창작활동을 열정적으로 전개했다. 1832년 83세의 일기로 사망했다. 대표작으로 희곡 〈파우스트〉와 소설 〈빌헬름 마이스터의 수업시대〉 등이 있다.

'괴테하우스'는 중앙역에서 뢰머 광장 방향으로 왼쪽의 주택가에 있다. 그 건물에는 1749년 8월 28일 독일의 대문호 요한 볼프강 괴테(Johann Wolfgang von Goethe)가 태어나서 청년기까지 지낸 곳임이 적혀있다. 법률가인 아버지와 프랑크푸르트 시장 딸인 어머니와 같이 살던 주택으로, 풍족했던 명문 집안답게 상류 계층의 분위기를 풍긴다. 제2차 세계대전 때 파괴되었었으나, 전후 시민들의 노력으로 현재의 모습으로 복구되었다고 한다.

괴테의 자취를 느낄 수 있다는 자체가 감동이다. 괴테하우스 건물은 5개층을 구성되어 있다. 1층은 식당과 부엌, 2층에는 외조부모의 초상화와 피아노가 있다. 3층은 복도 한 가운데 큰 시계가 놓여있으며 괴테가 태어난 방과 부모의 방 등이 꾸며져 있다. 4층은 집필실로서 이곳에서 유명한 〈젊은 베르테르의 슬픔〉과 〈파우스트〉의 초고가 탄생했다고 알려진다. 괴테 하우스 옆에는 조그마한 건물의 '괴테박물관'이 있다. 그 박물관 내부에는 그의 초상화와 생애에 관한 자료들이 전시되어 있으며, 은행잎 모양의 기념품들을 팔고 있다.

마인 강변
Main riverside

독일 중부를 흐르는 강

ADDRESS Schaumainkai Frankfurt am Main, HE 60594

마인 강변은 프랑크푸르트 시민들의 휴식처이다. 강변의 양쪽에 군데군데 녹지와 잔디정원이 조성되어 있고, 수변공간(waterfront)이 잘 발달되어 있다. 강변을 따라 조깅을 할 수도 있으며, 간단한 모터보트를 타고 마인 강을 시원하게 달려볼 수도 있다. 우리 가족이 마인 강변에 나섰던 때는 마침 일요일이어서인지 많은 시민들이 강변에 나와 있었다. 도시 중심과 인접한 곳에 이러한 수변공간이 있다는 것이 프랑크푸르트를 살기 좋은 곳으로 평가받게 하는 이유로 생각된다.

마인 강변은 뢰머 광장에서 매우 가깝다. 뢰머 광장에서 남쪽으로 건물 숲을 벗어나기만 하면 바로 강변이 나온다. 뢰머 광장이 건물들로 둘러싸여서 잘 보이지는 않지만, 뢰머 광장 자체가 강변에 아주 가깝게 붙어있다.

마인 강변의 볼거리 중 하나는 박물관 거리이다. 마인 강 남쪽 연안의 샤우마인카이(Schaumainkai) 거리가 바로 박물관 거리인데, 이곳에는 박물관과 미술관들이 줄지어 있다. 대부분이 무료입장이므로 강변 산책 중에 가벼운 마음으로 들를 수 있다. 여행안내책자를 보면서 특이한 몇개의 박물관을 방문했다. 우선 수공예박물관을 들러보았는데, 민속적인 수공예품에서부터 아르누보의 작품까지 다양한 공예품을 전시하고 있으며, 유럽 작품뿐만 아니라 아시아와 이슬람의 수공예 작품들도 눈에 띈다. 독일영화박물관도 흥미로웠다. 1984년에 개관한 독일 유일의 영화박물관인데, 영화 탄생에 연관된 역사적 스토리를 전시하고 있을 뿐만 아니라, 영화제작에 관한 실물 기자재들도 전시하고 있다. 한편 민속박물관도 인상적인데, 이 박물관은 아프리카, 아시아, 아메리카 등 민속과 전통문화에 관한 각종 유물과 자료들을 전시하고 있다.

Diary IN GERMANY

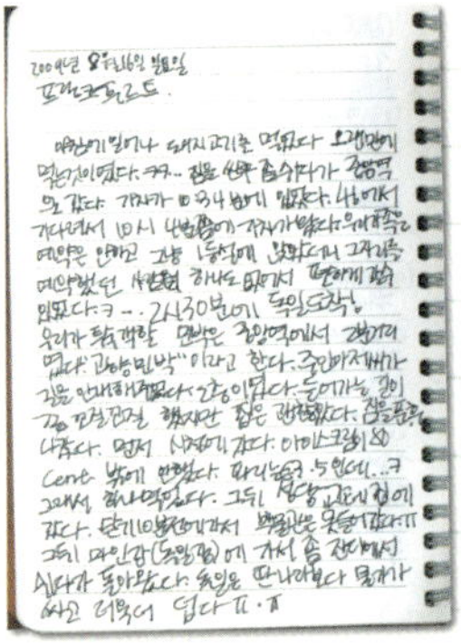

8월 16일 선우 일기

아침에 일어나 돼지고기를 먹었다.

오랜만에 먹는 것이였다.(ㅋㅋ....)

짐을 싼 후 좀 쉬다가 중앙역으로 갔다.

기차가 10:34분에 있었다. 4b에서 기다려서 10시 4분쯤에 기차가 왔다. 우리가족은 예약은 안하고 그냥 1등석에 앉았더니 그 자리를 예약했던 사람이 하나도 없어서 편하게 갈 수 있었다.(ㅋ) 2시 30분에 독일 도착!

우리가 투숙할 민박은 중앙역에서 2분거리였다.

"고향민박"이라고 한다. 주인아저씨가 길을 안내해주었다.

2층이였다. 들어가는 길이 좀 꼬질꼬질 했지만 집은 괜찮았다.

짐을 푼 후 나갔다. 먼저 시청에 갔다.

아이스크림이 80cent밖에 안했다. 파리는 €3.5 인데...(ㅋ) 그래서 하나 더 먹었다. 그 뒤 성당, 괴테집에 갔다.

닫기 10분전에가서 박물관은 못 들어갔다.(ㅠ)

그 뒤 마인강(독일강)에 가서 잔디에서 쉬다가 돌아왔다.

독일은 딴 나라보다 물가가 싸고 더욱더 덥다(ㅠ. ㅠ)

SUN MON TUE WED THU FRI SAT

8월 16일 준열 일기 (독일 도착!)

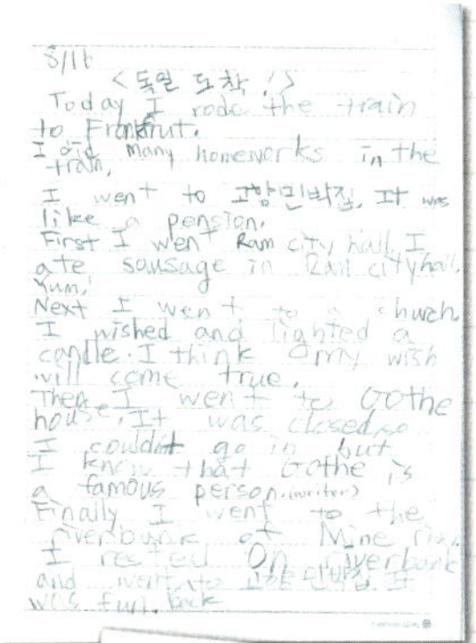
8/16 <독일 도착!>
Today I rode the train to Frankfrut.
I did many homeworks in the train.
I went to 고향민박집. It was like a pension.
First I went Ram city hall. I ate sausage in Ram city hall. Yum!
Next I went to a church.
I wished and lighted a candle. I think my wish will come true.
Then I went to Gothe house. It was closed so I couldnt go in but I know that Gothe is a famous person.(writer)
Finaly I went to the riverbank of Mine river.
I rested on riverbank and went back to 고향민박집.
was fun.

Today I rode the train to Frankfrut.

I did many homeworks in the train.

I went to 고향 민박집, It was like a pension.

First I went Ram city hall, I ate sausage in Ram city hall, yum!

Next I went to a church.

I wished and lighted a candle.

I think my wish will come true.

Then I went to Gothe house It was almost closed, so I couldn't go in but I know that Gothe is a famous person.(writer)

Finally I went to the riverbank of Mine river.

I rested on riverbank and went back to 고향민박집.

It was fun.

하이델베르그 성에서
도시를 바라보며

NO.2

하이델베르크(Heidelberg), 철학과 장인정신의 원산지

하이델베르그
Heidelberg

독일 남서부에 있는 도시

www.heidelberg.de

세계적인 명문대학인 하이델베르그 대학교는 프랑크푸르트에서 기차로 1시간 거리에 있다. 이 하이델베르그 도시에는 명문대학교 뿐만 아니라 독일의 특징을 보여주는 웅장한 '하이델베르그 성(城)'이 있다. 도시에 도착하면 높은 언덕위의 하이텔베르그 성이 우선 눈에 들어온다.

하이텔베르그에는 대학을 비롯해서 다양한 관광 포인트들이 많다. 작은 도시이지만 잘 둘러보려면 시간을 충분히 할애해야 한다. 명문대학교, 성, 강변, 철학자의 길 등 다양한 포인트가 많다. 성 위에서 바라보는 강줄기의 모습이 장관이다. 도시를 가로지르는 강줄기가 도도하게 뻗치면서 그 성채의 위용을 확대시킨다. 성에서 내려다 보는 강물의 흐름이 예술이다.

하이델베르그 대학교는 선제후 루프레히트 1세가 1386년에 창립한 독일에서 가장 오래된 대학교이다. 16세기 말~17세기 초기에는 독일의 문화, 종교 혁명의 중심 역할을 맡았다. 세계수준의 학문적 수준을 자랑하며, 동시에 철학과

철학자의 길 입구

시와 노래를 즐기는 낭만적 분위기도 넘쳐난다.

캠퍼스는 유럽의 다른 도시와 마찬가지로 유럽식 도시풍의 캠퍼스 모습이다. 하이델베르그 대학교의 명물은 '학생 감옥'이다. 대학 캠퍼스 내의 '학생 감옥'이란 표현자체가 흥미롭다. 초등학생들에게는 감옥이라는 말 자체가 무섭게 들리는가 보다. "왜 학생을 감옥에 가둬?", 두 녀석 모두 놀라면서 동시에 던진 질문이다. 학생감옥이 만들어진 근원도 흥미롭다. 1712년부터 1914년까지 술에 취해 누구를 때렸거나 치안 방해 등의 경범죄를 저지른 학생들에게 대학이 경찰을 대신해 자체적으로 해결하고자 마련한 처벌수단이었다. 죄에 따라 1~30일간 갇혀 있었는데 처음 3일 동안은 물과 빵 외에 아무것도 먹을 수 없게 했다고 한다. 최초 3일 이후는 수업을 받을 수 있게 허용한다. 대학의 낭만 때문이었을까, 학생들은 이 감옥에 들어가는 것을 오히려 명예롭게 생각했다고 한다. 역사의 유물인 '학생 감옥'의 내부는 그리 넓지 않은 공간이지만 학생들을 가두고 훈육했던 흔적이 남아있다. 실제로 감옥소 내부에는 다양한 모양의 낙서들로 가득하다. 독일어가 짧아 뜻을 이해하지 못하지만 왠지 처절한 분위기를 준다.

하이델베르그 도시의 특이한 곳 중 하나는 '철학자의 길'이다. 이름 자체가 흥미롭다. '철학자의 길'은 네카 강 북쪽편으로 강의 흐름을 따라 언덕 중턱까지 이어지는 산책로를 말한다. 과거 한때 괴테, 헤겔 등 많은 철학자들이 이 길을 걸으며 사색을 했다고 알려져 있다. 보통 걸음으로 걸어서 약 1시간 정도 걸으면 된다. 이곳의 언덕에서 보면 구시가와 하이델베르크 성의 멋진 모습이 드러난다.

〈철학자의 길(philosopher's walk)〉에서 우리가족은 시간에 쫓기는 나머지 그 산책길 전체를 걷지는 못했다. 그 길의 일부분만 걸었지만 철학자들이 남긴 향기를 맡았다는 정신적 충만감으로 기분이 좋아졌다. 또한 철학자의 사색이 걷기와 관련이 있다는 학습을 했다는 것이 소득이었다. 여러분들도 그 산책길을 한번 충실히 따라 걸어보시길 권장한다.

하이델베르크 성은 1300년경 건축 이래 라인 선제후가 살았던 곳으로 400여년동안 증·개축이 계속되었다. 입구 왼쪽 정원의 론델이라는 공간에서 바라보는 네카 강과 시내 모습은 장관이다. 하이델베르그 성 내부에서 특이한 곳은 독일 의약(醫藥) 박물관이다. 과거 독일이 개발했던 의약품이 전시되어 있다. 정작 관광객의 수가 많은 곳은 그 박물관의 지하에 있는 와인 술통이다. 그 술통은 1751년에 만들어졌고 약22만 리터를 담을 수 있는 세계에서 가장 큰 와인 술통이며, 지하에서는 관광객들에게 와인과 술잔을 함께 팔고 있다.

Diary IN GERMANY

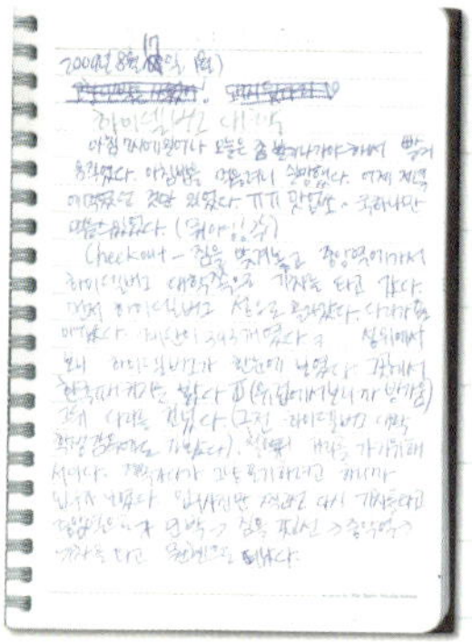

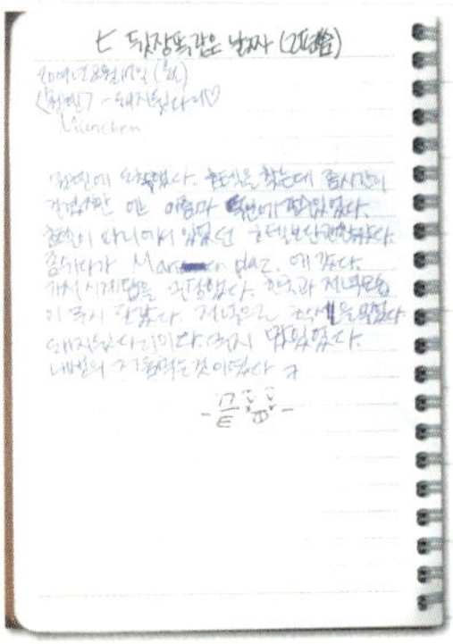

8월 17일 선우 일기

아침 7시에 일어나 오늘은 좀 빨리나가야 해서 빨리 움직였다.

아침밥을 먹으려니 실망했다.

어제 저녁에 먹었던 것만 있었다.(ㅠ ㅠ)맛없쏘~~~

국 하나만 먹을 수 있었다. (뭐야!!)

checkout- 짐을 맡겨놓고 중앙역에 가서 하이델베르그 대학쪽으로 기차를 타고 갔다.

먼저 하이델베르그 성으로 올라갔다.

다리가 좀 아팠다.

계단이 393개 였다.(ㅋ ....)

성 위에서 보니 하이델베르그 시내가 한눈에 보였다.

그곳에서 한국패키지 관광객을 봤다. (유럽에서 보니깐 방가움)

그 뒤 다리를 건넜다. (그전 하이델베르그 대학 학생감옥에도 가 봤다.) 철학자의 거리를 가기위해서이다.

계속 가다가 그냥 포기하려고 하니깐 입구가 보였다.

입구사진만 찍고선 다시 기차를 타고 중앙역으로 가 민박-> 짐을 갖고선-> 중앙역->기차를 타고 뮌헨으로 떠났다.

SUN MON TUE WED THU FRI SAT

8월 17일 준열 일기 (Munchen 도착)

나는 아침에 Heidelberg에 갔다.

나는 처음에 성에 갔는데 한국 사람들이 진짜 많아서 기뻤다.

그 성 안에 박물관이 있어서

박물관안에 들어갔다. 재미있었다.

나는 그 다음에 학생감옥에 갔다. 학생들이 규칙을 안 지키면 감옥에 몇 일 동안 있어야 한다.

나는 짐을 챙기고 기차를 탔다.

그 기차에는 전원 콘센트가 있어서 컴퓨터도 할 수 있었고 카메라도 충전할 수 있었다.

나는 Munchen에 도착했을 때 길을 몰라서 호텔을 못 찾았지만 어떤 아줌마가 길을 알려주어서 호텔을 찾았다.

내가 밖에 나갔을 때 껌껌했었다.

그래서 Marien Plaz 가서 음악회도 보고 동네도 구경하고 학셀, 소세지, 레몬에이드도 먹었다.

엄청 맛있고 재미있는 시간이었다.

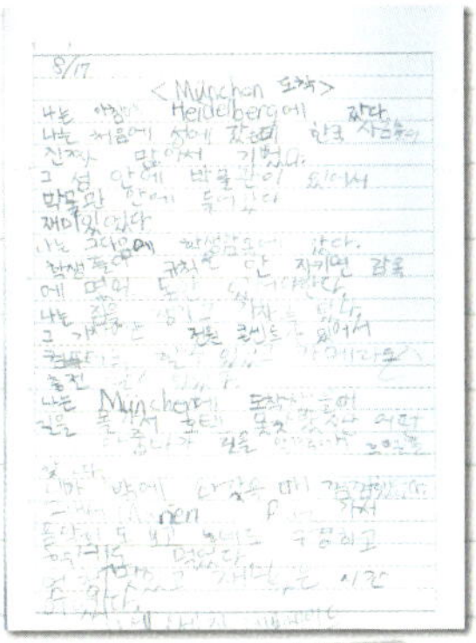

BMW 박물관 앞에서

NO.3

뮌헨(München), 희망과 아픔이 공존하는 도시

뮌헨은 독일의 풍미를 정확히 풍기는 도시이다. 특히 옛 서독의 중심 도시로서의 면모를 잘 갖추고 있다. 뮌헨 중심가의 콜럼버스 광장(Kolumbus platz)은 상권이 시작되는 곳이다. 지하철에서 지상으로 나오는 입구가 아치형 구조를 갖고 있으며, 바로 화려한 쇼핑몰로 연결된다. 5분 정도의 쇼핑몰 거리를 걷다보면 시청사와 중심권에 들어선다. 그곳은 바로 마리엔 광장(Marien Platz)이다. 마리엔 광장은 뮌헨 시청사 앞의 광장으로서 웅장한 프라운엔 교회가 있는 곳이다. 마리엔 광장은 뮌헨에서 가장 손꼽히는 역사적 유적지인데, 그곳에 가면 교회, 유적지, 시청사, 거리 음악, 카페 등을 한꺼번에 만날 수 있다. 독일에서는 시청사가 주로 대표 광장에 위치한다. 또 그 광장에 주요 성당과 교회가 같이 있는 경우가 많다. 프랑크푸르트도 그러했고 또 뮌헨도 마찬가지이다.

마리엔 광장
Marien Platz

뮌헨의 중심, 마리엔 광장. 교회, 유적지, 시청사, 거리 음악, 카페 등이 즐비한 곳

www.marienplatz.de

마리엔 광장의 대표 볼거리는 신 시청사이다. 신시청사는 1867~1909년에 건축된 고딕 양식의 건물로서, 중앙에 종루가 있는데 이 종루에는 독일 최대의 특수 장치 인형시계인 '글로켄슈필'이 있다. 이 시계는 매일 11시가 되면 사람 크기의 인형들이 나와 종소리에 맞춰 춤을 추는 것으로 유명하다.

신시청사 옆쪽에는 뮌헨에서 가장 오래된 교회인 "장크트 페터 교회"가 있다. 이 교회의 탑 꼭대기에서 뮌헨 시가지를 한눈에 볼 수 있다. 마리엔 광장 북서쪽에는 2개의 둥근 모양의 첨탑 지붕을 갖고 있는 프라우엔 교회가 있다. 이 교회는 1488년에 만들어진 뮌헨 최대의 교회이다. 이 교회의 2개의 탑은 뮌헨의 상징물인데, 북쪽의 탑은 99m, 남쪽의 탑은 100m라고 한다. 여름철에는 탑 꼭대기까지 올라가도록 허용하는데 그곳에서는 멀리 남바이에른의 산들이 눈에 들어온다.

독일의 전통 음식 중 "학셀"이라는 돼지고기 요리가 있다. "학셀"은 우리나라 족발과 비슷한데, 다리뼈가 그대로 같이 나온다. 약간 짭짤한 맛이 맥주와 같이 먹기에 딱 좋다. 맥주와 소시지 등 독일의 대표 음식들도 놓치지 말기 바란다. 독일에서만 경험할 수 있는 독특한 맛이 있다. '음식관광'이라는 말이 있듯이 현지 음식을 먹어보는 것은 여행의 큰 즐거움이자 학습이다.

마리엔 광장의 거리의 악사들

뮌헨 시청사 앞의 노천 음식점

소세지와 감자 요리, 독일의 전통식

BMW 박물관
BMW Museum

BMW 역사를 볼수 있는 곳

ADDRESS Am Olympiapark 2, 80809 München, Deutschland, 0180 2118822

www.bmw-welt.com

대부분의 초등 남학생들이 관심을 갖는 공통적인 것이 자동차이다. 초등학생인 남자아이와 같이 뮌헨에 갔다면 BMW 본부에 한번 들러보기를 권한다. 물론 어른들에게도 자동차의 발전 연대기에 대한 풍부한 상식을 가질 기회를 제공한다. 이곳에서 BMW 자동차와 오토바이의 발전사와 변천과정을 한 눈에 확인할 수 있다.

BMW 본부는 BMW본사와 박물관을 포함해서 모두 BMW 연관 건물들로서 구성된 하나의 종합 콤플렉스(complex)이다. BMW박물관은 자동차와 엔진, 그리고 자동차부품들이 역사적 연대기 순(順)으로 전시되어 있다. BMW는 세계 다른 어느 업체들보다 자동차 발명에 선도적이었기 때문에 박물관에 자체적으로 볼거리가 많다. 사실상 BMW 기업 내부의 역사를 초월하는 물품들이 많다.

박물관의 전시실 하나하나를 둘러볼 때마다 놀라운 기록과 자동차와 엔진들을 만날 수 있는데, 아이들의 집중도도 이에 따라 더욱 깊어진다. 그만큼 희귀한 자동차와 볼거리들이 많다.

BMW 박물관에 전시된 탈 것들

다카우 수용소
The Dachau Concentration Camp Memorial Site

독일 나치시대 유태인 수용소

ADDRESS KZ-Gedenkstätte Dachau, Alte Römerstraße 75, D - 85221 Dachau

TELEPHONE +49 (0) 8131 / 66 99 70

www.kz-gedenkstaette-dachau.de

뮌헨에서 멀지 않은 곳에서 과거 독일 나치의 흔적을 만날 수 있다. '다카우'라는 유태인 수용소가 바로 그것인데, 이 수용소는 뮌헨에서 40분 정도 교외선 기차를 타고 가는 거리에 위치한다. 1933년 3월 22일부터 1945년 4월 29일까지 20만명 이상의 유대인, 목사, 나치에 대항하는 사람들이 갇혀 있었던 강제 수용소이다. 이곳에서 처형당하고 견딜 수 없는 고문과 전염병 등으로 죽어나간 숫자만 3만 2000명 이상에 달한다고 알려진다. 뮌헨의 경찰청장이었던 하인리히가 이 지역으로 수용소를 결정한 것은 오랫동안 사용하지 않은 화학 공장이 있다는 이유 때문이었다고 한다. 현재의 유적지에는 당시 강제 수용소에서 어떤 잔학 행위가 있었는지에 대한 자료와 생생한 사진, 기록 필름이 있다. 심지어 가스실과 사체 소각로 시설도 그대로 보존하고 있다.

이 수용소에서는 나치 독일시절의 잔혹함과 반성을 엿볼 수 있다. 한마디로 히틀러와 나치에 대한 생생한 학습장소이다. 조금 더 확대하면, 히틀러, 제2차 세계대전, 일본, 대한독립으로 스토리가 연결되면서 세계사에서 시작해서 한국근대사로 마무리되는 유용한 학습현장이다.

수용소에 걸린 당시 사진

다카우 수용소는 나치독일이 패전하는 마지막 순간까지 유지되었고, 독일 내 여러 수용소 중에서 가장 큰 규모로 운영되었다고 한다. 암스테르담에서 안네 프랑크의 집을 방문한 후 이곳에 와서 그런지 우리 아이들은 무척 숙연해져 있었다. 아이들에게 독일의 과거와 현재를 있는 그대로 느끼게 하는 역사의 현장이라고 생각된다. 부모가 이론적으로 정리해주는 것보다 다카우 수용소를 한번 보는 것이 큰 교훈이 될 것이다.

Diary IN GERMANY

8월 18일 선우 일기

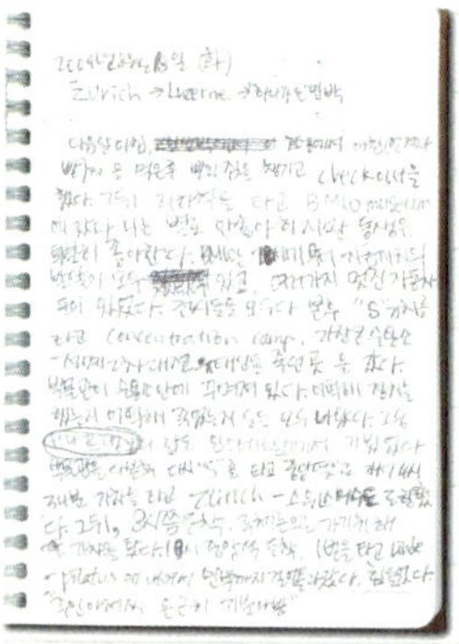

다음 날 아침, 호텔에서 아침(언제나 빵) ㅋ ㅋ을 먹은 후 빨리 짐을 챙기고 check out을 했다.

그 뒤 지하철을 타고 BMW museum에 갔다.

나는 별로 안좋아했지만 동생은 특별히 좋아했다.

BMW는 20세기부터 지금까지의 발달이 모두 전시되어 있고, 여러 가지 멋진 자동차들이 있었다. 전시들을 모두 다 본 후 "S"기차를 타고 Dahau concentration camp, 가장 큰 수용소- 세계2차대전 유태인들 죽던 곳을 갔다. 박물관이 수용소안에 꾸며져 있었다.

어떻게 정치를 했는지 어떻게 죽었는지 등등 모두 나왔다.

그 중 안네 프랑크의 집도 암스테르담에서 가봤었다.

박물관을 다 본 후 다시 "S"를 타고 중앙역으로 가서 4시 34분 기차를 타고 Zurich-스위스의 수도로 향했다.

그 뒤, 8시쯤 도착. 루체른으로 가기위해 또 기차를 탔다.

10시 중앙역 도착. 11번을 타고 Linde-picatus에 내려서 민박까지 걸어올라갔다. 힘들었다.

"주인아저씨 은근히 기분나쁨"

SUN MON TUE WED THU FRI SAT

8월 18일 준열 일기

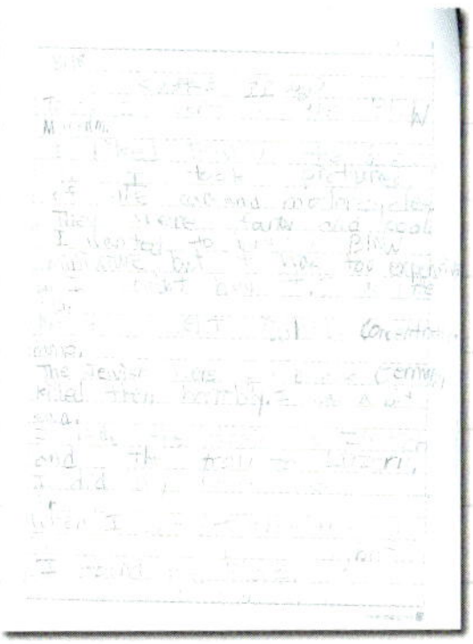

Today I went to the BMW Museum.

I liked BMW the best so I took pictures of the cars and motorcycles.

They were fancy and cool.

I wanted to buy a BMW miniuture but it was too expensive, so I couldn't buy it.

I was little sad.

Next I went Dahau concentration camp.

The jewish were poor because Germany killed them horribly. I was upset.

I rode the train to zurich and the train to Luzern.

I did my homeworks in the train.

When I got off from the train it was very dark, but I found the 민박집.

It was a fun day.

스위스

자연조건을 창조적으로 극복한 국가

SWITZERLAND

루체른, 호수와 산을 이용한 상 … 산악열차에 담긴 과학 정신

Information

스위스 유럽 중부 내륙에 위치한 나라 **한국과의 시차** UTC+1/+2 **위치** 유럽 중부 내륙 **면적** 41290㎢ **인구** 780만 **공용어** 독일어, 프랑스어, 이탈리아어, 로망슈어 **통화** 스위스 프랑(Swiss Franc, CHF) **홈페이지** www.admin.ch

1월 평균기온 북쪽 영하권, 남쪽 2℃ **7월 평균기온** 북쪽 20℃, 남쪽 22℃ **연강수량** 융프라우의 정상 4,000mm이상 ~ 중앙저지 1,000mm 안팎

Luzern

위치 스위스 루체른주 **면적** 15.8㎢ **인구** 약 6만 **홈페이지** www.luzern.ch

Interlaken

위치 스위스 중부 베른주 남동부 **면적** 4.4㎢ **인구** 약 5천 **홈페이지** www.interlaken-gemeinde.ch

SWITZERLAND

스위스

자연조건을 창조적으로 극복한 국가

스위스는 작은 나라이지만, 세계경제포럼의 글로벌 경쟁력 평가에서 세계 2위를 차지하는 국가이다. 바다와 인접한 지역이 없고 국토의 절반 이상이 산악지역이다. 산도 알프스와 같이 험악한 산악으로 구성되어 있다. 농업용 토지는 거의 없고, 광물자원도 없다. 이런 열악한 자연환경 때문에 스위스는 한때 경제적으로 낙후된 국가였다. 심지어 돈벌이를 위해 외국에 용병으로 가서 싸움을 대신하던 시절도 있었다. 그 용병 전통의 유산은 현재까지도 바티칸 시국의 경비책임을 스위스 군대가 맡고 있다는 것으로 남아있다.

부존자원도 취약하고 산악으로 가득한 스위스가 어떻게 선진국 대열에 들어섰는지 그 자체가 학습거리이다. 스위스는 금융산업과 정밀기계공업과 같이 특정 산업을 전략적으로

우리 가족이 겪은 스위스 날씨

산악국가로서 시원한 곳이 많아서 더위가 여행에 지장을 주는 것은 아니다. 라우텐브르덴 같은 산악마을에서는 아침과 저녁에는 기분 좋은 신선함이 있다.

키우면서 성장해왔다. 스위스에는 자국 최대은행인 크레디트 스위스를 비롯해서 약 350개의 은행이 있다. 시계 공업도 매우 발달하여 시계 브랜드만도 350개나 된다. 스위스에는 세계적인 대기업이 14개나 된다(2009년 기준). 참고로 한국은 15개이다. 스위스가 경기도 인구의 70% 정도의 인구수를 가진 국가임을 생각해보면 엄청난 경제력임을 알 수 있다.

스위스의 높은 물가는 여행객을 괴롭힌다. 같은 종류의 샌드위치 가격도 독일의 1.5배 수준이다. 음료수 가격도 마찬가지였다. 또 유로를 받기는 하지만 주로 스위스 프랑을 사용한다는 점도 불편하다. 상점들은 모두 유로를 받지만, 거스름돈은 언제나 스위스 프랑으로 돌려준다. 유로를 쓰는 사람에게 약간의 환(換)손실까지 감당하게 하는 것이다.

MAP

루체른

루체른 구 시가지
중세 분위기를 풍기는
식당과 카페가 즐비한 곳
필라투스
스위스의 봉우리 중에서
사람들이 가장 쉽게
다가설 수 있는 곳
(익스트림 스포츠를 즐길 수 있음)
루체른 호수
시민들과 함께하는
수영과 호숫가 비치
교통박물관
유럽최대규모의 교통 박물관

인터라켄

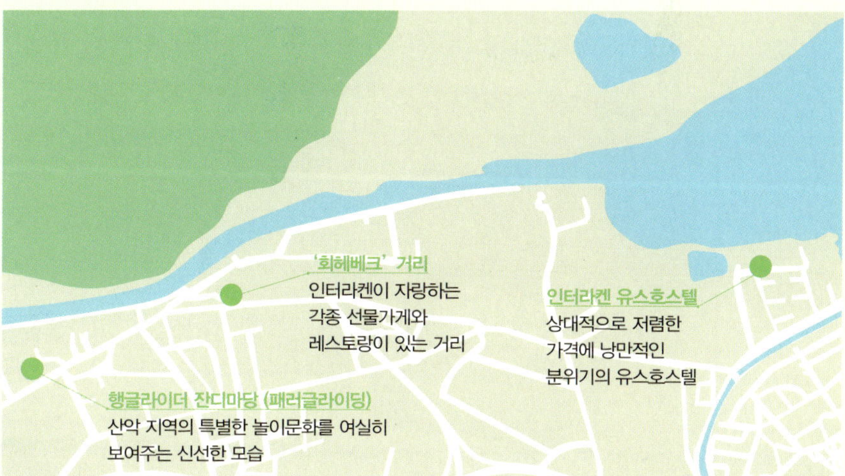

'회헤베크' 거리
인터라켄이 자랑하는
각종 선물가게와
레스토랑이 있는 거리
인터라켄 유스호스텔
상대적으로 저렴한
가격에 낭만적인
분위기의 유스호스텔
행글라이더 잔디마당 (패러글라이딩)
산악 지역의 특별한 놀이문화를 여실히
보여주는 신선한 모습

루체른의 필라투스 정상에서

융프라우 정상에서

NO.1

루체른(Luzern), 호수와 산을 이용한 상상력

루체른은 호수와 필라투스라는 산(山)으로 유명한 지역이다. 작지만 아담한 도시로서 세계적으로 살기 좋은 도시로 손꼽힌다. 루체른이 경제적으로 풍족한 이유는 산업체가 발달했기 때문이 아니라, 역사적 전통과 수려한 관광자원을 갖고 있어 관광수입이 많기 때문이다. 루체른 호수와 필라투스 산이 조합된 "루체른 일주" 프로그램이 특히 인상적이다. 다른 어느 곳에서 볼 수 없던 천혜의 자원을 다양한 교통수단으로 한꺼번에 볼 수 있다. 한편 구(舊)시가지가 간직한 역사적 뿌리, 그리고 교통박물관으로 대표되는 과학학습 현장 등도 루체른이 보유한 좋은 학습장소이다.

루체른 호수
Vierwaldstättersee

루체른에 위치한 맑은 물을 자랑하는 호수

루체른에서 현지인과 같은 실생활 체험을 할 수 있는 좋은 기회가 있었다. 실생활 체험이란 관광객으로서는 할 수 없는 생활인으로서의 경험을 말하는데, 그 체험은 바로 루체른 호수에서 루체른 시민들과 같이 수영을 하는 것이었다. 루체른 호수에서의 수영은 호숫가에 바닷가와 같은 비치(beach) 공간이 있다는 사실을 알고 나서야 떠올릴 수 있는 생각이다.

호숫가 비치는 시민 공원과 함께 조성되어 있다. 시민을 위한 편의시설도 꼼꼼히 준비되어 있다. 샤워시설과 큰 휴지통이 대표적이다. 곳곳에 샤워시설이 있을 뿐만 아니라 휴지통도 여러 곳에 비치되어 있다. 몇 사람이 조금이라도 모이는 곳에는 어디든지 휴지통이 있다고 보면 된다. 친(親)시민공원의 면모 때문일까? 루체른의 도시 디자인이 마음에 든다. '직장인들이 퇴근 시간이후 가족들과 즐기고 놀만한 공원들이 이런 것이구나' 라는 생각이 들었다. 작은 도시에서 이런 공간을 갖고 있는 것이 부럽다. 이래서 루체른이 살기 좋은 도시로 꼽히는 모양이다.

우리 아이들이 스위스의 몇 가지 특징을 발견했다. 초등학생의 눈높이에서 얻은 발견이다. 두 녀석들이 꼽은 스위스의 특징은 다음과 같다. 첫째, 공중 화장실에 가루비누를 사용한다. 대부분의 유럽 도시의 공중 화장실에는 액체 비누가 있다. 다른 도시들의 대중화장실과 기차 화장실에서는 액체 비누가 항상 비치되어 있었다. 그러나 스위스에서는 공중화장실에 가루비누가 있었다. 흥미로운 차이이다. 둘째, 스위스 기차 안 화장실에서 수도꼭지는 발로 눌러야 물이 나온다. 다른 나라에서는 물 나오는 버튼이 손으로 작동한다. 실제로 발로 눌러서 물을 나오게 하는 공중장소를 본 것은 스위스에서 유일하다. 셋째, 스위스 사람들 얼굴에 웃음이 별로 없다. 영국, 프랑스, 독일의 사람들도 웃음이 적기는 마찬가지이지만 스위스 사람들의 표정에는 굳은 표정이 특히 심하다. 오랜 중립국으로서 필요했던 엄격한 규율이 표정으로 굳어진 것일지도 모르겠다. 처음 보는 사람들에게 인사를 건네는 경우는 거의 없다. 강대국 사이에서 살아남으려면 아마도 조그마한 허술함도 용서될 수 없었을 것이다.

루체른 구(舊)시가지
Luzern : an old section of a city

자연속 아름다운 도시

ADDRESS Bahnhofstrasse 3, Postfach, CH-6002 Luzern

TELEPHONE +41 (0)41 227 17 17

www.luzern.com

카펠 교에서 슈프로이어 다리로 연결되는 구간의 오른쪽 일대가 구시가지의 중심이다. 이곳은 중세 분위기를 풍기는 식당과 카페로 가득하다. 카펠 교 근처의 카펠 광장과 전통 상점들도 한번 들러볼 만하다.

카펠 교는 유럽에서 가장 오래된 목조다리이다. 루체른 역에서 바로 도로 하나 건너편에 있다. 1333년 로이스 강가에 세워진 나무다리인데, 다리 위에 씌운 빨간 지붕이 물에 반사되는 모습이 근사하다. 지붕의 안쪽 들보에는 17세기의 화가 하인리히 베그만이 그린 111장의 널빤지 그림이 걸려있다. 이 그림들은 스위스 역사상 중요한 사건과 루체른 수호성인의 생애를 묘사한 그림이라고 한다.

교통 박물관
Transportation museum

유럽최대규모의 교통박물관

ADDRESS Verkehrshaus der Schweiz (transportation museum), Lidostrasse 5 6006 Luzern

TELEPHONE +41 (0)41 370 4444

www.verkehrshaus.ch

루체른의 교통 박물관은 유럽최대규모로 유명하다. 피어발트슈테터 호수의 아름다운 경치를 배경으로 세워진 이 박물관에는 60여 대의 기차와 40여 대의 클래식카, 비행기, 버스 등이 전시되어 있다. 교통박물관은 12동의 전시관뿐만 아니라 옥외까지 교통수단을 전시하고 있다. 그 중에는 실제로 체험할 수 있는 것도 많다. 특히 천문관에서는 신비로운 우주와 지구를 영상으로 펼쳐보이며, 슬라이드로 360° 를 보여주는 것이 흥미롭다.

필라투스
Mt. Pilatus in Luzern

루체른에 위치한 큰봉우리가 많은 산

ADDRESS PILATUS-BAHNEN AG, Schlossweg 1, 6010 Kriens/Lucerne

TELEPHONE +41 (0)41 329 11 11

www.pilatus.ch

스위스는 산이 많은 국가이지만 모두 험난하기 이를 데 없는 큰 산 일색이다. 사람들이 오를 수 있는 봉우리가 많지도 않다. 그런데 높은 봉우리 몇 개를 산악열차를 타는 관광지역으로 개발시켜 놓았다. 스위스의 봉우리 중에서 사람들이 가장 쉽게 다가설 수 있는 곳이 필라투스가 아닐까 싶다. 그래서인지 관광지로서 상당히 개발되어 있다.

필라투스는 2120m의 산봉우리이다. 스위스는 세계 제일의 급경사(최대 경사각도 48%) 산악열차를 이용하여 필라투스 정상까지 오를 수 있도록 해 놓았다. 산악열차는 약 30분 정도 타면 정상에 도달한다. 산 반대편 쪽으로도 케이블카를 타고 내려올 수 있다. 물론 반대방향에서 케이블카로 올라가고 산악열차를 타고 내려올 수도 있다. 필라투스 산은 본래 돌산으로, 16세기 돌산이 정복되기 전까지 예수를 처형한 빌라도의 악령이 깃든 산으로 인식되었다. 하지만 지금은 멋진 전경으로 관광객들의 발길이 끊이지 않는다.

스위스 사람들의 기술개발 능력도 높이 평가해주어야 할 것이다. 필라투스 봉우리를 쉽게 오르도록 케이블카 및 산악열차를 양쪽 방향으로 연결시키고 있으며, 저 아래 호수와 연결시켜 루체른 도시 일주 프로그램을 개발했다. 거기에다 호수에서 쉽게 연결되는 루체른 구시가지의 유적지를 방문할 수 있도록 꾸며 놓았다. 루체른 일주 관광이 된다. 필라투스 정상에서 호수를 내려다보는 경관을 보라. 표현력이 부족한 것이 정말 안타깝다.

필라투스와 융프라우는 서로 다른 분위기이다. 필라투스도 높은 산봉우리이지만 융프라우에 비해선 친숙하게 개발되어 있다. 정상의 분위기도 사람들이 접근할 수 있는 산의 분위기를 갖고 있다. 한편 융프라우는 걸어서 오르기 어려운, 그러니까 범접하기 어려운 산 느낌을 준다.

융프라우에 오르기 전
인터라켄에서

NO.2

융프라우(Jungfrau) 산악열차에 담긴 과학 정신

융프라우를 보통 유럽의 지붕(Top of Europe)으로 표현한다. 스위스는 해발 3454m인 융프라우 정상에 산악열차로 올라갈 수 있도록 해 놓았다. 이곳 정상은 공기도 희박하고 눈으로 덮여 있는 고요한 냉동고의 분위기이다. 너무 고요해서 무서울 정도이다.

산악열차의 종착역은 융프라우 전망대이다. 종착역에 도착해서 바로 스핑크스 전망대로 연결된다. 종착역에서 터널을 통해 똑바로 나가면 외부의 설원으로 나갈 수도 있다. 이곳은 1년내내 얼음과 눈으로 덮인 지역이므로 새로운 분위기를 느낄 수 있다. 해발 3573m에 있는 스핑크스 전망대에서는 눈 덮인 융프라우의 멋진 절경을 조망할 수 있다. 한국 관광객이 많아서인지 전망대 카페에서 한국식 컵라면을 판다. 뜨거운 물만 따로 파는 것을 봐서는 직접 가져 온 컵라면도 먹을 수 있다. 조망대에서 보면 저 멀리 '아이스팔레스(Eispalast)' 봉우리의 거대한 얼음조각도 눈에 들어온다.

인터라켄
Interlaken

융프라우에 오르는 산악열차가 시작하는 도시

ADDRESS HÖHEWEG 37, POSTFACH 369, CH-3800 INTERLAKEN

TELEPHONE +41 (0)33 826 53 00

www.interlaken.ch

융프라우(Jungfrau)에 오르는 산악열차가 시작하는 곳은 인터라켄 도시이다. 오스트(東) 역과 베스트(西) 역이 있는데 산악열차를 운행하는 곳은 오스트 역이다. 툰 호수와 브리엔츠 호수 사이에 있는 마을이다. 오스트역과 베스트역 사이에 있는 '회헤베크'는 인터라켄이 자랑하는 거리이다. 길거리 양편으로 각종 선물가게와 레스토랑 등이 들어서 있다.

인터라켄에는 세계에서 몰려드는 관광객과 젊은이들을 위해 저렴한 유스호스텔이 잘 발달되어 있다. 각 유스호스텔에는 여러개의 테이블이 있으며, 젊은이들이 모여서 도란도란 얘기를 나누며, 나그네의 분위기를 느끼게 해주는 낭만이 가득하다. 우리가족이 선택한 유스호스텔은 라우터브루넨 지역에 있는 것인데, 인터라켄에서 기차로 30분정도 거리에 있다. 편리하게도 라우터브루넨 역에서 5분정도 걷는 거리에 유스호스텔들이 있다. 라우터브루넨(Lauterbrunnen)은 빙하에 의해 파여진 U자 협곡의 대표적인 곳으로 인터라켄에서 클라이네샤이텍으로 가는 길목에 있다. 융프라우로 가는 중간 기착지로 항상 많은 관광객들이 몰린다.

가족과 함께하는 유럽여행에서 유스호스텔에 투숙하기 쉽지 않다. 무엇보다도 관광 유적지에서 멀리 떨어져 있어서 찾아가는데 오래 걸리기 때문이다. 숙소 찾는데 그리고 시내

눈 덮힌 융프라우

인터라켄 오스트 역

라우터브루넨의 유스호스텔

행글라이더를 타고 내린 사람들

융프라우 산악열차

로 나오는데 시간을 너무 소모하는 것도 여행에서 손실이 많다. 도시 경계 밖에 위치하는 경우도 많기 때문에 지도로 찾아가는 길이 험난하다. 숙소로 이동하는 시간을 많이 쓴다면 효과적으로 할 수 없게 되기도 한다. 이런 점 때문에 도심에서 보통 떨어져 있는 편인 유스호스텔에서 숙박하기 어려운 것이다. 그러나 인터라켄에서는 다르다. 유스호스텔도 기차역에서 매우 가까운 곳에 위치하고 있다. 상대적으로 저렴한 가격이고 낭만적인 분위기를 연출해서 오히려 유스호스텔을 선택하는 것이 좋다.

인터라켄에서 인상적인 풍경은 행글라이더 타는 모습이다. 저 멀리 보이는 산 정상에서 잔디 광장으로 내려오는 산악 스포츠를 즐기는 사람들을 볼 수 있다. 산악 지역의 특징을 여실히 보여주는 신선한 모습이다. 인터라켄 동역에서 서역 사이의 길에 행글라이더들이 내려오는 잔디마당이 있다.

융프라우로 올라가는 기차에서 창밖을 보면 온통 엽서의 한 장면들이다. 그만큼 그림 같은 풍경의 연속이다.

스위스가 자랑하는 산악열차는 사실 엄청난 발명품이다. 수많은 터널을 뚫어야 하고, 바위덩어리를 정복해야 한다. 또한 급경사에서 추락하지 않는 톱니바퀴 공학에 성공해야 한다. 융프라우의 산악열차는 필라투스의 산악열차 보다 규모가 크다. 어찌 보면 융프라우의 산악열차는 스위스 과학 기술력의 집결체로 볼 수 있다. 스위스는 시계 강국으로 정밀기계 분야에서 앞서는데, 그 실력을 산악열차에 응용한 듯 싶다.

융프라우 산악열차에서 본 풍경

Diary IN SWITZERLAND

8월 19일 선우 일기 (The Best Day Ever)

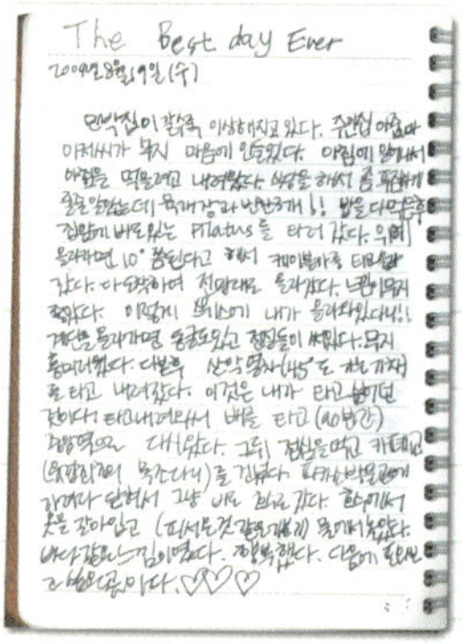

민박집이 갈수록 이상해지고 있다.

주인집 아줌마 아저씨가 무지 마음에 안 들었다.

아침에 일어나서 아침을 먹으려고 내려왔다.

식당을 해서 좀 푸짐하게 줄줄 알았는데 육개장과 반찬3개!!

밥을 다 먹은 후 집 앞에 바로 있는 Pilatus 케이블카를 타러갔다. 위에 올라가면 10°C쯤 된다고 해서 케이블카를 타고 올라갔다. 다 도착하여 전망대로 올라갔다. 느낌이 무지 좋았다.

이렇게 스위스의 산에 내가 올라와 있다니!!

계단을 올라가면 동굴도 있고 전설들이 써져 있었다.

무지 흥미로웠다. 다 본 후 산악열차(45°로 가는 기차)를 타고 내려갔다. 이것은 내가 타고 싶었던 것이다!

타고 내려와서 배를 타고(90분간) 중앙역으로 다시 왔다.

그 뒤 점심을 먹고 카펠교(유럽최초의 목조다리)를 건넜다.

피카소박물관에 가려다 닫혀서 그냥 바로 호수로 갔다.

호수에서 옷을 갈아입고 (피서온 것 같은 기분?!) 물에서 놀았다.

호수이지만 바다 같은 느낌이었다. 행복했다.

다음에 또 와보고 싶은 곳이다. ♡ ♡ ♡

SUN MON TUE WED THU FRI SAT

8월 19일 준열 일기 (세상에서 가장 좋은 날)

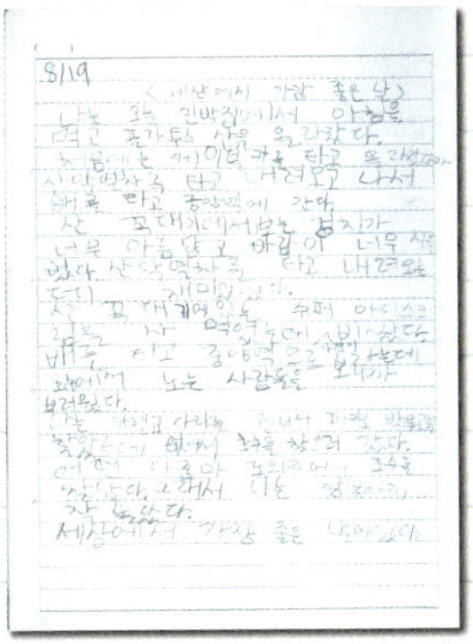

나는 오늘 민박집에서 아침을 먹고 필라투스 산을 올라갔다.

처음에는 케이블카를 타고 올라갔다가 산악열차를 타고 내려오고

나서 배를 타고 중앙역에 간다.

산꼭대기에서 보는 경치가 너무 아름답고 바람이 너무 시원했다.

산악열차를 타고 내려오는데 재미있었다.

산꼭대기에 있는 슈퍼에서 아이스크림을 사 먹었는데 가격이 비

쌌다. 배를 타고 중앙역으로 가는데 호수에서 노는 사람들을 보니까

부러웠다.

나는 카펠교 다리를 건너서 피카소 박물관을 찾았는데 없어서 호

수를 찾으러 갔다.

어떤 아줌마가 도와주어서 호수(수영을 할 수 있는 호수가 공원)를

찾았다. 그래서 나는 행복하게 잘 놀았다.

세상에서 가장 좋은 날이었다.

8월 20일 선우 일기 (융프라우엔 신라면을 판다!)

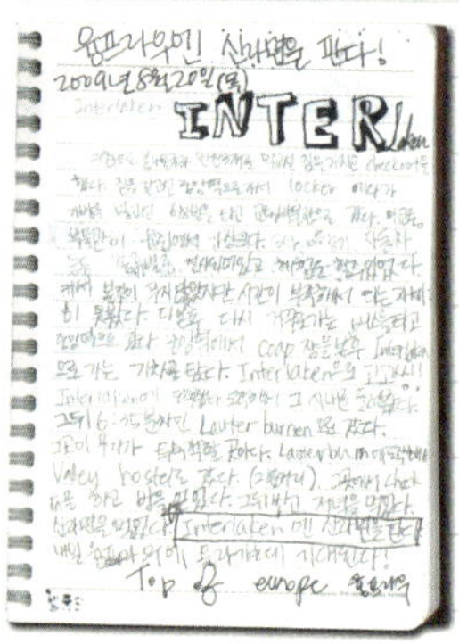

아침으로 콩나물국과 반찬3개를 먹고선 짐을 가지고 checkout을 했다. 짐을 갖고선 중앙역으로 가서 locker에다가 가방을 넣고선 618번을 타고 교통박물관으로 갔다.

이 교통박물관이 유럽에서 가장 좋다고 한다.

기차, 비행기, 자동차, 등등 종류별로 전시되어있고, 체험도 할 수 있었다. 규모가 커서 볼 것이 많았지만 시간이 부족해서 다는 자세히 못 봤다. 다 본 후 다시 거꾸로 가는 버스를 타고 중앙역으로 갔다.

중앙역에서 co-op 마켓에서 장을 본 후

Interlaken으로 고고씽!

Interlaken에 도착했다.

도착해서 그 시내를 둘러봤다.

그 뒤 6:35분 차를 타고 Lauterbrunnen으로 갔다.

그곳이 우리가 투숙 할 곳이다.

Lauterbrunnen에 도착해서 valley hostel로 갔다.(2분거리)

그 곳에서 check in을 하고 방을 얻었다.

그 뒤 씻고 저녁을 먹었다.

신라면을 먹었다.

★ interlaken엔 신라면을 판다★

내일 융프라우에 올라가는데 기대된다!

SUN MON TUE WED THU FRI SAT

8월 20일 준열 일기

(Intelaken ost, Jungfrau Lauterbrunnen<Valley Hostel>)

Today I went the Transport museum.

It was the Europe biggest transport museum, First I looked the train section, I went in the train and did some games.

I went into the cave and rode a mini train.

Next I saw the plane section I did games and I went in a plane.

Finally I saw the car section I saw a video about cars and I rode a car that crashed.

It was very fun.

I got my bag and went to Interlaken ost, Lauterbrunnen.

The hostel name was valley Hostel.

I was going to get a dormitory but I got a family room.

I was happy.

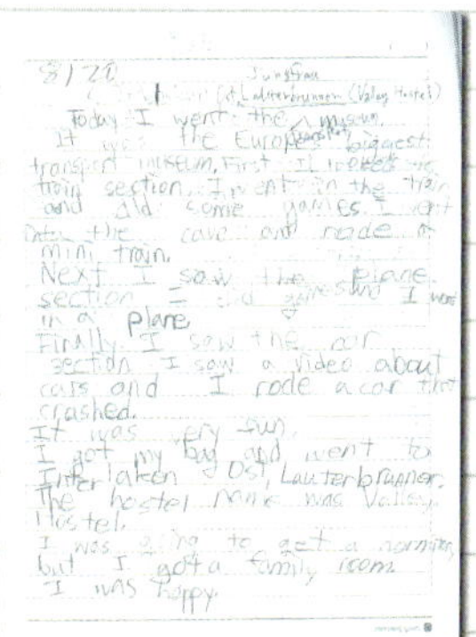

8/20

Jungfrau Lauterbrunnen (Valley Hostel)

Today I went the museum.
It was the Europe's biggest transport museum, First I looked the train section, I went in the train and did some games. I went into the cave and rode a mini train.
Next I saw the plane section I did games and I went in a plane.
Finally I saw the car section I saw a video about cars and I rode a car that crashed.
It was very fun.
I got my bag and went to Interlaken Ost, Lauterbrunner.
The hostel name was Valley Hostel.
I was going to get a dormitory but I got a family room.
I was happy.

DATE PAGE

8월 21일 선우 일기 (융프라우 올라간 날!)

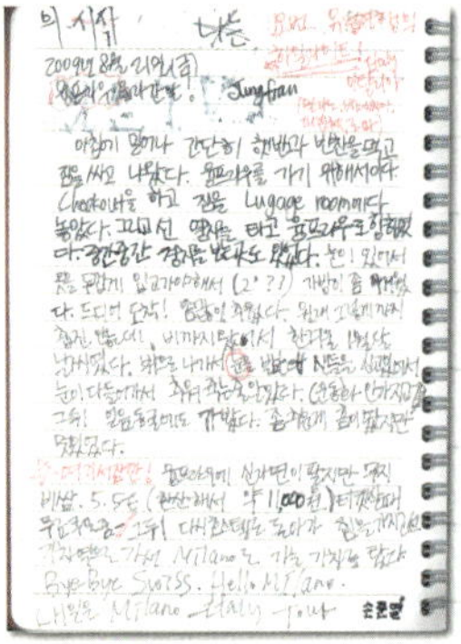

아침에 일어나 간단히 햇반과 반찬을 먹고 짐을 싸고 나왔다.
융프라우를 가기 위해서이다. checkout을 하고 짐을 Luggage room에다 놓았다. 그리고선 열차를 타고 융프라우로 향하였다.
중간 중간 경치를 보는 곳도 있었다. 눈이 있어서 옷을 두껍게 입고가야해서 (2°??) 가방이 좀 무거웠다.

드디어 도착!

좀 많이 추웠다. 원래 그렇게 까지 춥진 않는데, 비까지 왔어서 한겨울 1월달 날씨였다.

밖으로 나가서 눈을 밟는데 샌들을 신고 있어서 눈이 다 들어가서 추워 죽는 줄 알았다. (운동화 안가지고 감)

그 뒤 얼음동굴에도 가봤다. 좀 추운 게 흠이었지만 멋있었다.

★ 여기서 잠깐! 융프라우에서 신라면을 팔지만 무지 비쌈. 5.5 € (환산해서 약 11,000원) 티켓살 때 무료쿠폰줌.

그 뒤 다시 호스텔로 돌아가 짐을 가지고선 기차역으로 가서 Milano로 가는 기차를 탔다.

Bye Bye Swiss. Hello Milano.

내일은 Milano - Italy Tour.

SUN MON TUE WED THU FRI SAT

8월 21일 준열 일기

나는 오늘 스위스의 많은 산들중에 높은 융프라우를 올라갔다.

산악열차를 타고 융프라우로 올라갔다.

올라가서 신라면을 공짜로 먹고 산 밖으로 나갔다.

숨을 쉬기 좀 불편했다.

눈 밟을 때마다 눈이 신발 속으로 계속 들어와서

동상이 걸린 줄 알았다.

나는 얼음동굴을 들어가봤다.

그 얼음들 중에서 인공얼음인 것도 있고, 천연얼음도 있다.

산악열차를 다시 타고 내려오는 길에 감자랑 소세지랑 먹었다.

맛있었다.

나는 기차를 타고 밀라노로 갔다.

택시를 타고 호텔로 갔는데 택시 아저씨가 지름길(골목길)로 가는 바람에 우리는 무서워서 밖에 못나가고 푹 쉬었다.

즐거운 날이었다.

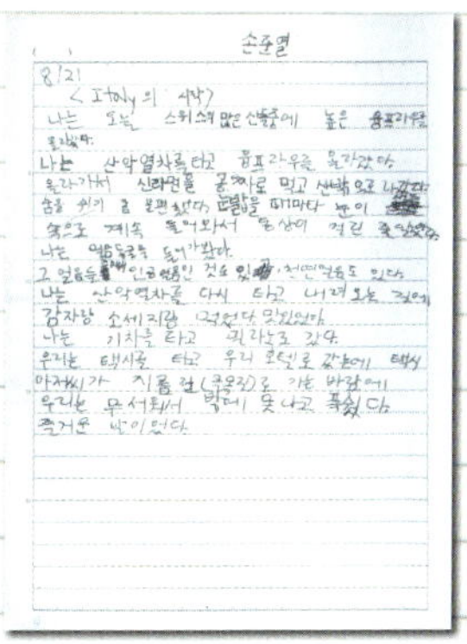

손준열

8/21

< Italy의 시작>

나는 오늘 스위스의 많은 산들중에 높은 융프라우를 올라갔다.

나는 산악열차를 타고 융프라우를 올라갔다.

올라가서 신라면을 공짜로 먹고 산밖으로 나갔다.

숨을 쉬기 좀 불편했다. 눈밟을 때마다 눈이 [illegible] 속으로 계속 들어와서 동상이 걸린 줄 알았다.

나는 얼음동굴을 들어가봤다.

그 얼음들 인공얼음인 것도 있고, 천연얼음도 있다.

나는 산악열차를 다시 타고 내려오는 길에 감자랑 소세지랑 먹었다. 맛있었다.

나는 기차를 타고 밀라노로 갔다.

우리는 택시를 타고 우리 호텔로 갔는데 택시 아저씨가 지름길(골목길)로 가는 바람에 우리는 무서워서 밖에 못나가고 푹쉬었다.

즐거운 날이었다.

이탈리아

역사와 창조의 박물관

ITALY

밀라노, '최후의 만찬' • 베네치아, 상업 정신 • 피렌체와 피사, 과학과 예술의 자연 학습장 • 로마, 도시 전체가 역사박물관 / 바티칸, 천재들의 예술성 • 나폴리와 폼페이, 역사적 교훈과 상처

Information

이탈리아 유럽 남부에 위치한 나라 **한국과의 시차** UTC+1/+2 **위치** 유럽 남부, 지중해 연안의 이탈리아 반도 **면적** 301230㎢ **인구** 약 6,022만 **공용어** 이탈리아어 **통화** 유로(Euro) **홈페이지** www.quirinale.it

연평균기온 약 15.5℃ **1월 평균기온** 8.3℃ **7월 평균기온** 23.4℃ **연강수량** 약 600~1000mm **강우일수** 연평균 74일

Milano

밀라노 이탈리아 롬바르디아주의 주도(州都) **위치** 이탈리아 롬바르디아주 **면적** 182㎢ **인구** 약 130만 **홈페이지** www.comune.milano.it **연평균기온** 약 12.8℃ **1월 평균기온** 2.5℃ **7월 평균기온** 23.5℃

Venezia

베네치아 이탈리아 베네토주(州)의 주도(州都) **위치** 이탈리아 베네토주 **면적** 412㎢ **인구** 약 27만 **홈페이지** www.comune.venezia.it **연평균기온** 약 13.4℃ **1월 평균기온** 3℃ **7월 평균기온** 23℃ **연강수량** 약 744mm

Firenze

피렌체 이탈리아 중부, 토스카나주(州)의 주도(州都) **위치** 이탈리아 중부 토스카나주 **면적** 102.4㎢ **인구** 약 36만 **홈페이지** www.comune.fi.it **연평균기온** 약 14.2℃ **1월 평균기온** 5℃ **7월 평균기온** 24℃ **연강수량** 약 769mm

Rome

로마 Rome 이탈리아의 수도 **위치** 이탈리아 테베레강 하류 구역 **면적** 1285㎢ **인구** 약 265만 **홈페이지** www.comune.roma.it **연평균기온** 약 15.5℃ **1월 평균기온** 3.7℃ **7월 평균기온** 28.6℃ **연강수량** 약 750mm **강우일수** 연평균 74일

Naples

나폴리 Naples 이탈리아 캄파니아주(州)의 주도(州都) **위치** 이탈리아 캄파니아주 **면적** 117㎢ **인구** 약 100만 **홈페이지** http://www.comune.napoli.it **연평균기온** 약 16.1℃ **1월 평균기온** 8.5℃ **7월 평균기온** 24.5℃ **연강수량** 약 793mm

ITALY

이탈리아

이탈리아, 역사와 창조의 박물관

이탈리아는 역사를 학습하기 좋은 국가이다. 2800년이라는 장구한 로마제국의 역사가 남아있으며, 르네상스 전성기의 풍미를 거리에서 박물관에서 느낄 수 있다. 각 도시마다 저마다의 역사와 전통을 보이는 것도 특징이며, 현대식 건물들이 들어서더라도 기존 전통과의 조화를 이루고 있는 것도 볼거리이다. 이렇기 때문에 이탈리아에서라면 여러 도시들을 보는 것을 권장한다. 각 도시마다 고유의 예술혼과 역사를 학습할 수 있기 때문이다.

이탈리아의 도시학습에서 중요한 포인트 중 하나는 로마를 중심으로 북부지역과 남부지역의 차이를 읽는 것이다. 하버드 대학의 퍼트남(Putnam) 교수에 의하면, 이탈리아는 북부와 남부에서 신뢰의 차이가 전통적으로 크다고 한다. 북부지역은 신뢰가 높아 근대적 의

우리 가족이 겪은 이탈리아 날씨

여름철에 비교적 더운 편이다. 8월달의 경우 낮에는 움직이기 힘들 정도로 덥다. 더위 때문에 제대로 감상하기 어려운 곳도 있다. 로마에 있는 콜로세움이 그렇다. 8월의 로마는 오전 10시를 넘어서면 더위가 시작된다. 콜로세움은 햇볕을 가려주는 그늘이 없어서 뜨거운 햇볕이 그대로 내려온다.여름철은 해가 긴 편이어서 대체로 저녁9시까지 밝다. 얼음물을 매우 비싼 가격으로 많이 사서 마셨다.

로마 제국 Roman Empire

이탈리아 반도를 시작으로 지중해를 아우르는 고대 서양 최대의 제국이다.
기원전 8세기를 시작으로 로마는 수 세기동안 여러 전쟁을 치르면서 이탈리아 반도 뿐만 아니라 지중해까지 영토를 넓혀가며 많은 나라를 복속시켰다. 이러한 패권주의는 로마 제국에게 막대한 부를 안겨주었으며 로마의 문화를 널리 퍼뜨려, 서구 세계의 법, 정치, 전쟁, 예술, 문학, 건축, 기술, 언어 분야의 발전에 크게 기여하게 된다.
기원전 1세기 아우구스투스가 한 사람의 황제에 의해 지배되는 정치형태인 제정 시대를 열었다. 제정 초기의 로마 제국은 강력한 패권을 바탕으로 '팍스 로마나'로 불리는 태평성대를 누렸으며, 라틴 문화권의 전성기를 이루었다.
그러나 약 200년간의 로마의 평화 시기가 끝나고 395년 동서 로마의 분할 이후 점점 쇠퇴기에 접어들었으며, 5세기경 서로마 제국은 몰락하게 된다. 한편 비잔티움으로 불리우는 동로마 제국은 외침을 막아내면서 1453년까지 존속하였으며 현재의 독일, 프랑스, 이탈리아 등 수많은 유럽 국가들이 로마를 계승하고 있다.

미의 상업 활동이 발달했다. 이탈리아의 강점인 섬유, 염료, 의복 등의 산업은 북부인 밀라노를 중심으로 이루어졌다. 과거 르네상스 전성기를 이끌던 피렌체도 북부이며, 해상무역의 중심지였던 베네치아도 역시 반도 북동쪽의 해안도시이다.

반면 남부는 신뢰가 낮았기 때문에 상업 활동이 취약했다. 일반적으로 신뢰가 낮다는 것은 가족 안에서는 신뢰를 키우지만 가족 범위를 넘어서는 다른 사람들과는 믿음을 나누지 못한다는 의미이다. 따라서 신뢰가 낮았던 이탈리아 남부지역에서는 산업이 발달하지 못했다. 오직 가족 범위에서만 교류가 발달했기 때문이다. 이탈리아 최남단의 시칠리아 섬 출신들이 미국 마피아를 지배했던 것도 이와 무관치 않다. 영화 "대부(代父)"에서 보듯이 마피아는 가족 중심의 정서가 강하다. 조직의 보스를 아버지라고 부르는 것이 바로 그렇다. 또한 보스 자리를 아들에게 승계되는 것을 당연하게 생각하는 것도 바로 시칠리아 정서에서 온 것이다. 신뢰가 낮은 곳에서는 가족밖에 믿을 수밖에 없는데, 그 정신적 유산이 미국 마피아 조직에 그대로 전수된 것이다.

이렇게 이탈리아 반도의 북부와 남부의 차이를 알고 보면 도시여행에서 큰 의미를 얻을 수 있을 것이다. 우리 가족은 스위스 쪽에서 이탈리아 반도로 진입했기 때문에 북부의 밀라노에서부터 도시여행을 시작했다. 그 이후 베네치아, 피렌체, 피사를 거쳐, 로마로 들어갔고 남부의 나폴리와 폼페이를 방문했었다. 자, 그럼 밀라노에서부터 창조학습을 시작해보자.

MAP

바티칸박물관
고대 이집트, 아시리아, 그리스 미술로부터 현대까지 이어지는 '미의 미로'
산탄젤로 성
139년 완공
로마 시내
테베레 강변에 있는
중세 이래의 성곽
천사의 다리
에스토니아 타르투에
있는 다리
성베드로 성당
종교개혁의 원인이 된
면죄부를 발생시킨
화려한 건축물

로마, 바티칸

포폴로 광장
핀초 언덕과
테베레 강 사이에
있는 광장
스페인 광장
영화 〈로마의 휴일〉의
배경이 된 광장
트레비 분수
폴리 대공의 궁전
정면에 있는 분수
판테옹
120년대 건립
로마 신전
진실의 입
진실을 심판하는
것으로 알려진
얼굴 조각상
포로 로마노
고대 로마 시대의
유적지
콜로세움
플라비우스 왕조 때
세워진 원형경기장
팔라티노 언덕
로마 도심에 있는 언덕

밀라노

스포르체스코 성
밀라노를 지배했던 가문들의 성. 다빈치와 브라만테가 개축에 참여
산타마리아 델 그라치아 성당
〈최후의 만찬〉 벽화가 있는 곳 예약 필수!
밀라노 두오모
하얀 대리석으로 만든 135개의 첨탑과 2245개의 조각상의 향연

베네치아

리알토 다리
우아한 모양의 석조다리와 베네치아의 상징물인 시장형 쇼핑센터
산 마르코 성당
산 마르코 광장
나폴레옹이 유럽에서 가장 아름다운 광장이라며 감탄한 곳으로 유명
무라노 섬, 리도 섬
유리공예로 유명

피렌체-피사

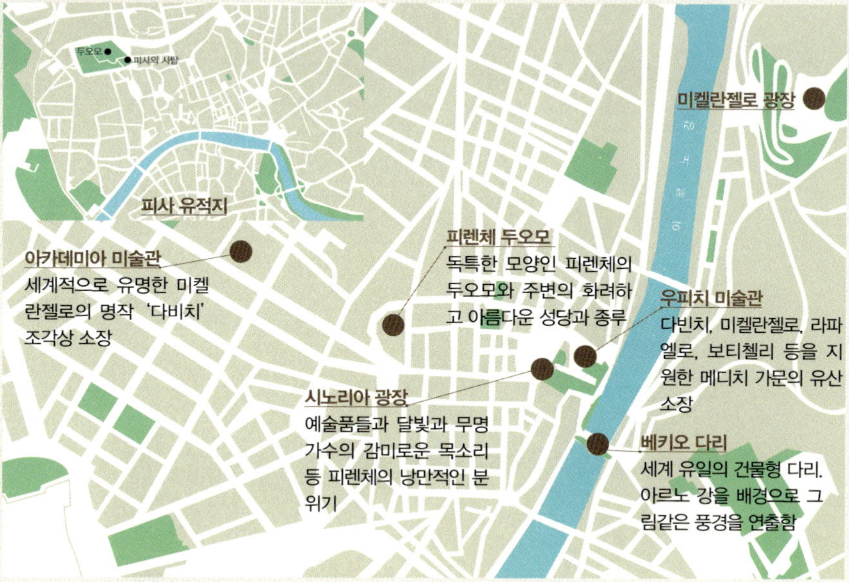

나폴리-폼페이

밀라노의 두오모 인근에서

NO.1

밀라노(Milano), '최후의 만찬'

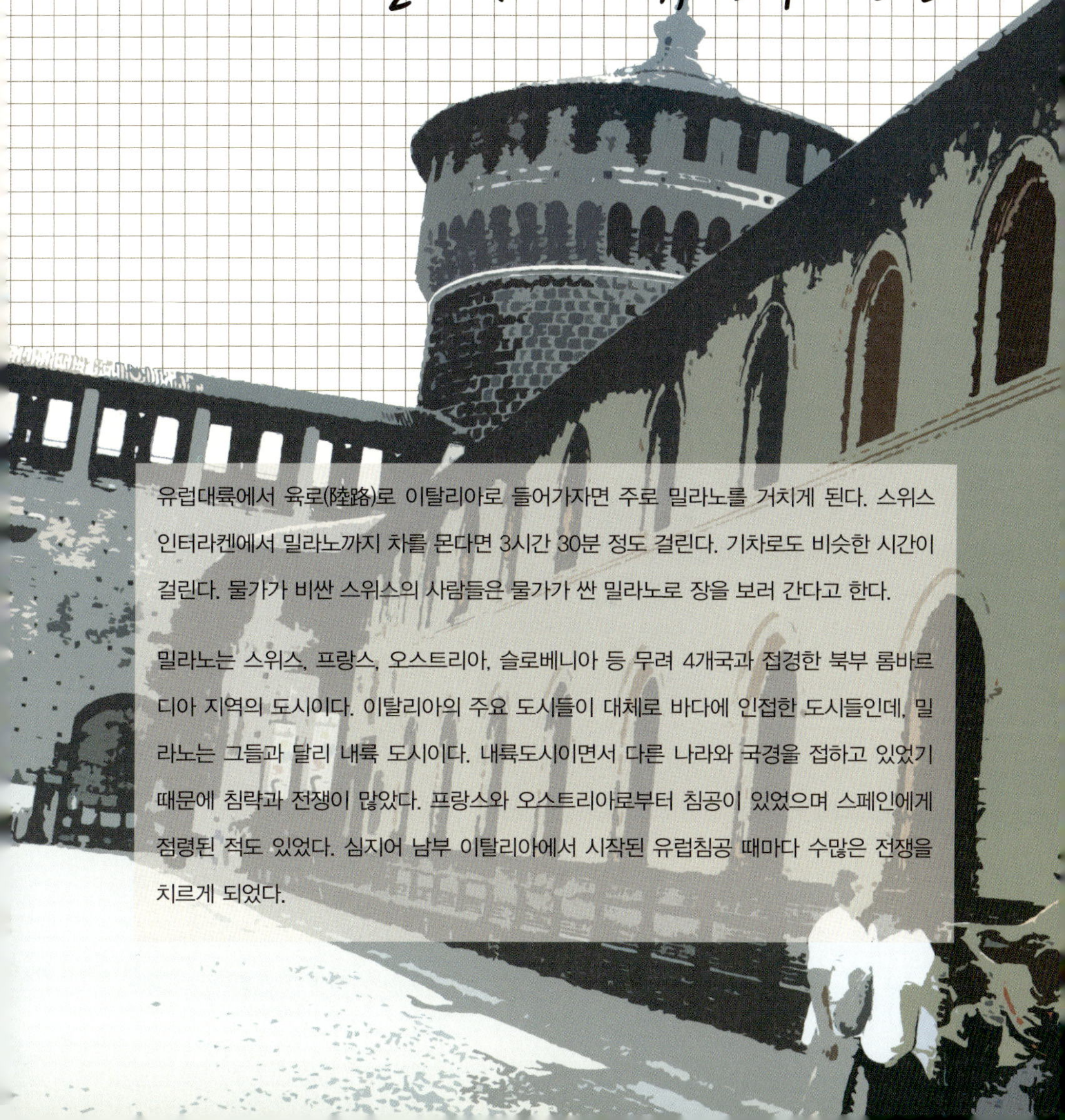

유럽대륙에서 육로(陸路)로 이탈리아로 들어가자면 주로 밀라노를 거치게 된다. 스위스 인터라켄에서 밀라노까지 차를 몬다면 3시간 30분 정도 걸린다. 기차로도 비슷한 시간이 걸린다. 물가가 비싼 스위스의 사람들은 물가가 싼 밀라노로 장을 보러 간다고 한다.

밀라노는 스위스, 프랑스, 오스트리아, 슬로베니아 등 무려 4개국과 접경한 북부 롬바르디아 지역의 도시이다. 이탈리아의 주요 도시들이 대체로 바다에 인접한 도시들인데, 밀라노는 그들과 달리 내륙 도시이다. 내륙도시이면서 다른 나라와 국경을 접하고 있었기 때문에 침략과 전쟁이 많았다. 프랑스와 오스트리아로부터 침공이 있었으며 스페인에게 점령된 적도 있었다. 심지어 남부 이탈리아에서 시작된 유럽침공 때마다 수많은 전쟁을 치르게 되었다.

밀라노 중심가
Milano main street

패션의 도시

밀라노는 변방으로서의 설움을 딛고 독자적인 색깔을 찾은 성공적인 도시이다. 어쩌면 침략이 많았던 탓에 독자적인 발전 동력을 찾았는지도 모른다. 밀라노는 제1의 도시가 아닌 설움을 돌파하기 위해 자신의 색깔을 독특하게 꾸려온 것으로 유명하다. 로마에게 뒤지고 피렌체와 베네치아 등 다른 도시들과 경쟁하고 있었다. 밀라노가 선택한 고유 특징은 패션산업이었던 것이다. 그들은 이탈리아 북부의 중심으로서 두각을 나타내는 방법을 패션산업에서 찾았다. 최근에는 패션과 섬유 외에도 컨벤션과 전시산업 등에도 많은 노력을 기울이고 있다.

밀라노는 왠지 특별할 것 같은 도시다. 그것은 아마도 '밀라노'라는 이름이 가진 마력 때문일 것이다. 밀라노는 왠지 명품 브랜드숍이 가득할 것만 같은 이미지를 준다. 밀라노 중앙역은 명품 브랜드의 광고판으로 가득했지만, 그러나 8월의 밀라노 시내는 그런 분위기가 아니다. 오히려 너무나 한가했다. 많은 시민들이 밀라노를 떠나서 비어있었고, 단지 관광객들로만 들어차있었다. 한국에서 생각한 밀라노와 현지의 밀라노는 달랐다.

밀라노에서는 중심권에 호텔을 잡는 것이 좋다. 특히 볼거리가 몰려있는 구(舊)밀라노 지역의 중심부가 편리하다. 실제로 밀라노의 세 가지 명소인 두오모(Duomo), 스칼라 극장, 그리고 스포제스코 성(城)를 고루 볼 수 있는 위치에 호텔이 많은 편이다. 밀라노 시내는 많은 유럽도시들이 그렇듯이 신시가지와 구시가지로 나누어진다. 신시가지에는 산업화의 상징물인 고층건물들이 밀집되어 있으며, 구시가지에는 전통을 간직하고 있는 역사적 명소들이 집결되어 있다.

밀라노 중심권에서 세계적 패션 중심지로서의 포스를 발견하기 어렵다. 실제로 밀라노 외곽의 아웃렛 지역이 오히려 패션 중심지라고 말한다. 밀라노에서 북동쪽으로 약 1시간 정도 거리에 떨어진 치아소(Chiasso) 도시의 팍스 타운(Fox Town) 아웃렛이 유명하다. 섬유와 염색 업체들도 도시 외곽으로 자리잡고 있다.

밀라노에는 레오나르도 다빈치의 작품들이 특별히 많다. 다빈치는 밀라노에서 20년 동안 활동했던 것으로 알려진다. 다빈치의 활동 배경에는 당시 실력자였던 스포르차 가문의 후원이 있었다. 그러나 이것만이 다빈치가 밀라노에 있었던 이유만은 아니다. 어떤 면에서는 밀라노의 치열하고 생산지향적인 풍토가 다빈치를 끌어들였을 수도 있다. 다빈치는 밀라노에 대한 애정이 컸다. 밀라노 운하를 건축하여 밀라노를 물류의 중심으로 만들었고, 전쟁에 대비한 성벽을 구상하여 밀라노의 방위에 힘을 주었다. 비행기 설계, 인체 해부 설계 등 후손들에게 많은 상상의 세계를 선물로 남겨 준 인물, 그 다빈치가 누비던 도시가 바로 밀라노이다.

밀라노 두오모
Duomo di Milano

밀라노에 위치한 대성당

ADDRESS Veneranda Fabbrica del Duomo di Milano, Via Arcivescovado 1 – 20122 Milano

TELEPHONE +39 (0)2 72022656

duomomilano.it

두오모는 밀라노 탐방의 출발점이다. 하얀 대리석 건물이 135개의 첨탑과 2245개의 조각상으로 장식되어 있다. 이탈리아 최대의 고딕양식이라고 한다. 지붕위에는 화려한 장식물들이 줄지어 늘어서 있다. '두오모(duomo)'는 '신의 집'이란 뜻이다. 이탈리아의 대부분의 도시에는 두오모가 있는데, 모양은 조금씩 다르지만 동일한 의미의 건물들이다. 밀라노 두오모는 완성되기까지 총 200년이 걸렸다고 한다.

밀라노의 두오모는 '신의 집'이라는 이름에 어울리지 않게 세속적인 흥겨움이 넘쳐난다. 두오모 광장에는 비둘기 떼가 몰려있다. 어찌 보면 사람들에게 작은 긴장감을 갖게 할 정도로 지나치게 많다. 제대로 걸어 다니기 어려울 정도이니까. 두오모 옆에는 갈레리아(Galleria)라는 이름의 대형 백화점이 있다. 이 백화점 때문일까? 밀라노 두오모가 가진 자유분방함이 잘 살아난다. 이탈리아의 쇼핑은 아케이드는 건물 사이에 둥근 유리천장으로 덮인 경우가 많다. 다른 나라에서는 볼 수 없었던 이탈리아의 특색으로 기억된다. 이탈리아의 대형 쇼핑몰은 두리 지붕이 있는 큰 아케이드 모습인 경우가 많다. 밀라노 두오모 정면에서 왼쪽의 큰 아케이드는 스칼라 광장까지 200미터나 이어져 있다. 왜 두리 지붕을 선호하는지는 잘 모른다. 나폴리에서도 두리 지붕 아케이드가 특별한 구경거리였다. 아케이드 안에는 고급 브랜드숍들이 이어지며, 카페와 커피숍 등이 들어서 있다.

두오모 내부는 고급스러운 스테인글라스로 장식되어 장엄한 분위기를 연출한다. 사람들이 옥상으로 쉽게 오르게 할 수 있도록 엘리베이터가 설치되어 있다. 옥상은 그리 높지는 않지만 신기할 정도로 시야가 탁 트여있다. 밀라노시(市)전경이 한 눈에 들어온다는 느낌을 줄 정도였다.

스포르체스코 성
Castello Sforzesco

레오나르도 다 빈치가 건축에 참여한 성

ADDRESS Servizio Castello Piazza Castello, 3, 20121 Milano

TELEPHONE +39 (0)2 88463700

www.milanocastello.it

밀라노 트램

두오모에서 서쪽 방향으로 1킬로미터 정도 떨어진 곳에 진흙 빛의 커다란 성(城)이 있다. 멀리서 보아도 한번 들려보아야 할 곳이라는 인상을 준다. 고전적인 색채로서 위엄 있게 지어진 건물이다. 이 건물이 바로 스포르체스코 성이다. 14세기 밀라노를 지배했던 비스콘티 가문에서 궁전으로 건설했는데, 15세기에 스포르차 가문에서 성채로 개축했다. 이 개축에는 레오나르도 다빈치와 브라만테가 참여했다고 알려진다.

성채의 내부도 매우 넓다. 일일이 모두 둘러보려면 상당한 시간이 필요하다. 제법 큰 규모의 미술관이 있으며 악기박물관도 있다. 이 미술관에는 여러 개의 전시실이 있고 미켈란젤로의 조각품과 회화 작품이 전시되어 있다. 건물 뒤편으로 커다란 정원이 조성되어 있다. 이 성의 내부 정원에는 조그만 호수와 자연 평원이 보인다. 그 평원 너머까지 걷기에는 8월의 더위가 부담스러운 것이 다소 아쉽다.

〈최후의 만찬〉 벽화
The Last Supper

레오나르도 다빈치의 대표작

ADDRESS Piazza Santa Maria delle Grazie, 2 MILANO

TELEPHONE +39 (0)2 8942 1146

www.lastsuppertickets.com

〈최후의 만찬〉은 당시 43세였던 레오나르도 다빈치가 1495년에 시작하여 3년만에 완성한 작품이다. 밀라노의 산타마리아 델 그라치 성당 식당내부에 걸린 그림이다. 최근 〈다빈치 코드〉라는 이름의 영화와 소설로 인해 더욱 유명해졌다. 산타마리아 델 그라치아 성당은 밀라노 중심의 두오모 광장에서 버스로 10분 정도의 거리에 있다. '최후의 만찬' 벽화가 걸린 식당 건물은 작은 건물이지만 그 그림의 유명세를 반영하듯 엄청난 수의 관람객을 모으고 있다. 예약은 필수적이며 한창 때는 약 1개월가량 예약이 밀리는 경우도 있다고 한다. 본 성당은 예약 없이 언제나 무료로 둘러 볼 수 있다. 그림의 제목이 〈최후의 만찬〉이니 식당 그림으로 적합했던 것 같기도 하다.

밀라노 산타마리아 델 그라치아 성당

〈최후의 만찬〉 벽화의 관리가 무척 어려운 모양이다. 한동안 방문객을 받지 못했던 적도 있다고 한다. 오랜 세월에 걸쳐 복원이 이루어졌다. 방문객 수가 많다보니 사람들이 뿜어내는 습도가 주 위험요인이다. 예약제로 운영하는 이유가 바로 방문객 수를 조절할 필요가 있기 때문이다. 관람은 25명씩 입장하여 약 15분 동안만 허용된다. 밀라노 산타마리아 델 그라치아 성당을 방문하고자 한다면 미리 인터넷으로 예약해 두는 것이 가장 중요하다.

〈최후의 만찬〉 그림은 예수가 제자들과 마지막 식사를 하는 장면을 묘사하고 있다. 성경에 의하면 예수가 12제자와 같이 식사를 하면서 갑자기 한 가지 선언을 한다. 이중에서 한명이 자신을 배신할 것이라고. 이런 갑작스러운 말에 대해 12제자들이 각기 반응하는 표정과 자세가 생생하게 담겨있다. 다빈치가 천재라고 불리는 이유는 성경에 묘사된 12제자의 특징을 이 그림에 제대로 담아 놓았다는 점이다. 미술사가인 곰브리치는 〈최후의 만찬〉을 "천재가 만든 위대한 기적"이라고 극찬하기도 했다.

일부에서는 〈최후의 만찬〉에 담긴 수학적 묘미를 지적하기도 한다. 첫째, 좌우대칭이 주는 기하학적 미(美)를 볼 수 있다. 인간이 믿는 아름다움의 조건인 '대칭'이 그림에서 절묘하게 표현되어 있다는 것이다. 둘째, 원근법의 응용이다. 예수를 중심으로 평면 그림에서 실제 공간처럼 느끼도록 하는 기법이 뛰어나 마치 실제 상황을 보는 듯 착각을 불러일으킨다.

보통 레오나르도 다빈치를 천재로 생각하지만, 한편에서는 그를 천재로 보는 것도 작은 신화라고 말하는 사람들도 있다. 그는 당시 지식인의 표상인 라틴어에 약했고, 고대철학을 잘 몰랐으며, 지리학에는 늦게 입문했다고 한다. 이들을 지적하면서 다빈치를 천재 교양인으로 보기 어렵다고 말한다. 그러나 다빈치가 천재이냐 아니냐가 중요하지 않다. 희망을 담은 영웅 신화도 의미가 크다. 다빈치를 따르려는 후세들이 많다는 것이 아름다운 일이다.

Diary IN ITALY

8월 22일 선우 일기

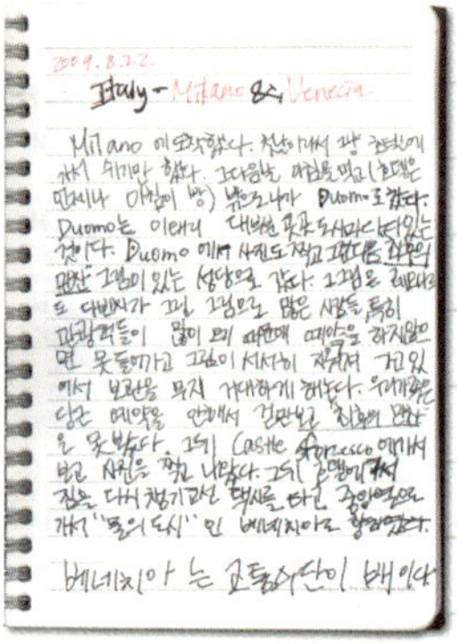

Milano에 도착했다.

첫 날이라서 그냥 호텔에 가서 쉬기만 했다.

그 다음날 아침을 먹고 (호텔은 언제나 아침이 빵) 밖으로 나가 Duomo로 갔다.

Duomo는 이태리 대부분 곳곳 도시마다 다 있는 것이다.

Duomo에서 사진도 찍고 그런 다음 "최후의 만찬" 그림이 있는 성당으로 갔다.

그 그림은 레오나르도 다빈치가 그린 그림으로 많은 사람들, 특히 관광객들이 많이 오기 때문에 예약을 하지 않으면 못 들어가고 그림이 서서히 지워져 가고 있어서 보관을 무지 철저하게 해 놓는다. 우리가족은 당근 예약을 안 해서 겉만 보고 "최후의 만찬"은 실물을 못 보았다. 그 뒤 castle "sforcesco"에 가서 보고 사진을 찍고 나왔다. 그 뒤 호텔에 가서 짐을 다시 챙기고 선 택시를 타고 중앙역으로 가서

"물의 도시"인 베네치아로 향하였다.

베네치아는 교통수단이 배이다.

SUN MON TUE WED THU FRI SAT

8월 22일 준열 일기

나는 오늘 밀라노에서 Piazza(광장)에 갔다.

그 광장 앞에 멋진 duomo(성당)가 있었다.

광장에 비둘기 - - 를 먹이고 있는 아저씨가 있었는데 한 비둘기가 그 아저씨 팔에 앉았다!

난 그 다음으로 "최후의 만찬" 그림과 채식화로 그려진 그림들이 있는 성당으로 갔는데 그려진 그림들이 지워지고 있어서 예약을 안하면 못들어간다. 그래서 나는 그림들이 있는 곳은 못가고 성당에 있는 딴 곳에 갔다. 나는 거기에서 딴 그림들을 찍었다.

우리 엄마가 친할머니를 위한 묵주를 사다드리려고 했는데 50Euro밖에 없어서 내가 5Euro를 빌려줬더니 물건을 파는 할머니가 열쇠고리를 공짜로 주셨다.

나는 그 다음에 스포르체스코 성을 둘러보고 기차를 타고 베네치아로 갔다. 그 호텔이 밀라노에 있던 호텔보다 좋았다.

나는 밤에 산마르코 광장에 갔다.

나폴레옹이 가장 좋아했던 광장이다.

나는 거기서 내가 원하는 가면을 내일 사기로 했다.

즐거웠다.

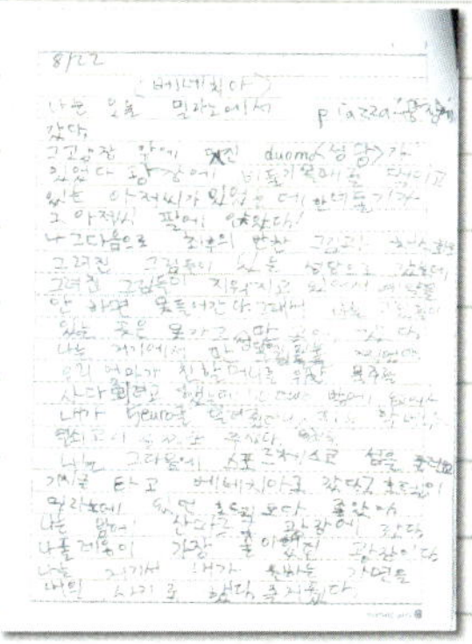

베네치아 산 마르코 광장에서

NO.2

베네치아(venezia), 상업 정신

베네치아는 이탈리아 반도 북동쪽의 항구도시로서, 바다와 육지가 격자로 이어져있다. 이래서 베네치아를 '물의 도시'라고 부른다. 미국인들은 베네치아를 베니스로 부르는데, '베니스의 상인'이라는 글이 유명하기 때문에 많은 사람들이 베니스로 알고 있기도 하다.

베네치아 공화국 역사는 기원전 7세기경으로 거슬러 올라간다. 이민족과의 싸움에 지친 베네치아인들은 베네치아 본섬으로 자리 잡는다. 이 섬은 당시 비잔틴 제국의 지배를 받고 있었기 때문에 이민족이 침입할 수 없었다. 유럽과 아시아를 연결한다는 지리적 이점을 이용하여 베네치아는 해운 교역을 발전시켜 나갔으며, 소득을 넓히게 되었다.

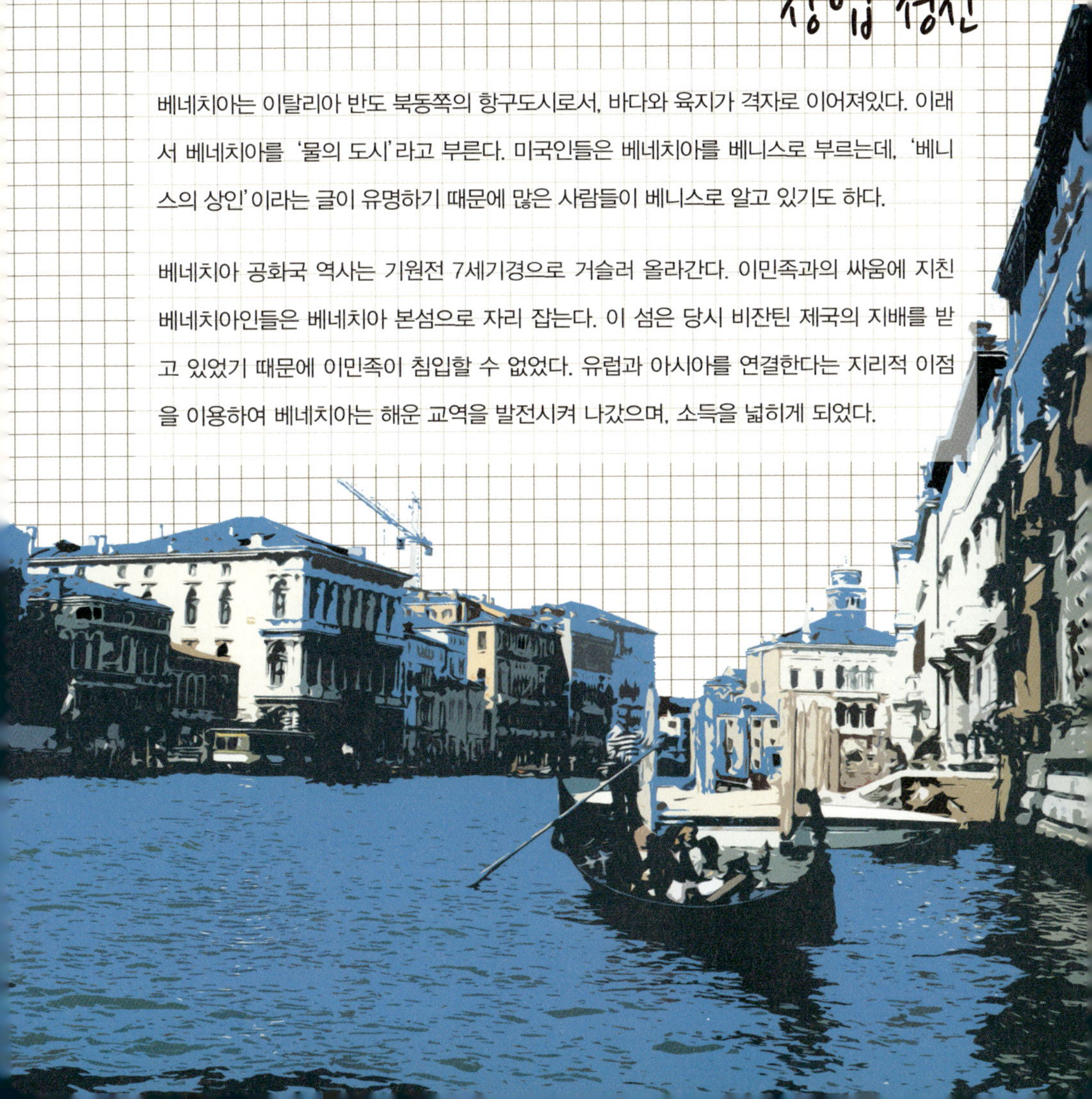

베네치아 중심권
Venezia center

물의 도시

베네치아는 한때 세계무역의 중심지였고, 유럽 제일의 상업제국이었다. 베네치아인들이 해상무역의 중심이 되기까지는 무(無)에서 유(有)를 창조한 것과 같은 노력이 있었다. 베네치아의 본래 모습은 몇 개의 섬과 갯벌로 구성된 땅이었다. 더욱이 중세의 분위기는 농업보다 상업을 우선하기도 쉽지 않았다. 그러나 베네치아인들은 치열한 노력을 통해 지중해를 지배하는 해상국가가 된다. 이 과정에서 '단돌라'라는 영웅이 있었으며, 끊임없는 기술개발로 최고의 배를 만든 장인들이 있었고, 교역로를 개척한 유능한 뱃사람들이 있었다. 이들의 공동의 노력에 의해 베네치아의 신화가 완성된다. 베네치아가 해상 중심지로 두각을 나타내면서 당시 경쟁도시인 제노바와 피사 등의 해양 도시들의 힘은 점차 축소되었다. 특히 도제였던 단돌라가 주도한 라틴제국의 탄생에 힘입어 베네치아의 이득을 극대화할 수 있게 되었다.

마스크 모양의 피자빵.

베네치아의 명물 마스크

당시 베네치아의 라이벌은 해운도시 제노바였다. 두 도시는 지중해 교역의 패권을 두고 충돌했으며(거의 1세기 동안), 결국 베네치아는 1381년에 숙적 제노바를 물리치는데 성공한다. 그 이후 지속적으로 영토를 확대하여 1404년경에는 동로마 제국이 지배하던 영토의 3/4를 지배하게 된다. 1400년대 초에는 베로나, 파도바, 비첸차, 페라라, 크레모나 등까지 점령했으며, 1489년에는 그리스의 키프로스 섬까지 정복하는 등 세력을 크게 확대했다.

베네치아의 황금기는 15세기 초까지이다. 그러나 16세기에는 교황과 신성로마제국, 프랑스와 스페인 등이 반(反)베네치아 동맹을 맺고 견제하면서부터 세력이 약화되기 시작했다. 또한 1453년의 투르크인의 콘스탄티노플 점령도 쇠퇴의 한 원인이 되었다. 16세기에는 중요한 해외 거점이었던 키프로스 섬, 크레타 섬을 투르크에게 빼앗기며 세력이 약화되었다. 결국 1797년 나폴레옹에게 점령당하고 오스트리아에 병합되면서 베네치아 공화국은 종언을 맞았다.

베네치아의 유리공예 작품

베네치아 인근에는 몇 개의 섬이 있다. 특히 '리도'와 '무라노'와 같은 섬들이 유명하다. 이들 섬이 유명한 이유는 유리 공예 때문이다. 13세기에 유리 제조 기법이 전해진 이후 베네치아 유리의 제조 기법을 전승하고 있다. 우리는 무라노 섬에 들르게 되었다. 무라노 섬은 베네치아 북쪽 1.5km의 해상에 있는 섬이다. 무라노 섬에는 유리공예박물관뿐만 아니라 유리제작소 및 유리 제품 전문점이 많다. 유리 공예는 본래 아시아권에서 시작되었지만 오히려 베네치아에서 활짝 꽃을 피웠다.

베네치아에서는 마스크를 유리로 만들 정도로 유리 공예가 일상생활에 파고들었다. 무라노의 유리공예박물관은 한번 들러 볼 만하다. 생각하지도 못했던 다양한 모양과 색상의 유리공예품을 감상하게 될 것이다.

베네치아 중간쯤의 리알토 다리도 명물이다. 베네치아에는 여러 개의 다리가 있지만 그 중에서 '리알토 다리'가 가장 유명하다. 리알토 다리는 우아한 모양의 석조다리이다. 외관에서부터 세련된 품격이 전달된다. 전체 48미터 다리의 안쪽으로 피혁제품과 귀금속품 상점들이 늘어선 쇼핑센터가 형성되어 있다. 이 시장형 쇼핑센터도 베네치아의 상징물 중 하나이다. 바닷길 대운하의 중간쯤에 위치한다.

베네치아는 아름다운 도시이지만, 이런 물의 도시에서 오래 거주하며 살기는 어렵다는 생각이 든다. 섬이라는 것이 왠지 답답하고 단조롭다는 느낌을 주기 때문이다. 그저 며칠 동안 방문하는 것으로 족할 듯 싶다. 아무리 아름다운 섬도 그 숙명적인 답답함을 극복하기 어렵다. 세계적인 관광지로 꼽히는 캐나다 밴쿠버 인근의 빅토리아 섬에서도 그랬다. 아름다운 관광지라고 해서 모두 거주하고 싶은 마음이 드는 것만은 아니다.

산 마르코 광장
Piazza San Marco

베네치아의 중심에 위치한 광장

ADDRESS Piazza San Marco, Venezia

en.wikipedia.org/wiki/Piazza_San_Marco

산 마르코 광장은 베네치아의 자랑이다. 나폴레옹은 산 마르코 광장을 특히 좋아해서 유럽에서 가장 아름다운 광장이라는 칭찬을 남겼다고 한다. 혹자는 산 마르코 광장을 베네치아의 심장(心臟)이라고 말한다. 모든 운하와 골목길들이 산 마르코 광장으로 통하기 때문이다. 산 마르코 광장은 언제나 사람들로 가득하다.

산 마르코 광장에는 병풍 모양의 거대한 성당이 있다. 유럽에 존재하는 대표적인 비잔틴 양식의 건물이다. 비잔틴 양식의 성당은 유럽에 거의 없지만 베네치아는 비잔틴 국가에 지배받았던 탓에 비잔틴 양식의 성당을 갖고 있는 것이다. 이 성당 안쪽으로는 'ㄷ'자 모양의 긴 회랑이 있다. 광장에 있는 '도제 궁전'도 멋지다. 도제란 베네치아의 최고통치자였던 총독 이름에서 온 말이다. 이 궁전은 이슬람 건축물과 닮아있다. 마치 터키 이스탄불에서 보던 궁전들의 모습과 흡사하다.

Diary IN ITALY

8월 23일 선우 일기

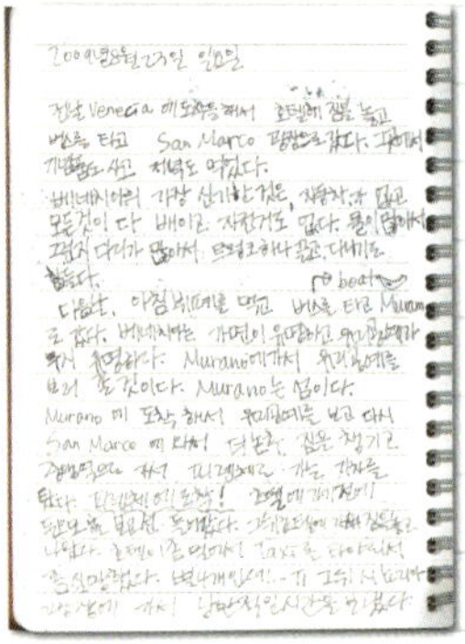

전날 venecia에 도착을 해서 호텔에 짐을 놓고 수상 버스를 타고 SanMarco광장으로 갔다.

그곳에서 기념품도 사고 저녁도 먹었다.

베네치아의 가장 신기한 것은 자동차가 없고 모든것이 다 배이고 자전거도 없다.

물이 많아서 그런지 다리가 많아서 트렁크 하나 끌고 다니기도 힘들다. 다음날, 아침뷔페를 먹고 버스(boat)를 타고 Murano로 갔다 . 베네치아는 가면이 유명하고 유리공예가 무지 유명하다. Murano에 유리공예를 보러 갈 것이다.

Murano는 섬이다. Murano에 도착해서 유리공예를 보고 다시 SanMarco에 와서 더 논 후, 짐을 챙기고 중앙역으로 가서 피렌체로 가는 기차를 탔다.

피렌체에 도착!

호텔에 가기 전에 두오모를 보고선 들어갔다.

그 뒤 호텔에 가서 짐을 놓고 나왔다.

호텔이 좀 멀어서 Taxi를 타야 되서 좀 실망했다.

별 4개인데.... ㅠ

그 뒤 시뇨리아 광장에 가서 낭만적인 시간을 보냈다.

SUN MON TUE WED THU FRI SAT

8월 23일 준열 일기

Today I went to the Glass(Murano에 있음) Museum.
There were flower glasses the craft artist's were, and very many glasses.
The glasses were made by the craft artist that blew the glasses into shape like a balloon.
Next I went to the SanMarco piazza again and bought a mask.
I ate a very delicious icecream I was very happy.
I rode the train and went to Firenze.
My sister wanted to see the sculpture of David, but the Academy Gallery was closed at night wa saw the fake sculpture of David in siznoria piazza.
I heard music and ate a delicious meal.
The hotel was a little bit bad but it was good.
It was a fun day.

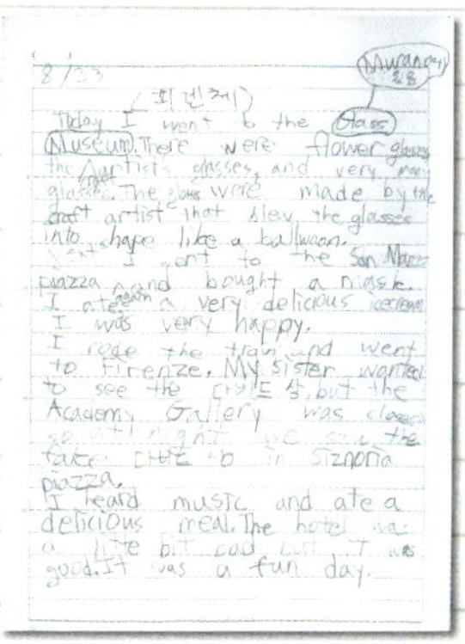

피사유적지 안에서

NO.3

피렌체(firenze)와 피사, 과학과 예술의 자연 학습장

'꽃의 도시'라는 이름의 피렌체는 르네상스를 완성한 도시이다. '플로렌스'라는 이탈리아 이름으로도 불리는데, 플로렌스는 '번영'이라는 뜻이다. 르네상스를 꽃피웠던 도시인 만큼 피렌체 곳곳에는 예술적 가치가 높은 조각상과 작품이 진열되어 있다. 다른 곳 같으면 박물관에서나 볼 수 있는 작품들을 아무렇지도 않게 거리에서 마주치게 하는 도시가 바로 피렌체이다.

피렌체가 르네상스를 완성한 이유는 내로라는 천재들이 활동했기 때문이다. 단테, 보카치오, 미켈란젤로, 갈릴레이 등 셀 수 없는 예술가와 과학자들이 피렌체에서 창조 에너지를 뿜어내었다. 그래서 피렌체는 천재들의 도시라고 불리기도 한다. 물론 르네상스도 하루아침에 이루어진 것은 아니다. 14세기에 싹을 틔운 르네상스 기운은 메디치 가문의 오랜 후원을 거쳐 16세기에 이르러서 폭발적인 힘을 발휘했다. 메디치 가문의 꾸준한 노력이 큰 도움이 되었다.

메디치 가문 & 아카데미아 미술관
Medici family & Galleria dell' Accademia di Venezia

피렌체의 대부호 가문

아카데미아 미술관

ADDRESS Venezia, Galleria dell'Accademia Sestiere Dorsoduro, 1050, 30123 Venezia

TELEPHONE +39 (0)41 5200345

www.gallerieaccademia.org

피렌체를 말할 때 메디치(Medici) 가문을 빼놓고 말할 수 없다. 메디치 가문은 그만큼 피렌체와 밀접하게 연관되어 있다. 상업으로 시작한 메디치 가문은 14-15세기에 금융업으로서 어마어마한 부를 축적하게 된다. 메디치 가문이 유명해진 이유는 많은 돈 때문이 아니라 그들이 기부하는 부자로서 행동을 했기 때문이다. 현재까지 메디치 가문은 기부하는 대부호의 대명사로 불린다.

그들은 부의 대부분을 학문과 예술의 발전을 위해 기꺼이 내놓았다. 그것도 자그만치 100년이 넘는 세월 동안 4대에 걸쳐 계속되었다. 이것이 가능했던 이유는 메디치 가문이 자손들에게 욕심을 자제하고 사회를 포용하도록 가르쳤기 때문일 것이다. 메디치 가문의 지원으로 마음껏 재능을 발휘한 예술가들이 많다. 레오나르도 다빈치, 미켈란젤로, 라파엘로, 보티첼리, 브루넬레스키 등이 이에 속한다. 르네상스의 예술혼을 꽃피우는데 메디치 가문의 역할은 이처럼 컸다.

메디치 가문이 세운 예배당이 하나 있다. 이 메디치 예배당에 도착한 것은 저녁 8시가 넘어서였다. 두오모 광장에서 메디치 예배당 방향의 길은 어둡고 한적한 편이었다. 시노리아 광장 방향의 길과는 분위기에서 큰 차이가 났다. 메디치 가문과 직접 연계된 공간으로 '우피치 미술관'이 있다. 메디치 가문이 소장하고 있던 작품들을 갖고 만들어진 미술관이다. '우피치 미술관' 인근의 '메디치 예배당'도 밤에는 쓸쓸하다. 예배당이자 동시에 메디치 가문의 가족묘지여서 그런가, 밤에는 적막한 분위기가 확연하다. 글에서만 느꼈던 메디치 가문의 명성과 화려함은 어디에도 찾아볼 수 없다. 그러나 그들은 위대한 정신과 패션을 남겼고, 사람들은 그들의 위대함을 여전히 기억한다.

피렌체 여행은 '아카데미아' 미술관에서 시작해도 좋다. 이 아카데미아 미술관은 미켈란젤로의 명작인 '다비치' 조각상을 소장한 미술관이다. 피렌체의 택시가 이탈리아 다른 도시에서 보다 비싼 편이었다. 피렌체 중앙역에서 '아카데미아' 미술관까지 택시를 이용했는데, 10분도 못가는 거리임에도 불구하고 15유로나 되는 택시비를 지불해야 했다.

피렌체 중심가의 밤은 볼거리가 너무 많다. 길거리 음악회가 있고, 좋은 음식점들이 많다. 피렌체의 중심부인 시노리아 광장에는 다비치 동상의 모조품이 있다. 그 모조품은 진짜와 거의 같은 모습이다. 피렌체의 밤은 은은한 달빛 조명만으로 약간 어두운 듯 했지만 분위기는 그만이었다. 달빛이 나름대로 운치 있는 밤의 분위기를 연출했다. 거리를 휘어잡고 있는 무명 가수의 실력은 꽤 괜찮았다. 많은 군중들이 달빛 분위기와 잘 어울리는 그 감미로운 목소리를 즐기고 있었다. 관광객을 쉽게 떠나도록 내버려 두지 않았다. 우리 가족도 그 분위기에 깊이 빠져들었다. 늦은 9시가 되었지만 저녁도 먹기 전이었기에 시노리아 광장 한편의 레스토랑에 앉았다. 거리 음악을 들으며 달빛 속에서 맛보는 피렌체 방식 피자의 맛도 우리 기분을 한층 즐겁게 했다.

피렌체 두오모 & 시노리아 광장
Duomo di firenze & Piazza della Signoria

피렌체의 대성당

ADDRESS Piazza Duomo, 17 - 50122 Florence

TELEPHONE +39 (0)55 294514

www.duomofirenze.it

예술품들로 가득한 두오모 인근 광장

피렌체의 명물은 역시 두오모이다. 두오모 나름대로의 독특한 모습을 갖고 있지만, 주변에 성당과 종루 등 아름다운 건축물이 모여 있다. 두오모 바로 옆쪽에 크고 작은 상점들이 줄 지어선 쇼핑거리가 펼쳐진다. 쇼핑거리는 이탈리아 특유의 유리 천장 건물이다. 두오모에서 쇼핑거리를 따라 걷다보면 시노리아 광장이 나온다. 가는 길은 골목길이지만 곧 시원스럽게 시노리아 광장이 펼쳐진다. 시노리아 광장은 그 자체가 예술 작품이다. 광장에 분수대가 화려하며 광장을 연결시키는 골목길도 무언가 저마다의 깊이를 품고 있다.

시노리아 광장에는 많은 예술 조각상들이 서있다. 미켈란젤로 〈다비드〉 상의 모조품도 있으며, 〈넵투누스의 분수〉 조각상도 서있다. 진품 다비드 상이 있는 아카데미아 미술관도 그리 멀지 않지만, 다비드 상의 모조품도 훌륭하게 모습을 드러낸다.

시노리아 광장을 보면 한눈에 이 광장은 군중들이 모이는 집회장소였을 것이라는 생각이 든다. 실제로 이 광장 한쪽에 있는 베키오 궁전은 공화국의 정부 청사였다. 이 건물에는 높이 94미터의 종루가 있으며, 입구 오른쪽 안에는 미켈란젤로의 조각상 〈승리〉가 있다.

이 광장에 또 하나의 명물은 산타마리아 델 피오레 대성당으로, 그 지붕이 돔 모양인 특이한 모습의 건축물이다. 대성당의 지붕이 돔 모양으로 된 것은 흔치않은데, 이 대성당의 경우 42미터 직경의 커다란 원형 모양의 지붕을 갖고 있다. 크기만 다를 뿐 판테옹의 모양과 완전히 같다.

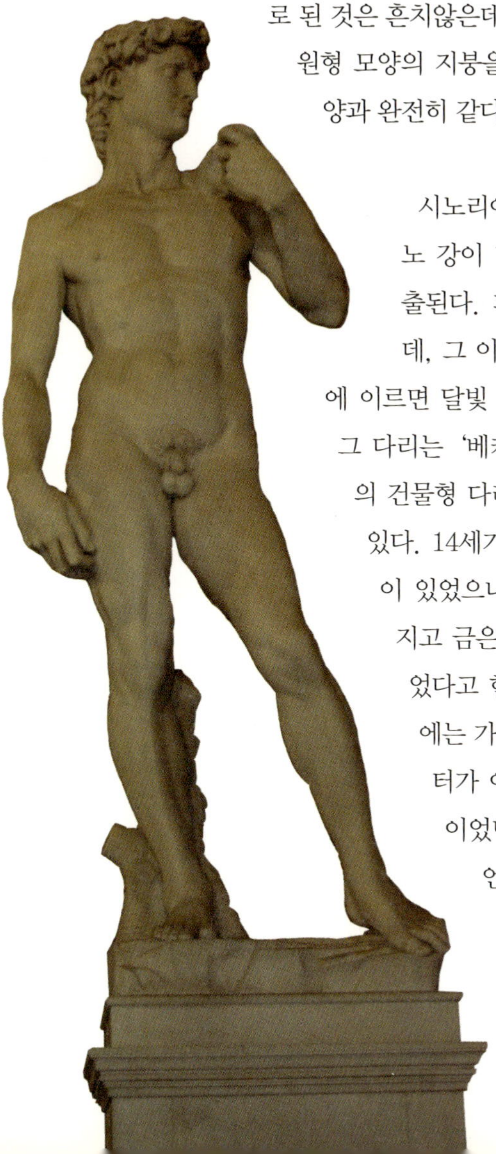

시노리아 광장에서 조금 더 남쪽으로 가면 아르노 강이 나온다. 그 강변에는 아름다운 광경이 연출된다. 피렌체를 아름다운 강의 도시라고 부르는데, 그 이유가 바로 아르노 강 때문이다. 아르노 강에 이르면 달빛 속에서 그림 같은 다리가 눈에 들어온다. 그 다리는 '베키오 다리'이다. 베키오 다리는 세계 유일의 건물형 다리이다. 베키오 다리에는 귀금속점이 모여 있다. 14세기 완공된 이후 처음에는 다리 위에 푸줏간이 있었으나, 비위생적이라는 평가를 받으면서 사라지고 금은세공품이 등장하면서 오늘날의 모습이 되었다고 한다. 베키오 다리를 사이에 둔 거리 양쪽에는 가죽 공예를 비롯한 전통물품을 파는 쇼핑센터가 이어지며, 마지막에는 메디치 가문의 저택이었던 피티 궁전이 있다. 아노르 강 왼쪽 너머 언덕에는 미켈란젤로 공원이 있다. 이 공원에는 여러 조각상과 예술작품들이 공원에 자연스럽게 진열되어 있다. 여기에도 또 하나의 다비치 모조품이 있다.

피사
Tower Pisa

피사의 사탑으로 유명한 유적지

ADDRESS Opera della Primaziale Pisana, Piazza Duomo, 17, 56100 PISA

TELEPHONE +39 (0)50 83 50 11/12

www.opapisa.it

피사는 피렌체에서 약 1시간 거리에 있다. 해양 도시로서 한때 베네치아, 제노바 등과 경쟁할 만큼 번창했던 시절도 있었다. 현재는 작은 바닷가 도시이다. 피사는 현재 10만인구의 작은 도시이지만 과거에는 고대 로마시대부터 무역으로 번창했고 13세기에는 제노바나 베네치아와 패권을 다툴 정도의 무역 왕국이었다.

피사의 명물은 '사탑'이다. 피사 중앙역에 내렸다면 두오모 광장 행 버스를 타면 된다. 물론 사탑 방향 버스를 찾아도 된다. 사탑 때문에 피사는 많은 관광객을 모은다. 초등학생들에게 사탑은 특별하게 중요하다. 과학책에서 사탑은 중요한 상징물이기 때문이다. 기울어진 탑이라는 뜻의 사탑은 과학적 호기심을 끌어당긴다.

'사탑'을 포함해서 피사의 강성했던 과거 흔적이 남아있는 곳이 '두오모 광장'이다. 사탑과 두오모, 그리고 대형 성당과 두오모 미술관이 이 광장에 있다. 돌담에 의해 광장 내부가 가려져 있으나 돌담 안으로 들어가면 볼거리가 모여 있는 광장이 펼쳐진다. 이곳만 방문해도 피사 유적지를 전부 보았다고 해도 과언이 아니다.

사탑 내부는 일반인에게 개방되지만, 예약제로 운영된다. 아마도 무너지는 것을 염려하기 때문에 소정의 인원만을 올라가게 하는 것 같다. 예약을 인터넷으로도 받는 모양인데 예약을 미리 해야 하는 것을 아는 사람은 많지 않다. 당일 예약은 완전 불가능하지는 않지만 현지에서 상당시간을 기다려야 한다. 이를테면 오전에 사탑에 도착했다면 오후 3-4시경 예약 티켓을 얻을 수 있다고 보아야 한다. 빠른 시간 내에 피사를 보고 나올 사람들은 사전 예약이 필수이다.

DATE PAGE

8월 24일 선우 일기

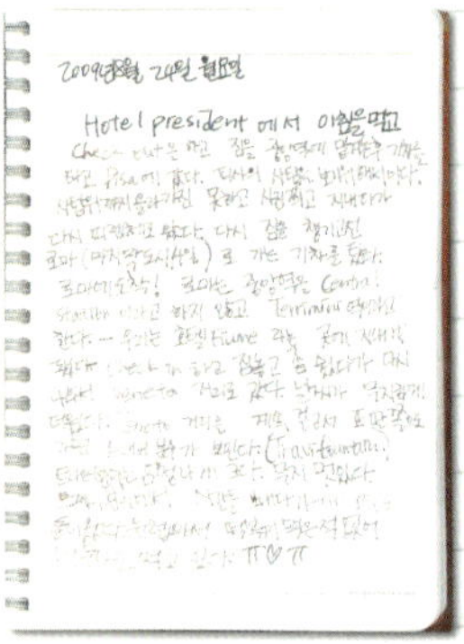

Hotel President에서 아침을 먹고 check out을 하고 짐을 중앙역에 맡겨논 후 기차를 타고 Pisa에 갔다. 피사의 사탑을 보기 위해서이다.

사탑 위까지 올라가진 못하고 사진 찍고 지내다가 다시 피렌체로 왔다.

다시 짐을 챙기고선 로마(마지막도시)로 가는 기차를 탔다.

로마에 도착!

로마는 중앙역을 central Station이라고 하지 않고 테르미니(Termini)역이라고 한다. -

우리는 호텔 Fiume라는 곳에 지내게 됐다.

check in 하고 짐 놓고 좀 쉬었다가 다시 나와서 veneto거리로 갔다.

날씨가 무지하게 더웠다.

veneto거리를 계속 걷고선 또 딴 쪽으로 가면 트레비 분수가 보인다.

트레비 분수는 엄청나게 크다. 무지 멋있다.

트레비 분수에서 시간을 보내다가 다시 호텔로 돌아왔다.

유럽 와서 떡볶이 먹은 적 없어서 너무나도 먹고 싶다.

ㅠ♡ㅠ

8월 24일 준열 일기

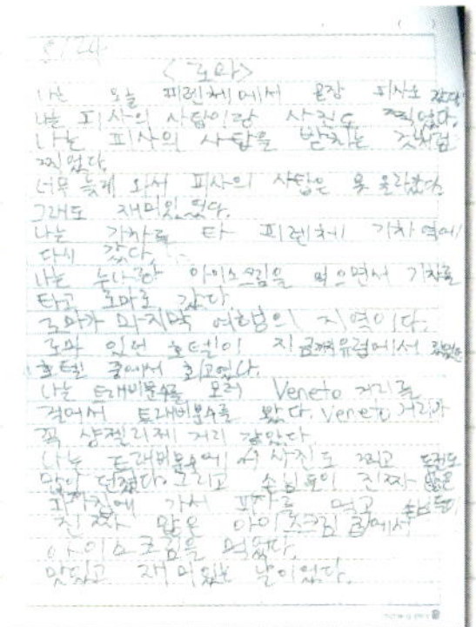

나는 오늘 피렌체에서 곧장 피사로 갔다.

나는 피사의 사탑이랑 사진도 찍었다.

나는 피사의 사탑을 받치는 것처럼 찍었다.

너무 늦게 와서 피사의 사탑은 못 올라갔다.

그래도 재미있었다.

기차를 타고 피렌체 기차역에 다시 갔다.

나는 누나랑 아이스크림을 먹으면서 기차를 타고 로마로 갔다.

로마가 마지막 여행 지역이다.

로마에서 있던 호텔이 지금까지 유럽에서 있었던 호텔 중에 최고였다.

나는 트래비분수를 보기 위해 Veneto거리를 걸어가서 트래비분수를 봤다.

Veneto거리가 꼭 샹젤리제 거리 같았다.

나는 트래비분수에서 사진도 찍고 동전도 많이 던졌다. 그리고 손님들이 진짜 많은 피자집에 가서 피자를 먹고 손님들이 많은 아이스크림 집에서 아이스크림을 먹었다.

맛있고 재미있는 날이었다.

로마 시내의 버스안에서
더위를 식히며

NO.4

로마(Roma), 도시 전체가 역사박물관
바티칸(Vatican), 천재들의 예술성

로마는 도시 전체가 박물관이다. 모든 건물과 골목길들이 다 역사적 유물이다. 유럽을 지배했던 로마제국의 역사가 골목 구석구석마다 묻어있다. 로마는 2,700년전 전설의 왕 로물루스에서 시작한 작은 도시국가였지만, 로마제국과 르네상스시대를 이루면서 역사상 최고 제국에 오르기도 했다.

로마에 가기 전에 자녀들과 함께 시오노 나나미의 책 '로마인 이야기'를 읽으면 좋다. '시오노 나나미' 만큼 로마시대를 대중 속으로 흥미롭게 전달한 사람은 없을 듯 싶다. 그녀의 〈로마인 이야기〉에 의하면, 로마의 힘 중 하나는 관용이다. 주변 부족과 국가들을 점령하면서 그들을 인정해주고 로마시민으로서 권리를 부여하는 관용을 베풀면서 동화시켰다. 점령된 민족의 종교도 인정해 주었다. 로마의 이 관용 정신을 유럽, 아시아, 아프리카 세 대륙에 걸쳐 문명권을 형성하고 600년이상 동안 유지했던 힘으로 보는 것이다.

유럽 창조투어에서 로마를 가장 마지막에 방문하라고 조언한다. 왜냐하면 로마를 먼저 본다면 다른 도시들이 약간 싱거워질 수 있기 때문이다. 그만큼 로마는 도시자체의 매력과 볼거리 측면에서 다른 도시들을 압도한다. 로마 탄생의 기원을 담고 있는 팔라티노 언덕에서부터 시작해본다.

팔라티노 언덕
Monte Palatino

로마가 탄생한 장소

ADDRESS Via San Gregorio Largo Romolo e Remo

로마 탄생을 말할 때, '팔라티노 언덕'을 빼놓을 수 없다. 전설의 왕 로물루스에 의해 로마가 탄생한 장소가 바로 이 언덕이다. 폐허 분위기인 '포로 로마노' 옆쪽으로 들어서면 팔라티노 언덕이 시작된다. 언덕이 그리 높지는 않지만 8월 무더위에는 올라가는데 숨이 턱 막혀왔다. 그만큼 로마의 8월은 만만치 않게 덥다. 그런데 언덕 위에 올라서면 그늘도 있고 앞이 탁 트여있어 장관이 펼쳐진다. 포로 로마노가 바로 앞쪽에 보이며, 콜로세움도 한 눈에 들어온다. 조금 먼듯하지만 바티칸 시국의 성베드로 성당도 눈에 들어온다. 높지 않은 언덕이지만 시야를 가리는 것이 없기 때문에 로마의 전체를 발밑에 두고 있는 느낌을 준다.

로물루스 신화

로마를 세운 사람은 로물루스로 알려진다. 로마라는 도시 이름도 로물루스에서 왔다. 늑대에게서 젖을 먹으면서 자란 양치기 소년인 로물루스는 다른 3,000명의 양치기들과 함께 도시국가를 세웠으며, 그 도시에 자신의 이름을 주어 '로마'라고 불렀다. 로물루스의 신화는 로마 국가에서 39년 동안 왕위에 머물다가 큰 폭풍이 일던 어느 날 갑자기 사라지는 것으로 끝을 맺는다.

팔라티노 언덕의 상층부에 로물루스가 살던 오두막이 있다. 아주 보잘 것 없는 작은 오두막이다. 실제 로물루스가 이곳에서 살았었는지는 불확실하지만, 신화 속의 로물루스가 남긴 위대한 업적을 생각하면 이 공간은 그 어떤 유적지보다 위대하다. 겉으로 보아서 눈에 띄는 곳은 아니어서 많은 관광객들은 그냥 지나쳐 간다. 위대한 신화의 탄생지이지만 현재의 오두막은 고요하다.

로물루스에서 시작된 로마의 위대함은 통치시스템에서 찾을 수 있다. 도시국가 '로마'에서 시민과 왕족, 그리고 원로그룹들이 서로 견제하고 균형을 이루는 것을 통해 국정을 꾸려가는 시스템을 도입했다. 국왕은 권력을 갖지만 세습되지 않는다. 새로운 왕은 로마 시민으로 구성된 민회에서 선출되도록 했다. 왕은 국정 수행에서도 원로원의 자문을 받아 통치하도록 하였다. 원로원은 로마 시민들 중 유력한 시민대표로 구성되어서 견제한다. 지금으로부터 2000년전에 이런 통치 균형을 생각해냈다는 것 자체가 놀랍다.

포로 로마노
Foro Romano

로마시내의 돌무덤

ADDRESS Largo Romolo e Remo 94

콜로세움 인근에 황토색 평원이 있다. 누런 황토색 지반에 대리석 기둥 몇 개가 널려져 있으며, 용도를 알 수 없는 부서진 건물들이 있다. 무너져 내린 돌무덤도 몇 개 있다. 이곳이 바로 '포로 로마노'이다. 이곳은 묘지이다. 많은 영웅들의 무덤이 이곳에 있다. 로마제국의 천재 정치가였던 율리어스 카이사르의 무덤도 여기에 있다. 그런데 카이사르의 실제 무덤이 있는 것은 아니라고 한다. 그는 살해된 후 포로 로마나에서 화장(火葬)되었는데, 세찬 비바람에 유해가 씻겨 나가서 무덤을 만들 수 없었다고 한다. 화장한 장소인 포로 로마나에 그의 가짜 무덤이 존재할 뿐이다. 카이사르 예찬가(禮讚家)인 '시오노 나나미'는 "평범한 무덤 따위는 없는 편이 카이사르한테는 더 잘 어울린다"라고 말한다.

카이사르는 삼두체제라는 독특한 방법을 통해 공동 집권에 성공했으며, 집권 시기에 지금의 프랑스와 벨기에인 갈리아 정복에 성공하면서 로마의 영웅으로 등극하게 된다. 그러나 카이사르를 겁내는 원로원들은 카이사르가 속한 삼두체제를 이간질로 와해시키고, 카이사르에게 귀환하라는 명령을 내린다. 당시 카이사르에겐 두 가지 선택만 남았었다. 하나는 명령에 따라 돌아가서 원로원에게 죽음을 당하거나, 다른 하나는 군대를 이끌고 원로원과 일전을 벌이는 것이었다. 카이사르는 주저하지 않고 결전을 선택했다. 그는 군대를 이끌고 로마로 돌아와 원로원파와의 결전을 감행한다. 이때 카이사르는 로마인근에 도착해서 "루비콘 강을 건넜다"는 표현과 함께 전의(戰意)를 다졌다. 카이사르는 결국 로마 정복에 성공한다.

정권을 손에 쥔 카이사르는 원로원이 뒤흔들던 공화정을 종식시키고자 결정한다. 공화정의 대안으로 그가 선택한 것은 왕의 권한이 표출되는 '제정'이다. 그러나 그는 계획했던 제정 수립의 시작도 보기 전에 귀족들의 음모에 의해 암살당하고 만다. "브루터스 너마저…"라는 유명한 말을 남기면서 그는 역사 속으로 사라졌다. 그런데 흥미롭게도 역사는 카이사르의 편을 들어준다. 카이사르가 죽은 이후에도 '제정'은 출범했으며, 그가 지목했던 10대 소년 옥타비아누스가 결국 권좌에 오르게 된다. 카이사르는 죽었지만 그의 뜻은 현실로 옮겨졌던 것이다. 초대 왕인 옥타비아누스는 제정을 궤도에 올려놓는 치적을 남긴다.

트레비 분수
Fontana di Trevi

로마에서 가장 유명한 분수

WAY TO GO METRO A LINE Barberini STATION · Spagna STATION, BUS 116·119·175

영국의 시인 셸리는 "로마에서 분수를 보았다면 로마를 전부 본 것과 같다"라고 표현했다. 로마의 많은 분수 중에 가장 돋보이는 분수는 트레비 분수이다. 우리 가족이 로마에 도착해서 처음 방문한 곳이 바로 트레비 분수이다. 우리가 트레비 분수에 도착했을 때는 늦은 저녁이었는데, 이미 분수에는 많은 사람들이 몰려 있었다. 저녁의 트레비 분수는 활기찬 분수 소리, 오렌지색 조명, 멋진 달빛 등으로 매력을 유감없이 과시했다.

트레비 분수는 우리가족에게 특별한 장소이다. 두 녀석들은 좋아하던 한 미국 드라마를 통해 트레비 분수를 알고 있었다. 그 드라마의 주인공인 미국 여배우 '힐러리 더프'를 너무 좋아했기 때문에 트레비 분수는 애들에게 신비의 장소였다. 로마에 도착한 첫날 트레비 분수를 본다는 것이 너무도 신이 났던 모양이다. 애들의 성화 덕에 우리가족은 세 번씩이나 트레비 분수를 들렀다. 다행스럽게도 트레비 분수는 소원을 비는 동전을 던지는 재미가 있어 여러 번 들러도 아깝지 않은 곳이다.

트레비 분수에는 그리스 · 로마 신화의 인물 조각상들이 서 있다. 폴리 궁전의 벽면 쪽의 벽화를 배경으로 신화에 나오는 반인 반어인 한쌍의 해신 트리톤과 바다의 신 등의 조각상이 분수와 좋은 조화를 이루고 있다. 중앙의 조각상은 해신 넵투누스의 동상이다. 아이들은 여행 전 그리스 · 로마 신화를 만화책으로 학습했기 때문인지 익숙한 표정을 짓는다. 만화책의 효력이 발휘되는 순간이었다.

트레비 분수 입구의 수많은 기념품 상점은 이곳이 로마의 대표적 관광지임을 말해준다. 여행객을 많이 끌어들이는 만큼 별난 사건도 많다. 파리의 에펠탑에서 경찰과 소매치기 사이의 추격전을 보았듯이, 트레비 분수에서 우리는 새로운 사건을 경험하게 된다. 우리가족은 말로만 듣던 '집시 소매치기단'을 트레비 분수 입구에서 만났다. 집시들은 한 그룹이 5-6명으로 구성된 듯하다. 처음 말을 걸은 소녀는 아빠의 왼쪽 소매와 팔뚝을 살살 문지르면서 말을 걸어왔다. 보통 걸인들은 상대의 신체부위를 만지지 않는다. 이들은 피부를 만지면서 신경을 그쪽으로 유도하려고 했으며, 그 후 바로 뒤쪽에서 다른 한 집시가 오른쪽 손을 잡아왔다. 그 순간 강력한 저항의 몸부림을 쳤다. 그들을 물러서게 하려면 초반의 강력조치가 필요했기 때문에 완강한 몸짓과 호통만으로 집시들은 물러섰다. 하마터면 큰 낭패를 볼뻔한 해프닝이었다. 부모로서는 아찔하고 두려운 순간이었으며 아이들에게도 새로운 경험이었다. 아무튼 로마만이 줄 수 있는 독특한 경험인 것만은 분명했다. 트레비 분수를 방문할 때는 꼭 집시 그룹을 조심하시길.

천사의 다리 & 산탄젤로 성(城)
Angel bridge & Castel Sant'Angelo

천사의 성이라고도 불리우는 커다란 석조 건물

ADDRESS Lungotevere Castello 50

TELEPHONE +39 (0)6 681 9111

www.castelsantangelo.com

로마에서 바티칸 방향으로 펼쳐친 작은 다리가 '천사의 다리'이다. 다리 양쪽으로 천사 조각상이 있는데, 이 때문에 천국의 구름다리 분위기가 연출된다. 다리 건너에 서 있는 '산탄젤로 성'과도 잘 어울리다. 산탄젤로 성은 현재 박물관으로 사용되고 있다.

'산탄젤로 성(Castel Sant' Angelo)'은 낮에는 요새(要塞) 같은 모습의 성이지만, 밤에는 천사상이 오렌지 색 조명을 받아 은은하게 빛난다. 특히 '천사의 다리'에서 '산탄젤로 성'을 바라보는 야경은 보기 드문 매력을 갖고 있다. 이 성(城)의 변천사도 흥미롭다. 황제의 묘지였기도 했으며, 한때 교황의 거처였기도 했다. 어느 시절에는 감옥으로 사용되기도 했다. 르네상스 시대에 크게 개조해서 강 건너편인 바티칸 궁전과 사이에 덮개가 있는 통로를 만들어 비상용 교황의 피난처로 활용되기도 했다. 현재는 이탈리아의 중세부터 근대까지의 무기 컬렉션을 전시하고 있다. 로마의 대표 박물관으로 손색이 없는 박물관이지만 강 건너편의 바티칸 박물관 때문에 유명세는 약간 덜한 편이다.

콜로세움
Colosseum

로마를 상징하는 거대한 원형경기장

ADDRESS Piazza del Colosseo, 1, 00184 Roma

TELEPHONE +39 (0)6 482 7228

www.il-colosseo.it

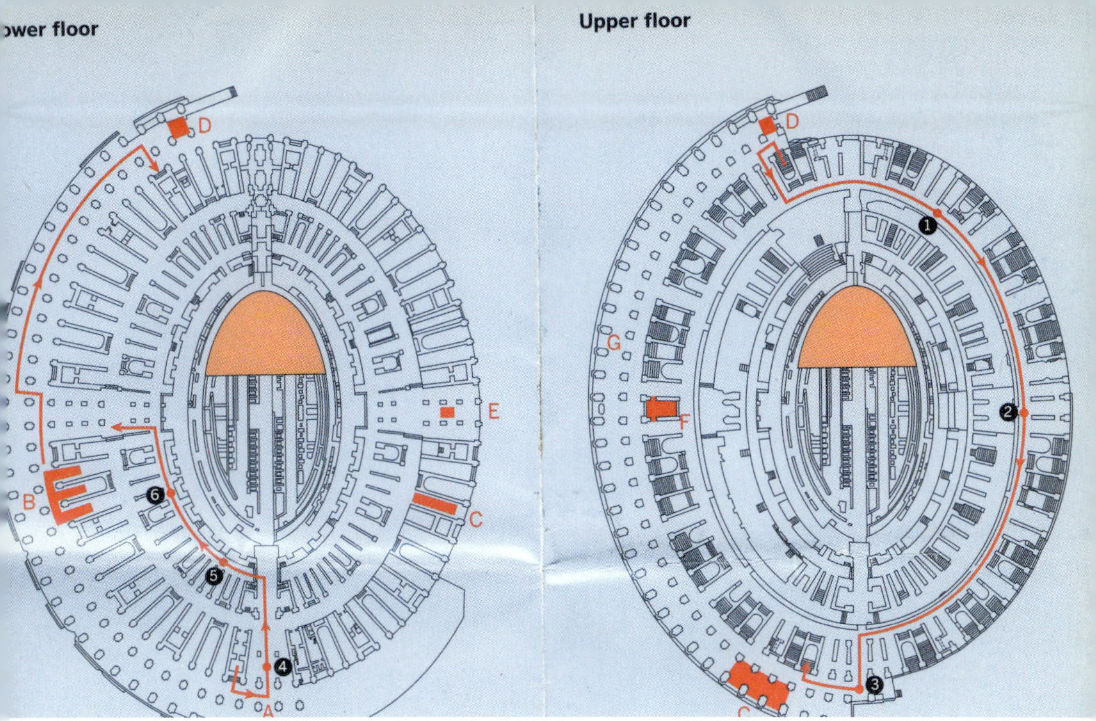

초등학생들에게 로마의 상징이 트레비 분수라면, 부모세대에겐 콜로세움이 아닐까싶다. 로마 시내의 원형경기장이 바로 콜로세움이다. 콜로세움이 뿜어내는 거대하고 웅장한 분위기, 그리고 오래된 흙갈색의 거친 분위기는 로마제국의 상징이다. 역사의 흔적 때문일까. 겉모습이 많이 무너진 모습이지만 그 웅장함을 느끼기에 부족함이 없었다. 콜로세움은 다른 도시가 로마를 따라올 수 없게 하는 고유한 유적이다.

콜로세움을 말하는데 층수가 큰 의미는 없지만, 콜로세움은 4층으로 구성되어 있다. 내부 기둥만이 각 층을 구분시킬 뿐이다. 1층은 도리아식, 2층은 이오이아식, 3층은 코린트식 기둥이며, 4층은 고정된 천막시설과 벽으로 되어 있다. 이 천막시설은 관중들을 뜨거운 햇볕으로부터 보호해주는 장치였던 것으로 추측된다.

콜로세움이 나오는 특별한 두 편의 영화가 있다. 바로 〈벤허〉와 〈글레디에이

터〉이다. 〈벤허〉는 클래식에 해당하는 오래전 영화이다. 요즘 젊은 사람들은 들어보지도 못했을 영화이다. 이 영화는 로마제국을 배경으로 마차(馬車)시합하는 장면이 매우 인상적이다. 마차시합을 하던 장소는 아마도 '포로 로마나' 인듯 한데, 옆쪽의 콜로세움이 자세히 보인다. 영화 〈글레디에이터〉는 보다 직접적으로 콜로세움을 주 무대로 영화가 전개되는데, 군중들 앞에서 글레디에이터 장수들이 맹수와 싸우던 무대가 바로 이 곳이다.

초등학생들에겐 콜로세움이 주는 기억은 없는 듯하다. 무언가 추억이 될 기억이 있어야 애착을 갖게 되는데, 그런 것이 없으니 따분한 모양이다. 뜨거운 태양이 내리쬐는 8월의 로마에서 햇볕을 가릴 곳 없는 콜로세움은 너무도 더운 장소에 불과했다. 아이들은 빨리 다른 곳으로 가자고 성화를 부렸고 얼음물을 마시고 싶다고 엄살을 떨었다. 그래서인지 콜로세움 인근의 상점은 얼음생수가 불티나게 팔린다. 너무나 잘 팔려서 생수를 차게 얼릴 시간이 없을 정도지만, 잘 얼지 않은 얼음생수도 일반생수보다 2배 비싸다. 아이들은 가격에 아랑곳하지 않고 얼음생수를 계속 사자고 성화였다. 그만큼 콜로세움에서 더위와의 싸움은 처절했던 것이다.

콜로세움은 왜 만든 것일까? 베스파시아누스 황제는 자신의 황제 계승을 인정해 준 로마 시민들에게 감사의 뜻으로 콜로세움을 지었다고 한다. 평범한 중류계층 출신이었던 베스파시아누스는 전쟁의 공을 인정받아 황제의 자리에 오르게 된다. 중류계층인 그가 원로원과 로마시민들의 지원 속에서 황제자리에 오른 것 자체가 로마제국의 유연성을 보여준다. 누구나 실력만 있다면 출신성분과 관계없이 성공할 수 있다는 문화를 보여주는 사례인 것이다.

콜로세움에서 떠나면서 그것의 장대한 스케일에 다시 놀란다. 2천년전에 5만여명을 수용하는 시설을 지었다니. 당시 우리로서는 상상도 하지 못할 일이었을 것이다. 이천년 전 로마사람들의 이런 장대함이 섬뜩하기조차 하다.

판테온
Place du Pantheon

로마 신전

ADDRESS Piazza della Rotonda , Roma

TELEPHONE +39 (0)6 6830 0230

로마는 점령한 지역민들이 숭배하던 모든 신들을 받아주었다. 그래서 판테온이 존재했다. 판테온은 '모든 신을 모시는 만신전'이다. 판테온은 기원전 1세기 말 황제 아우구스투스 시절 마르쿠스 아그리파가 세운 신전이다. 아그리파는 아우구스투스의 친구이자 사위였는데, 실제로 그가 판테온을 세운 목적은 로마가 관용의 정신을 이어갈 것임을 선언하는 정치적 의도 때문이라고 한다. 그런데 판테온은 화재사건을 거치면서 그 기능을 상실한다. 현재의 판테온은 히두리아누스 황제에 의해 만들어졌다. 이때는 이미 팍스 로마나가 확립돼 로마제국의 위세가 전성기에 달했던 시대였다. 그의 목적 또한 아그리파와 마찬가지로 판테온을 통해 로마의 관용정신을 다시 강조하기 위함이었다.

로마의 판테온은 정교한 원형 돔 천장 모양을 하고 있다. 정면의 기둥을 보면 신들에게 바쳐진 곳이라는 의미로 각 기둥들이 저마다 신의 내용을 담고 있다. 이러한 판테온 전면의 돌기둥들은 신비롭다. 특히 밤의 달빛 조명 아래에서 보는 그 기둥들은 신비로운 분위기를 자아낸다. 그래서 판테온 광장의 분수대 계단은 밤의 연인들이 걸터앉아 판테온을 감상하기에 좋은 장소이다. 판테온의 건물 색은 화려하지 않은 잿빛이지만 로마제국이 겪은 수많은 풍상을 전해주는 듯하다.

판테온 내부의 돔 꼭대기에는 원형창이 있다. 이 창을 통해 햇볕이 들어온다. 천장 위에서 내려오는 햇볕 한줄기가 신비로움을 더해준다. 내부 모습만 보면 공명이 있을 듯 싶은데 신기하게도 울림이 적다. 사람이 가득 차 있는데도 웅성웅성 시끄럽지가 않다. 돌로 만들어진 신전은 사람들의 소리를 빨아들이는 걸까? 판테온은 왕들의 무덤이기도 하다. 이탈리아 왕국의 초대왕인 비토리오 에마누엘과 그의 아들인 움베르토 1세가 묻혀 있다. 이들은 특이하게도 판테온을 자신들의 안식처로 선정했다. 로마는 판테온을 통해 관용을 보여주면서도 정치적 화합을 이룬 것이다.

참고로 파리에도 판테온이 있다. 로마의 판테온과 돔 천장에서부터 외관 상 모습이 거의 같다. 파리의 판테온의 지하는 현재 국가에 몸을 바친 사람들이 묻힌 무덤으로 사용된다. 혁명정부 이후 프랑스의 영웅들이 묻히는 곳으로 알려졌다.

진실의 입 & 포폴로 광장(핀초 언덕)
Mouth of Truth & Piazza del Popolo

로마 관광의 꽃

ADDRESS Santa Maria in Cosmedin, Piazza della Bocca della Verità, 18, 00186 Roma

TELEPHONE +39 (0)6 488991

www.dpsusa.com/bocca_verita_history.shtml

과거 로마의 북쪽 관문

ADDRESS Piazza del Popolo, 4, 00187 Roma

TELEPHONE +39 (0)2 8942 1146

로마에서 아이들이 특별히 좋아하는 관광지가 바로 '진실의 입'이다. 손을 넣은 사람이 진실하지 않으면 바로 입이 다물어진다는 속설이 있는 곳이다. 손을 한번 넣어보면 왠지 마음이 스산하다. 바로 내 손을 삼키는 것은 아닐까.

진실의 입에 대한 전설은 여러 유형이지만, 인간 모습의 석고상에서 왔다는 설이 유력한 듯 싶다. 아무튼 다양한 전설을 퍼트리며 흥미를 유발시켜 많은 관광객을 끌어들이는 것은 누군가의 교묘한 설계의 결과일지도 모르겠다. 많은 관광객을 끌어 들이는데 스토리의 힘이 크다는 것을 입증하는 곳이기도 하다.

포폴로 광장은 과거 로마의 북쪽 관문이었다. 광장 입구에 작은 문이 하나 있는데, 그 장식은 1655년 베르니니의 작품이라고 한다. 포폴로 광장 중앙에는 높이 36미터의 오벨리스크가 있는데, 로마제국 초대 황제 아우구스투스가 이집트에서 갖고 온 것으로 유명하다.

포폴로 광장 바로 옆에 핀초 언덕이 있다. 포폴로 광장에서 언덕으로 오르는 진입로가 연결되므로 핀초 언덕은 사실상 포폴로 광장과 같은 장소이다. 해질 무렵의 핀초 언덕은 평안하다. 언덕의 안쪽에 정원이 있는데, 해가 떨어진 저녁 무렵에는 한번 걸어볼 만한 아담한 길이다. 시간을 내서 한번 걸어보기를 추천한다.

스페인 광장
Piazza di Spagna

로마가 자랑하는 광장

ADDRESS Piazza di Spagna, 00187 Roma

www.piazzadispagna.it

〈로마의 휴일〉의 한 장면. 오드리 헵번이 아이스크림을 먹으며 계단을 내려오는 곳이 있다. 그곳이 바로 스페인 광장이다. 과거 이곳에 스페인 대사관이 있었기 때문에 붙여진 이름이라고 한다. 로마가 자랑하는 광장 중 하나이다.

스페인 광장 계단에 한번 앉아보기 바란다. 여행 중 잠시 휴식도 취하면서 여유를 가질 수 있다. 광장에 들어오고 떠나는 사람들을 보는 것도 흥미롭다. 계단 앞쪽에 바로 바르카치아 분수가 있다. 베르니니와 그의 아버지가 설계한 분수이다. 바르카치아 분수의 의미는 쓸모없는 오래된 배를 뜻한다고 한다. 분수안에 반 쯤 잠겨있는 배가 하나 있는데, 그것이 바로 '바르카치아'이다.

로마의 명물인 스페인 광장도 저녁에 나가 보는 것이 좋다. 해가 떨어질 즈음 광장은 시원한 그늘이 드리워진다. 그때 돌계단에 앉아 사람들의 에너지를 느껴보는 것도 좋다. 저녁 어둠이 내려올 무렵에 스페인 광장의 계단에 앉아보면 로마시민들이 왜 스페인 광장에 모여 드는 지를 알 수 있다.

스페인 광장의 남쪽에는 나보나 광장이 있다. 이 나보나 광장에는 그림을 그려 파는 예술가들이 모여든다. 이름을 알 수 없는 조각상들도 많은 편이다.

성베드로 성당
San Pietro Basilica

16세기에 건축된 카톨릭 대표 성당

ADDRESS Vatican City 00120

TELEPHONE +39 (0)6 6988 4857

www.stpetersbasilica.org

로마 내에 한 국가가 있다. 바로 세계에서 제일 작은 국가인 바티칸 시국이다. 국토의 면적은 0.44제곱킬로미터이며, 여의도의 6분의 1정도 밖에 되지 않는다. 성베드로 광장, 바티칸 대성당, 바티칸 박물관 정도가 한 국가의 구성체이다. 작은 국가이지만 카톨릭 본부이므로 어느 국가도 바티칸을 무시하지 못한다.

바티칸 시국은 성베드로 광장에서 시작된다. 성베드로 광장은 약 30만명 이상을 수용할 수 있는 거대한 광장이다. 이 광장에는 분수대와 성인(聖人)의 동상들이 서 있다. 이집트에서 건너 온 것으로 추측되는 오벨리스크도 하나 서 있다. 성베드로 광장이라고 부르는 이유는 이곳이 예수의 제자였던 베드로가 순교한 자리이기 때문이다. 성베드로 광장 뒤쪽에는 성베드로 대성당이 서 있다. 일명 '시스티나 대성당'이라고도 불린다. 현재도 교황을 선출할 때는 추기경들이 여기서 선거를 한다.

성베드로 성당은 1506년 율리우스 2세 교황에 의해 건축이 시작된다. 당시 세상을 호령하는 교권을 상징하고자 엄청난 크기의 성당을 계획했으며, 규모가 컸던 만큼 상당한 자금이 필요했다. 건축 기간이 장기화되면서 자금 문제는 더욱 커지게 되었고, 그 재원마련을 위해 면죄부를 발급하는 상황에까지 이른다고 한다. 말하자면 종교개혁의 원인이 된 면죄부는 바로 이 성베드로 성당 건축 때문에 발생하게 되었던 것이다.

카톨릭의 성장은 로마제국이 붕괴하면서 시작되었다. 로마제국이 무너지자 카톨릭 교회는 서유럽세계에서 권위를 가진 유일한 조직이 된 것이다. 카톨릭은 교황을 정점으로 한 피라미드 구조가 힘을 발휘했다. 그 힘은 중세를 거치면서 교황의 힘으로 나타났고 십자군 운동에서 보여주었듯이 주변 국가들의 왕과 황제들을 굴복시킬 만큼 강력해졌다.

권력과 부에 취해버린 교황청은 중세를 거치면서 순수성을 상실하게 된다. 종교개혁의 단초를 제공했던 유명한 면죄부(免罪符)가 판매된 것도 이 즈음이다. 교황 레오10세는 메디치 가문 출신답게 황제에 대한 배려가 많았지만, 전임자가 시작한 성베드로 대성당 공사를 추진하면서 부족한 재정을 충당하지 못하자 면죄부를 판매하게 되었다. 이렇게 해서 피렌체의 '위대한 사람' 으로 추앙받던 로렌츠 메디치의 아들인 교황 레오 10세는 종교개혁의 소용돌이에 빠져들고 만다. 독일에서 시작된 종교개혁은 유럽 전역으로 퍼져가게 된다.

레오 10세는 면죄부를 판매한 교황, 종교개혁 대상의 교황으로 평가받는다. 그러나 다른 밝은 면도 있다. 로마는 그가 통치하던 시기에 문화와 예술의 꽃을 피우게 된다. 미켈란젤로와 라파엘로 등 천재 예술가들이 로마에서 열정을 불태웠으며, 당시 문화의 중심지였던 피렌체를 앞설 정도의 로마는 전성기를 누리게 된다. 그러나 레오 10세는 절제가 없었다. 그래서 파멸의 길로 들어서고 말았다. 당시 절대 권력을 가졌던 교황청의 파멸의 역사가 성베드로 성당에 고스란히 담겨있다.

바티칸 대성당 내부의 예술작품들이 유명하다. 성당내부의 한편에 자리 잡은 조각상인 미켈란젤로의 〈피에타〉는 많은 사람들의 관심을 모으는 작품이다. 그의 23세때 작품이라고 한다. 또한 바티칸 박물관의 천정화인 〈최후의 심판〉도 명물로 꼽힌다. 어느 시인(詩人)은 "마지막 심판을 보지 않고는 로마를 떠나지 말라"고 권장했다. 이 〈최후의 심판〉을 그린 미켈란젤로는 바티칸 박물관의 거대한 천정화를 혼자서 그린 뒤 20년간 일을 맡지 않았었지만, 1536년 파울루스 3세의 강요를 못 이겨 또 다시 〈최후의 심판〉을 맡았다고 한다. 이 때 그의 나이는 60세. 그는 이 그림을 450개 부분으로 나누고, 하루에 1개 부분씩을 그려나갔다고 한다. 그림 중앙에 심판자인 그리스도가 있고, 그가 최후의 심판을 내리고 있다. 옆의 침상에는 내려다보고 있는 성모가 있다. 두 사람의 발밑에는 로마의 수호성인 성 라우렌티우스와 성 바르톨로메오가 그려져 있다. 한때 그림이 손상되었으나, 여러 차례의 세정과 복원 작업에 의해 1994년 훌륭한 색채가 다시 살아났다고 한다.

바티칸 박물관
Musei Vaticani

전세계 명작이 모여있는 박물관

ADDRESS Viale Vaticano 97, 00165 Roma

TELEPHONE +39 06 69884676

www.museivaticani.va

바티칸박물관은 런던의 대영박물관과 파리의 루브르 박물관과 버금가는 중요 문화재를 소장하고 있는 박물관이다. 바티칸박물관은 고대 이집트, 아시리아, 그리스 등의 고전 작품에서 로마미술에 이르기까지의 경로를 체계적으로 모아놓았다. 전시된 미술품들을 따라가다 보면 로마 미술로 이어지는 문화적 흐름을 이해할 수 있다. 그리고 종교를 주제로 한 현대미술 작품도 상당히 많은 편이다.

바티칸박물관의 입구는 리소르지멘토 광장에서 바티칸 거리로 가는 비탈길에 있다. 내부는 구조가 복잡하기 때문에 일방통행으로 되어 있으며, 전시 코스의 길이는 모두 7km에 이르지만, 시간이 없는 사람을 위해 단축 코스도 마련되어 있다. 소요 시간은 단축코스는 약 2시간정도 걸리며, 긴 코스를 택한다면 5시간이 걸릴 수도 있다. 내부에는 레스토랑, 카페 그리고 우체국이 있다. 바티칸

국가 이름으로 발행되는 우표로 엽서를 부치는 것도 특별한 경험일 것이다.

바티칸박물관은 라파엘로, 레오나르도 다빈치, 티치아노 등 이탈리아를 대표하는 작가들의 작품을 소장한 회화관, 그리스 · 로마시대의 조각을 모아 놓은 피오 클레멘티노 미술관, 세계적인 지역의 지도 전시관 등 100개가 넘는 미술관 및 전시관으로 이루어져 있다. 전시관이 많고 미로(迷路)이기 때문에 길을 한번 놓치면 다시 돌아보기 어렵다. 그래서 '미의 미궁(美의 迷宮)'이라고도 한다.

바티칸박물관의 내부에는 미켈란젤로의 작품들이 많은 편이다. 미켈란젤로는 피렌체 출생이다. 13세 때 피렌체의 최고 작업실을 갖춘 기를란다요의 제자로서 작업을 시작했다. 그 뒤 미켈란젤로는 로렌초 메디치의 두터운 후원을 받으며 조각을 배웠다. 미켈란젤로는 이외에도 1504년 4미터가 넘는 다비드 조각상, 1512년 성베드로 성당의 천정화와 최후의 심판, 성베드로 대성당의 원형지붕 설계 등 16세기 최대의 천재로서 초인적인 업적을 남겼다. 그런데 예술가로서의 성공과는 달리 편협한 성격으로 고독과 불안에 시달렸다고 알려진다.

미켈란젤로의 천정화는 율리우스 2세 때의 작품이다. 율리우스 2세는 선대 왕들의 위업을 이어받아 문화 · 예술 육성에 큰 힘을 쏟았던 왕이다. 미켈란젤로는 〈창세기〉 작품을 1508년에 시작해서 1520년까지 12년 동안 혼자서 완성했다. 〈창세기〉 그림에는 창세기 성경에 표현된 9개의 주제를 그렸다고 알려지는데, 〈별과 달의 창조〉, 〈땅과 물의 분리〉, 〈아담의 창조〉, 〈하와의 창조〉, 〈원죄와 낙원추방〉, 〈노아의 대홍수〉 등 창세기의 내용이 전개되어 있다. 다양한 자세를 취한 인체의 역동성과 장대한 스케일, 색채의 아름다움이 잘 표출되어 있다. 이중 손가락이 마주치는 그림이 〈아담의 창조〉 부분은 특히 유명하다. 이 천정화는 미술사 전체를 돌아보더라도 최대 규모의 천정화에 해당하며, 그 안에 담겨있는 주제들도 복합적이다. 그림에 등장한 인물만도 300명을 넘는다고 하며, 구약성서의 창세기를 150개 이상의 그림으로 나누어 구성함으로써 전체가 한 편의 영화와 같다.

조각가였던 미켈란젤로에게 천정화는 큰 부담이었을 것이다. 그는 4년동안 초인적인 노력을 기울여 작품을 완성했다. 그림의 재료도 다루기가 까다롭다는 프레스코라고 한다. 프레스코란 축축하게 젖어있는 석고인데, 이 프레스코 회화를 그리기 위해서는 치밀한 사전 준비, 정확한 타이밍, 고난도 기술이 없으면 실패한다고 한다. 시간과의 싸움이 특히 중요한데, 석고가 굳기 전에 그림을 완성해야 실패하지 않는다. 대략 20-24시간 이내로 완성해야한다고 하는데, 시간을 줄여야 하는 만큼 에너지 소모도 많고 체력소진도 많았을 것이다. 미켈란젤로의 천장화는 훼손이 심했었으나, 1980년부터 10년간에 걸친 세정 · 복원 작업을 거쳐 미켈란젤로가 그릴 당시의 선명한 색채가 되살아났다.

바티칸 박물관에서 주의할 사항 하나. 아무리 훌륭한 박물관이라 할지라도 초중학생들을 1시간 이상 흥미롭게 하지는 못한다. 에너지가 넘치는 애들에게 박물관 관람시간은 1시간이 족한 것이다. 그런데 바티칸 박물관은 관람 경로만 따라가도 약 2시간은 걸린다. 애들의 진행 속도가 빠르기 때문에 부모들의 속도 조절이 필요하다. 자녀들과 부모의 관람 속도가 달라지면 박물관 전체가 미로이기 때문에 서로 놓칠 수가 있다. 조심해야 할 사항이다.

DATE PAGE

8월 25일 선우 일기

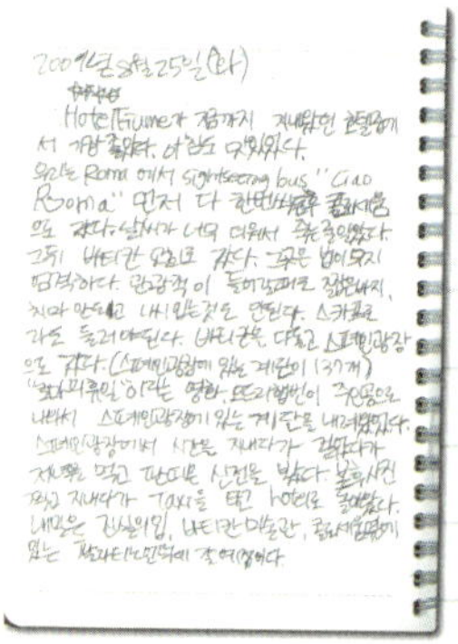

Hotel Fiume가 지금까지 지내왔던 호텔 중에서 가장 좋았다. 아침도 맛있었다.

우리는 Roma에서 Sightseeing bus"ciao Roma"로 먼저 다 한 번씩 돈 후 콜로세움으로 갔다. 날씨가 너무 더워서 죽는 줄 알았다. 그 뒤 바티칸 교회로 갔다. 그곳은 법이 무지 엄격하다. 관광객이 들어갈 때도 짧은 바지, 치마 안 되고 나시 입는 것도 안 된다.

스카프로라도 둘러야 된다.

바티칸을 다 돌고 스페인광장으로 갔다.

(스페인 광장에 있는 계단이 137개)

"로마의 휴일"이라는 영화에 오드리 햅번이 주인공으로 나와서 스페인광장에 있는 계단을 내려왔었다.

스페인광장에서 시간을 보내다가 걸었다. 저녁을 먹고 판테온 신전을 봤다.

사진 찍고 지내다가 Taxi를 타고 Hotel로 돌아왔다.

내일은 진실의 입, 바티칸 미술관, 콜로세움 옆에 있는 필라티노 언덕에 갈 예정이다.

SUN MON TUE WED THU FRI SAT

8월 25일 준열 일기 (The sunny day)

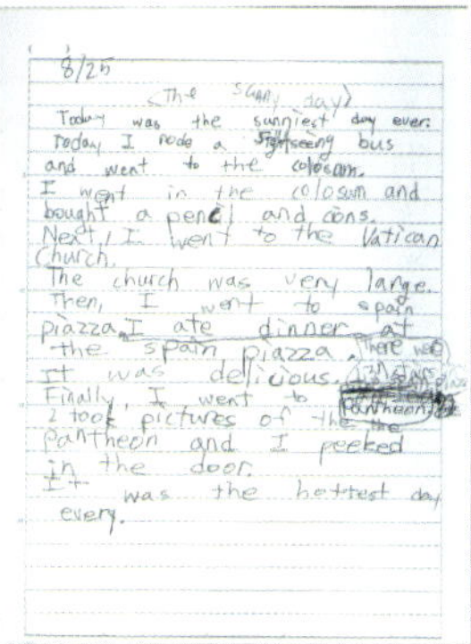

8/25

<The sunny day>

Today was the sunniest day ever.
Today I rode a sightseeing bus
and went to the colosem.
I went in the colosum and
bought a pencil and coins.
Next, I went to the Vatican
Church.
The church was very large.
Then, I went to spain
piazza. I ate dinner at
the spain piazza. There were
It was delicious. 137 stairs
Finally, I went to Pantheon.
I took pictures of the
Pantheon and I peeked
in the door.
It was the hottest day
every.

Today was the sunniest day ever.

Today I rode a sightseeing bus and went to the coloseum.

I went in the coloseum and bought a pencil and coins.

Next I weat to the vatican church.

The church was very large.

Then, I went to spain piazza.

There were 137 stairs in the spain piazza.

I ate dinner around the spain piazza.

It was delicious.

Finally, I went to Pantheon.

I took pictures of the Pantheon and I peeked in the door.

It was the hottest day ever.

DATE. PAGE.

8월 26일 선우 일기

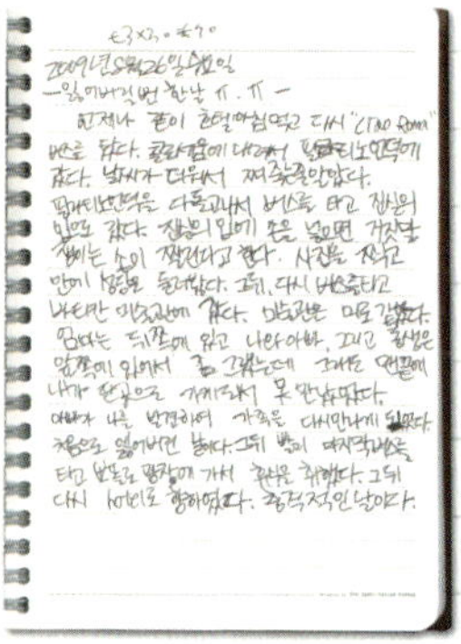

언제나 같이 호텔에서 아침먹고 다시

"ciao Roma" 버스를 탔다.

콜로세움에 내려서 필라티노 언덕에 갔다.

날씨가 더워서 쪄 죽는 줄 알았다.

필라티노 언덕을 다 돌고나서 버스를 타고 진실의 입으로 갔다.

진실의 입에 손을 넣으면 거짓말쟁이는 손이 짤린다고 한다.

사진을 찍고 안에 성당을 둘러봤다.

그 뒤, 다시 버스를 타고 바티칸 미술관에 갔다.

미술관은 미로 같았다.

엄마는 뒤쪽에 있고 나와 아빠, 그리고 동생은 앞쪽에 있어서 좀

그랬는데 그래도 맨 끝에 내가 딴곳으로 가게 되서 못 만났었다.

아빠가 나를 발견하여 가족을 다시 만나게 되었다.

처음으로 길을 잃어버린 날 이다.

그 뒤 빨리 마지막 버스를 타고 포폴로 광장에 가서

휴식을 취했다.

그 뒤 다시 Hotel로 향하였다.

충격적인 날이다.

SUN MON TUE WED THU FRI SAT

8월 26일 준열 일기

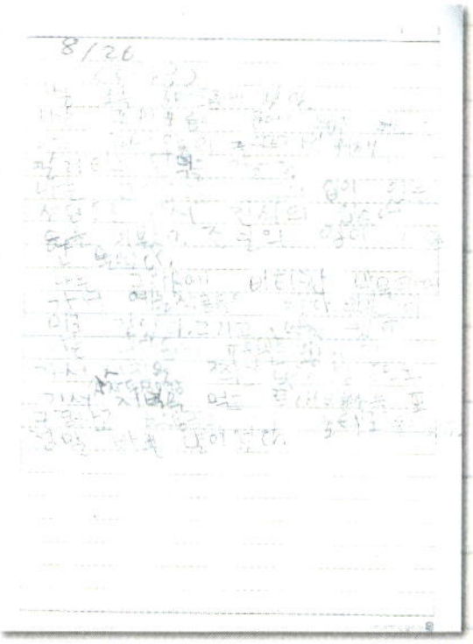

나는 오늘 로마포롬에 갔다.

나는 로마포롬이 무너진 모습을 보았다.

나는 로마포롬의 출구로 가기위해 팔라티노 언덕을 거쳤다.

나는 그 다음으로 진실의 입이 있는 성당으로 가서 진실의 입속에 손을 넣어봤다. 진실의 입이 나를 안 물었다.

나는 그 다음에 바티칸 박물관에 가서 예술작품들을 봤다.

박물관이 미로 같았다. 그리고 박물관이 엄청 컸다.

나는 그 다음에 포폴로 광장에 가서 사자동상이랑 사진을 찍고 Spain 광장으로 가서 저녁을 먹고 트래비분수를 또 구경하고 학용품을 사고 호텔로 돌아왔다.

정말 바쁜 날이었다.

나폴리의 카스텔델로보 성 앞에서

NO.5

나폴리와 폼페이, 역사적 교훈과 상처

이탈리아는 삼면이 바다인 반도 국가이다. 이런 자연조건 때문에 바다와 관련된 이름난 장소들이 많다. 우선 유명한 해변과 매력적인 항구들이 많다. 이들 중 나폴리 항구는 세계 3대 미항의 하나로 꼽힐 정도로 아름답다. 나폴리는 로마의 남쪽으로 기차로 약 3시간 정도 거리에 있는 도시이다. '세계 3대 미항'이란 표현을 쓰고 나니, 3대 미항의 다른 두 항구들이 궁금할 것이다. 그 이름들은 여러분들에게 숙제로 남긴다. 세계 3대 미항의 나머지 두 개를 찾아보시기 바란다.

나폴리 Napoli

아름다운 항구 도시

이탈리아는 삼면이 바다인 반도 국가이다. 이런 자연조건 때문에 바다와 관련된 이름난 장소들이 많다. 우선 유명한 해변과 매력적인 항구들이 많다. 이들 중 나폴리 항구는 세계 3대 미항의 하나로 꼽힐 정도로 아름답다. 나폴리는 로마의 남쪽으로 기차로 약 3시간 정도 거리에 있는 도시이다. '세계 3대 미항'이란 표현을 쓰고 나니, 3대 미항의 다른 두 항구들이 궁금할 것이다. 그 이름들은 여러분들에게 숙제로 남긴다. 세계 3대 미항의 나머지 두 개를 찾아보시기 바란다.

나폴리 상가 건물

나폴리는 아름다운 항구도시이지만, 외세에 끊임없이 지배당해 온 도시이기도 하다. 기원전 5 · 6세기에 그리스의 식민지였으며, 12세기에는 노르만인의 지배를 받았다. 16세기에는 스페인의 통치를 받았고, 18세기에는 프랑스의 브르봉 왕가의 통치를 받았다. 이렇듯이 외세의 침입에 의해 통치 세력이 수없이 교체되며 지배당했던 비운의 도시이다. 침략과 전쟁의 역사를 보여주듯이 나폴리의 유적지는 각 시대의 권력자들이 세운 궁전이나 성(城)이 주축을 이룬다.

우리가 즐겨먹는 피자(pizza)의 고향이 바로 나폴리이다. 나폴리에서 유래한 피자가 지금은 세계에 널리 퍼져있지만, 피자의 고향에서 맛을 보는 것은 행복한 경험이다. 나폴리에 들어서자마자 피자 한 조각의 맛을 보는 것도 좋을 것이다.

폼페이 Pompei

유적도시

폼페이는 1700년 동안 화산재에 파묻혀 있다가 다시 발견된 유적 도시이다. 나폴리 근처의 휴양도시로 유명했던 폼페이는 기원전 79년에 베수비오 화산 폭발에 의해 화산재에 묻혀버리고 말았다. 이 유적지를 다시 발견한 것은 1748년이었다고 한다. 여기서 흥미로운 사실은 이미 기원전 62년에 화산폭발이 있었으나, 그때의 폼페이를 재건하려 돌아왔던 사람들이 17년 후 더 큰 화산폭발에 의해 희생되었다는 점이다. 화산예측이 어려웠던 시절의 이야기이기도 하지만, 자연재앙에 대한 인간의 망각을 다시 떠오르게 한다. 이탈리아 정부는 1960년대 후반부터 수십년째 이 폐허 도시를 복원하는 중이다.

2000년 전에 인구 2만이었다니, 폼페이는 결코 작은 도시가 아니었다. 발굴된 유적중 약8000명을 수용할 수 있는 원형극장이 있을 정도였으니 상당히 큰 도시였음이 분명하다. 도시 중심부에 많은 사람들을 모을 수 있는 공공시설이 있었던 모양이다. 큰 건물 기둥 잔해가 남아있고 그 앞쪽으로 넓은 평원이 펼쳐져 있다.

나폴리에서 기차로 약50분 거리에 폼페이가 있다. 폼페이 기차역에 내리자 택시기사들이 "old ruin(파멸지역)"이라는 표지판을 들고 서 있었다. 나중에 알게 된 것이지만 폼페이 파멸지역으로 가려면 교외선 기차보다는 전철을 타고 가는 것이 더욱 편리했다. 우리는 나폴리 중앙역에서 폼페이 중앙역으로 갔는데 여기서는 택시를 타고 이동할 수밖에 없었다. 정보가 없었으니 적은 비용일지언정 대가를 치룰 수밖에 없었다.

폼페이 유적지

폼페이 도시의 잔해를 보면 집의 규모가 작지 않았던 듯 싶다. 집의 넓이는 집주인의 권세를 반영한 듯 하며, 잔해들 속에는 화려한 장식도구들도 전시되어 있다. 이 도시에서도 권세와 부를 쌓으면 집 규모가 커지고 화려한 장식물을 사용했음을 알 수 있다. 폐허지역을 지나다 보면 식당과 고깃간 등 마을로서 기능을 갖춘 공간도 보이고 심지어 유곽거리로 추측되는 흔적도 볼 수 있다.

폐허가 된 도시 앞에서 겸허해지지 않을 수 없다. 끔직한 재앙이 닥쳐올지 모르고 사는 인간의 모습이 허망하다. 폼페이에서 가장 충격적인 것은 화석이 되어버린 인간 군상들이다. 중심부 광장 한편에 거주민의 모습들이 모여 있다. 이 인간 군상들은 화산 재앙의 공포에 휩싸인 모습 그대로를 보여준다. 얼굴 표정에서나 굳어진 몸짓에서 '탐욕이란 정말 허망한 것이구나' 라는 생각이 다시 든다. 사람들의 모습을 그대로 전시한 공간이 있다. 그들이 사용하던 그릇 모양의 도자기도 그대로 전시되어 있다.

화산재를 뒤집어 쓴 폐허지역이지만 도시의 모습을 그대로 유지하는 것이 정말 신기한 일이다. 폐허 유적지이지만 면적이 그리 작지 않다. 8월의 폼페이. 더운 날씨에 구석구석 다니기 어려운 곳이다. 중간 중간 우물터가 있어 물을 뿌리기도 했지만, 뜨거운 햇볕아래 아이들은 쉽게 지쳤다. 간혹 땅 밑 지하수를 퍼 올리는 펌프가 있어서 더위를 식히는 순간도 있었지만 그때 뿐이었다. 이 유적지 안은 미로와 같아서 지도를 잘 보고 이동해야 나갈 수 있었다.

폼페이는 왜 화산 재앙을 만났을까? 혹시 사치스럽게 흥청망청했던 결과일까? 이 역사적 사건에 향락과 사치는 언젠가 심판에 처해진다는 역사적 교훈이 있을지도 모르겠다. 더위와 싸우는 애들에게 역사적 의미를 말하는 것 자체가 짜증일 수 있다. 일단 아이들 스스로 역사에 대한 겸손함을 배웠다면 그것이 바로 큰 소득이 아닐까 싶다.

폼페이 안의 유물

Diary IN ITALY

8월 27일 선우 일기

오늘이 학교친구들 수련회 가는 날이다.

나도 가고 싶었는데....

그런데 왠지 유럽여행이 더 흥미진진하다.

오늘은 폼페이에 갈거다.

기차를 타고 나폴리에 가서 폼페이로 가는 기차를 타고 폼페이로 갔다. 폼페이는 New Pompei 그리고 Old Pompei가 있다.

유리는 폼페이가 18세기에 화산에 묻힌 것들을 보고 싶어서 간 것이다. 폼페이(Old)에 들어갔다.

땅 밑에서 발굴한 것들이 다 전시되어 있었다.

그 때의 생활모습들을 보여준다.

날씨가 너무 더웠다.

로마는 낮에 무지하게 덥다.

폼페이를 다 보고나서 나폴리로 다시 가서 산타루치아 항구를 보러 갔다. 세계3대 아름다운 항구중 하나이다.

그 뒤 왕궁을 봤다. 그 뒤로 쇼핑몰이 많았다.

유리로 된 지붕도 보고나서 저녁을 먹고 다시 로마로 왔다.

내일 한국으로 돌아가는데 왠지 섭섭하다.

SUN MON TUE WED THU FRI SAT

8월 27일 준열 일기 (폼페이)

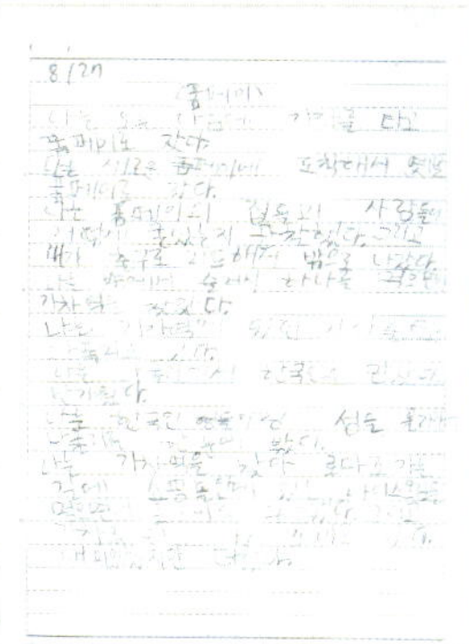

나는 오늘 아침에 기차를 타고 폼페이로 갔다.

새로운 폼페이에 도착해서 옛날 폼페이로 갔다.

나는 폼페이의 집들과 사람들이 어떻게 굳었는지 관찰했다.

그리고 내가 출구로 리드해서 밖으로 나갔다. 밖에서 슬러시 하나를 먹으면서 기차역을 찾았다.

기차역에 있던 기차를 타고 나폴리로 갔다.

나폴리에서 한국인을 만났다.

반가웠다.

한국인 형들이랑 성을 올라가서 나폴리를 한 눈에 봤다.

나는 로마로 가는 길에 쇼핑몰안에 있는 아이스크림을 먹으면서 옷가게를 구경했다.

그리고 기차를 타고 다시 로마로 갔다.

재미있었지만 더웠다.

Diary IN ITALY

8월 28일 선우 일기

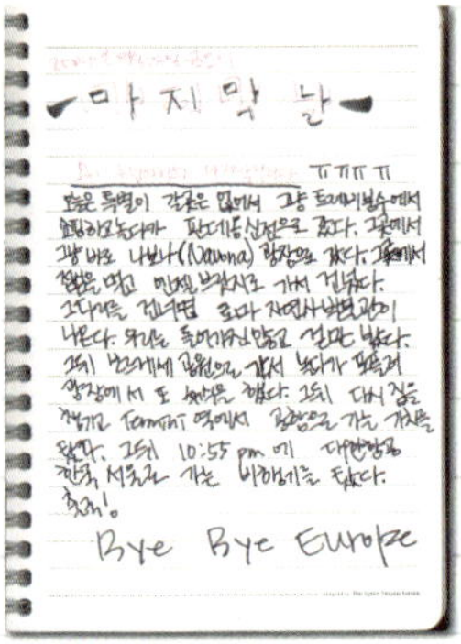

마지막 날

오늘이 유럽여행의 마지막 날이다.(ㅠ ㅠ ㅠ)

오늘은 특별히 갈 곳은 없어서 그냥 트레비분수에서 쇼핑하고 놀다가 판데옹 신전으로 갔다.

그곳에서 그냥 바로 나보나(Navona)광장으로 갔다.

점심을 먹고 엔젤 브릿지로 가서 건넜다.

그 다리를 건너면 로마 자연사 박물관이 나온다.

우리는 들어가진 않고 겉만 봤다.

그 뒤 보르게세 공원으로 가서 놀다가 포폴러 광장에서 또 휴식을 취했다.

다시 짐을 챙기고 Termini역에서 공항으로 가는 기차를 탔다.

10:55pm에 대한항공, 한국 서울로 가는 비행기를 탔다.

출국!

Bye Bye Europe.

SUN MON TUE WED THU FRI SAT

8월 28일 준열 일기 (마지막 날)

Today was the last day of the vacation.

I went to the Travi Fountain and bought clothes for our cousin.

Next I went to the Pantheon again, I went in the door that I peeked.

Then I went to the Navona Piazza and ate lunch.

It was delicious.

I walked on the Angle bridge.

There was a National museum but, it was to late to go in, some white bugs falled from the trees and was on me.

After that I went to the Borgnese park, My mom went up the park.

Finally I rode the plane.

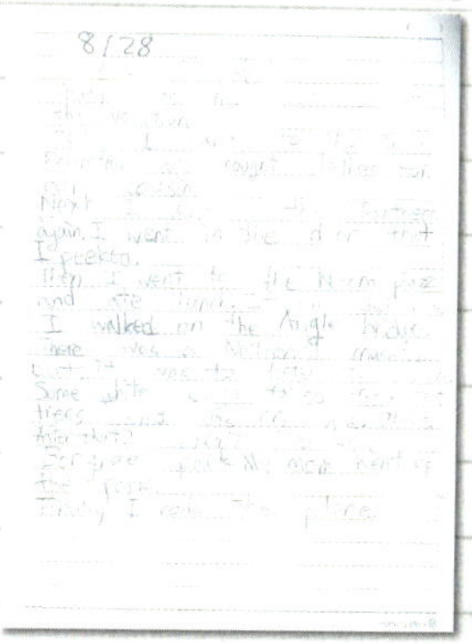
8/28

EPILOGUE

창조투어의 성공 10계명

어린잎

나뭇가지를 잘 들여다보면 가지 맨 끝의 가늘고 여린 가지가 가장 싱싱합니다.

그곳이 가장 생명이 왕성하게 활동하고 움직이는 곳입니다.

꽃은 그 여린 가지 위에서 피어납니다.

잎들도 그렇습니다. 어린잎이 나무의 생명을 끌고 갑니다.

여린 가지처럼 새로운 시대도 그렇게 옵니다.

– 도종환의《마음의 쉼표》중에서

어린 잎이 나무의 생명이듯이 자녀들은 대한민국의 미래이다. 그러나 그들이 처한 교육환경을 보면 한숨이 절로 나온다. 30년전 주입식 교육에 의해서 성적순으로 대학입시를 치르던 것에서 변한 것이 없다. 부모세대의 문제가 그대로 남아있다는 사실이 신기할 정도이다. 요즘 아이들은 오히려 사교육 부담이 더 늘어나 있는 실정이다. 진정으로 우리의 자녀들을 이대로 나두어도 좋을지 고민하는 부모들이 많다.

그러나 일반 부모들이 공교육을 변화시키기에는 무력하다. 그들이 할 수 있는 방책은 자녀들에게 창조정신을 학습할 기회를 어떻게든 만들어주는 것 아닌가 싶다. 스펀지 같은 흡수력을 가진 청소년들에게 흥미로운 볼거리와 경험을 갖도록 하는 것이 최선책일 것이다. 우리가족도 창조투어의 비용을 크게 염려했지만, 결국 실행에 옮긴 것을 보면 아이들에게 기회를 주려는 강박감이 그만큼 강했다고 볼 수 있다.

이 책을 완성하는 것이 결코 쉽지 않았음을 고백한다. 몇 번이나 포기하려 했고, 실제로 글을 완성하는데 2년의 세월이 걸렸다. 부모들의 글재주가 부족했던 이유가 우선 크다. 그러나 그보다 더 큰 이유는 우리 가족만의 학습스토리가 독자들에게 권장할 가치가 있는 것인지 확신이 없었기 때문이다. 우리 두 녀석들의 성화가 없었다면 이 책은 탄생하기 어려웠을 것이다. 용기를 내서 이글을 세상에 내놓지만 아직도 두려움은 여전하다. 부족하지만 미래의 여행자들에게 시행착오와 불편함을 덜어주는 지침서로서 가치를 갖는다면 더할 소망이 없겠다.

창조투어 10계명

약 한달간의 여행을 마치고 돌아온 순간, 여행계획을 시작하던 날이 떠올려졌다. 여행계획 자체가 어렵게 싹튼 것이었고, 많은 준비과정을 거쳤지만 실제 여행과정에서 많은 오류를 발견한 바도 있었다. 유럽 길거리에서는 긴장도 많이 했다. 이런 과정을 거쳐 창조투어를 마무리했다면, 앞으로 떠날 독자들에게 우리 경험담을 전달하는 것도 의미가 크다고 생각되었다. 여기서 우리의 경험담을 10가지 계명으로 정리하여 남기고자 한다.

1. 부모는 창조투어를 이끄는 가이드이다

여행은 아는 만큼 보인다는 말은 진리이다. 같은 장소에서도 아는 만큼 학습효과가 생긴다. 도시든 유적지든 철저히 준비하고 공부했을 때 더 많은 것을 학습할 수 있다. 여행전 준비의 중요성은 말할 수 없을 정도로 크다. 그런데 자녀들과의 학습여행의 준비는 아무래도 부모들이 주도할 수밖에 없다. 부모는 창조투어에서 유일한 가이드이다. 따라서 부모의 사전 준비가 많을수록 아이들은 더 많은 것을 학습할 수 있다. 여행 현장에서 닥쳐 보면 아무리 많이 준비했더라도 항상 부족함을 느낄 수밖에 없다. 여행 전에 상당한 준비를 했다고 생각하더라도, 여행을 하다보면 빈틈이 너무 많이 나타나는 것이다. 철저한 준비를 원한다면 최소한 1년전부터는 준비를 시작할 것을 권장한다.

2. 여행 일정에 여분을 두어라

여행 일정은 여유가 있어야 한다. 너무 많은 곳을 방문하려다 보면 여행 스케줄에 쫓긴다. 허덕거리며 방문지 숫자 늘이기에 급급한 여행은 창조투어와 어울리지 않는다. 창조투어는 주제를 탐구하는 여행이므로 주제에 적합한 장소에만 충실하면 된다. 물론 계획된 방문지에서는 박물관을 꼼꼼히 즐기고, 각 지역마다 독특한 음료수도 먹어보고, 나라마다의 특이한 교통수단도 경험하는 것이 좋다. 일상 속에 창조정신이 숨어있음을 명심해야 한다.

초등학생들과의 여행은 부모들이 생각만큼 많은 곳을 다닐 수 없다. 아이들은 체력 측면에서는 큰 문제가 없으나 집중력이 약한 것이 문제이다. 이런 탓에 방문 일정이 계획보다는 뒤처지기 마련이다. 우리 가족의 경우 계획했던 뉴턴 연구실과 다윈의 생가는 실제로 방문하지 못했다. 과학적 영감을 얻으려는 목적에서 중요한 방문지로 선정했었으나, 아이들의 집중력 한계로 일정이 밀려서 방문하지 못했다. 이처럼 당초 계획만으로 여행을 할 수 없는 경우가 많다.

3. 숙박 장소의 선정에 치밀하라

숙박 장소 선정도 치밀하게 준비되어야 한다. 실제 준비과정에서 민박, 유스호스텔, 호텔 등 여러 숙박시설 중에서 도시마다 적합한 것을 포착하는 것이 쉽지 않다. 각 도시를 이미 방문했던 경험자들로부터 도움을 받을 필요도 있으며, 인터넷을 통해서 많은 정보를 얻고 정리해두는 것이 좋다. 숙박시설은 도시 외각 지역으로 잡으면 비용은 절약하게 되나, 방문지와 멀어져 시간을 놓친다는 것도 잊지 말아야 한다.

숙박시설 예약은 여행준비 중 매우 중요한 것이다. 호텔 투숙비용이 꽤 비싸다는 점도 문제이다. 실제로 유럽 대도시에서 4인 가족 투숙할 호텔비용이 만만치 않다. 유럽의 호텔 값이 비싸기도 하지만, 유로화의 환율이 높기 때문에 상당한 지출을 각오해야 한다. 여름철 성수기에는 특히 더한 편이다. 숙박시설 비용만으로도 상당한 지출을 예상할 수밖에 없다.

유럽에서 저렴하면서 안전한 호텔을 찾는 것은 쉽지 않은 과제이다. 적합한 호텔 찾는데 상당한 시간을 쏟아야 한다. 여러 도시를 돌아야 하기 때문에, 실제 호텔예약은 지겹고 힘든 작업이다. 그러나 호텔을 뒤지다보면 언젠가 싸고 안전한 호텔이 나타날 것이라고 생각하는 낭만적인 마음으로 임해야 한다. 이런 마음이 없다면 호텔 예약은 정말로 지겹고 힘든 작업이 된다.

4. 비상연락대책을 세워두어라

유럽 현지에서 아이들과의 비상연락 방책도 중요하다. 아이들은 일시적인 호기심으로 두리번거리다 부모를 놓칠 가능성도 많다. 우리가족도 바티칸박물관에서 길이 엇갈린 경우가 있었다. 다행히 약속된 장소에서 쉽게 만나기는 했지만 다시 생각해보면 아찔한 기억이다. 미리 아이들과 약속을 정해서, 숙박호텔에 전화를 하기로 한다든지, 핸드폰 로밍을 준비하든지, 비상시 만날 약속장소를 정하는 등 사전에 약속된 방책이 있어야 한다.

5. 한국에서부터 예약할 곳들을 챙겨라

출발 전부터 예약해야 하는 유적지들도 있다. 예약이 밀려있기 때문이기도 하고, 여행 중 인터넷 예약이 쉽지 않기 때문에 예약을 해놓고 떠나야 하는 곳들이다. 출발 전부터 예약하려면 모든 일정이 탄탄하게 짜여져야 하는 부담을 주지만, 예약이 없다면 정작 실물을 보지 못하게 된다. 특히 두 곳이 중요하다. 하나는 밀라노 〈최후의 만찬〉이 걸린 산타마리아 델 그라치아 성당이다. 그 성당은 작품의 보존을 위해서 하루 입장객을 제한하고 있다. 예약을 해야만 실물 〈최후의 만찬〉을 볼 수 있다. 예약 일정이 밀려있기로 소문난 곳이다. 다른 하나는 피사의 사탑 내부 탐방이다. 피사의 사탑 외형은 그 장소에 가면 볼 수 있는 것이지만, 내부 탐방은 철저한 예약제이다. 이 사탑도 보존을 위해서 하루 입장객 인원을 제한하고 있다. 인터넷 예약을 활용하면 될 것인데, 당일 예약은 상당 시간을 기다려야 하는 만큼 매우 불편하다. 이 두 유적지를 알차게 관람하려거든 반드시 예약을 미리하고 떠나기 바란다.

6. 여행과정을 자녀와 같이 연구하라

창조투어는 부모의 준비가 중요한 촉발제이지만, 자녀들의 참여가 없다면 기대한 효과를 얻을 수 없다. 자녀들이 여행계획 수립과정에서부터 참여하고, 여행 중에도 그들의 생각에 따라 수정하는 과정이어야 한다. 자녀들이 여행 경로에 대해서도 자세히 알아야 하고, 유럽지도도 수시로 펼쳐보게 해야 한다. 도시와 도시사이의 이동경로도 꼭 보게 하는 것이 좋다.

그런데 초등학생들의 참여를 유인하는 것은 정말 어려운 일이다. 그들에게 유럽여행의 의미는 숙제와 공부에서 벗어나는 것에 불과하다. 밀린 숙제 걱정 없이 맛있는 것을 사먹으면서 신나게 돌아다니는 것, 바로 그것이 녀석들이 생각하는 유럽여행이다. 이처럼 어른들의 생각과는 완전히 다르다. 그렇지만 부모가 해줄 수 있는 최선의 길은 스스로 귀중한 체험을 계획하도록 기회를 주는 것이다. 스스로 계획한 자녀들의 체험은 그들의 평생 자산이 될 것이다.

자녀들의 학습이 목적이니만큼 여행 전부터 자녀들과 같이 공부해야 한다. 그래서 자녀들과 같이 공부계획을 세워서 실행해야 한다. 그런데 문제는 아이들은 여행에 기대만 키울 뿐 자율적으로 학습하지 않는다는 것이다. 부모 마음으로는 녀석들이 스스로 호기심을 갖고 유럽 국가들을 공부해주면 얼마나 좋으련만, 초등학생들은 스스로 찾아서 준비한다는 생각 자체가 없다. 하지만 그럴수록 부모들이 인내심을 갖고 지도해야 한다. 부모들이 방문국가별로 구체적인 학습주제를 정해주는 것이 좋다. 필요하다면 도서목록도 정해주면 좋다. 읽을 학습도서를 정해주더라도 처음에는 아이들이 좋아하는 만화책을 정해주는 방법도 나쁘지 않다. 다행스럽게도 시중에는 유럽 국가들에 대한 만화책들이 많다. 우리 부모는 처음에 만화책 읽기를 꺼렸지만, 다른 방책이 다 소용없다는 것을 알게 되면서 만화책을 읽도록 허용했다. 그나마 만화라도 읽어주는 것만으로도 감사해야 했다. 만화가 주는 지식이 가볍기는 하지만, 입문서로서 기초지식을 전해준다. 또한 준비기간 중에는 자녀들에게 엄격해야 하지만, 여행 중에는 스스로의 경험을 높이 사 주어야 한다. 스스로 몸으로 부딪친 만큼 모든 경험들이 자신을 키우는 것이 확실하다. 스스로 생각하고 깨닫는 기회가 많은 만큼 성장한다.

7. 방문 도시의 박물관과 유적지들을 연구하라

방문 도시의 박물관과 유적지를 철저히 알고 가야 한다. 박물관에 대해서는 도시내 위치와 개장시간 등을 철저히 메모해서 움직이는 동선(動線)을 미리 계획해야 한다. 이를 위해서는 여행서적도 도움이 되며, 각 인터넷 사이트에서 직접 자료를 도출할 수 있다. 예를 들면, 루브르박물관의 홈페이지를 방문하면 사전에 정확한 정보도 얻고, 그곳 소장물에 대한 기초자료도 얻을 수 있다.

숙박시설도 이러한 동선 계획을 고려하여 위치선정을 하면 불필요한 이동시간을 줄일 수 있다. 도시와 국가간 이동에서 기차 이동시간에 대해서도 철저한 계획이 필요하다. 기차역에서 목적지까지의 대중교통수단에 대해서도 미리 방책을 마련해 두어야 시간을 절약할 수 있다.

8. 국가별 대표 인물을 선정하여 학습하라

방문 국가가 낳은 인물들에 대해서도 상세한 학습이 필요하다. 유럽은 영웅들이 너무 많기 때문에 자녀들이 좋아하는 영웅을 고를 수 있다. 예를 들면, 나폴레옹, 윌슨과 같은 전쟁 영웅도 있고, 다빈치와 미켈란젤로와 같은 과학자 혹은 예술가들이 있다. 이들 중 대표 인물들은 미리 학습하는 것이 좋다. 사전학습이 충실할수록 여행 중 아이들과의 대화도 충실해지고 방문지에서의 감동도 커진다.

창조투어를 하다보면 실제로 아이들은 인물에 큰 관심을 보인다. 인물에 대한 관심은 어느 유적지 보다 앞서며 어느 박물관보다 크다. 그 이유는 인물들은 구체적인 성공 스토리가 있기 때문으로 생각된다. 여행전 위인전 등을 통해서 각 인물들을 학습하면 아이들의 흥미가 더욱 커진다. 글로 쓰인 위인전을 낯설어 한다면 만화 위인전에서부터 시작하는 것도 아이들의 관심을 높이는 한 가지 방책이다.

9. 자녀들과 대화를 즐겨라

아이들과의 대화는 창조투어의 효과를 높이는 최적의 수단이다. 부모가 대화를 많이 해주면 아이들의 학습이 보다 구체화되고 정돈되는 것이다. 초등학생들도 알고 보면 어른들에 못지 않은 감수성을 갖고 있다. 표현력이 부족해서 그들의 느낌을 다 꺼내놓지는 못하기 때문에 어른들과 느낌을 공유하는데 한계가 있을 뿐이다. 대화는 그들의 느낌을 구체화시켜주는 장점이 있다.

대화중에 아이들의 질문이 많아지면 성공한 것이다. 질문을 한다는 자체는 관심이 있다는 말이며, 관심을 가진 것만으로도 학습이 시작된 것이다. 아이들의 질문에 답하려다 보면, 약간의 부정확한 설명도 있게 될 것이다. 조심스럽지만 부모들은 부정확하더라도 성실한 답을 주어야 한다. 물론 유럽이라는 거대한 실체를 사전에 완벽하게 공부하는 것은 사실상 불가능하다. 정말로 모르는 질문에 대해서는 아이들이 스스로 해결하는 숙제거리로 남겨두는 것도 좋다.

10. 자녀들에게 역할을 부여하라

모든 사람들은 자기 역할을 알게 되면 자부심이 커진다. 여행을 하다보면 구질구질한 일들이 많다. 피곤한 상황에서 누군가 꼭 해야 하는 일들도 있게 마련이다. 예를 들면 지하철 티켓을 사는 것, 장거리 기차표 예약을 위해 줄서는 것 등이 그런 일들이다. 한 사람이 맡아주면 다른 가족이 쉴 수 있는 그런 수고스러운 것들이 그렇다. 이런 부담스러운 일 중 일부는 자녀들에게 역할을 부여하는 것이 좋다. 부모가 이런 일까지 모두 맡아주면 아이들이 자신의 역할을 모르고 넘어간다. 구체적인 책임을 할당해주면 아이들도 자신의 역할을 책임지고 감당한다. 또한 이런 역할 분담 속에서 아이들이 성장하는 기쁨도 부수적으로 얻을 수 있다.

이제 글을 마무리하고자 한다. 귀한 자식일수록 여행을 시키라는 말은 영원한 진리임에 틀림없다. 여행은 아이들을 영글게 한다. 어느 시인의 표현대로, 마당에 떨어진 대추 한 알이 그냥 대추가 아니다. 녀석들의 표정에 새겨진 자신감은 부모가 줄 수 있는 큰 선물로 생각된다. 또한 창조투어를 통해 생각의 지평이 넓어졌다면 그보다 귀한 유산(遺産)은 없다고 생각된다.

암기교육이 얼마나 처참한지 부모세대는 잘 안다. '템즈'가 런던의 강 이름이라는 사실을 외워서 익히는 것이 얼마나 문제가 많았던가. 이 시대의 어린 싹들은 무작정 암기하는 것을 피하고 살아있는 학습을 해야 한다는 점에서, 창조투어는 이러한 살아있는 학습 방법론으로 적합했다고 확신한다. 부모와 자녀들이 함께 보내는 시간이 많아져서 서로에 대한 이해심이 높아졌고, 또 여행을 하면서 아이들이 무엇에 웃고 우는지 공감의 기쁨을 얻은 것도 감사하다.

창조정신을 학습할 수만 있다면, 창조투어의 무대가 반드시 유럽일 필요는 없다. 우리나라 국토의 구석구석을 누비면서도 얼마든지 창조정신을 학습할 수 있다. 창조투어의 무대와 여행경로는 독자 여러분들이 목적에 맞게 선택하면 될 것이다. 창조투어 자체를 '창조적'으로 설계하여 21세기 자녀교육의 성공모델을 경험하는 것은 바로 독자들의 몫이다. 이글은 최종 목적지로 가는 하나의 이정표를 보여주는 것에 불과하기 때문에 독자들의 지혜에 의해 여행지, 기간, 경로 등은 얼마든지 달라질 수 있다. 이 책의 출간을 지원한 인하대학교에 감사하며, 언젠가 떠날 창조투어 여행가족들의 건승을 기원한다.

TOYOTA
U.S. POLO ASSN